Alice Aarau / Robert und Nanthapa Cooper

Reisegast in Thailand

Alice Aarau

Robert und Nanthapa Cooper

Reisegast *in* Thailand

Herausgeber der Reihe *Reisegast:*

Claudia Magiera + Gerd Simon

Reisebuchverlag Iwanowski

Redaktion, Lektorat, Bildredaktion, Satz + DTP:
Verlagsbüro Gerd Simon + Claudia Magiera, München

Übersetzung der englischsprachigen Beiträge:
Gerd Simon, Verlagsbüro Simon & Magiera

Fotos: Kurt Peter (Seiten: 9, 31, 33, 45, 47, 49, 51, 56, 73, 83, 89, 109, 111, 116, 131, 139, 153, 155, 159, 182), Gerd Simon / Bildarchiv Verlagsbüro Simon & Magiera (Seiten: 13, 15, 17, 21, 23, 24, 25, 27, 28, 30, 35, 37, 41, 54, 58, 63, 67, 78, 99, 103, 127, 143, 145, 149, 180, 185), Thailändisches Fremdenverkehrsamt (Seiten: 20, 26, 39, 43, 61, 71, 75, 92, 96, 123, 125, 133, 135)

Gesamtherstellung: F. X. Stückle, D 77955 Ettenheim

ISBN 3-923979-70-8

Inhalt

Eine Vorbemerkung zum Begriff Thai

In Thailand leben etwa 50 Millionen Menschen. Nahezu alle sind Thai *in dem Wortsinn, daß sie Staatsbürger des Landes sind, Thai sprechen und Thailand als ihre Heimat ansehen. Jedoch sind nicht alle* ethnische *Thai. Die Kultur und Sprache der ursprünglichen Heimat von etwa zwölf Prozent der Bevölkerung unterscheiden sich von jener der ethnischen Thai. Die größte Minderheitengruppe sind die Chinesen. Sie zählen ungefähr sechs Millionen Menschen, die zumeist in den Städten leben. Mehr als eine Million Malaien leben in den südlichsten Provinzen, die unmittelbar an Malaysia grenzen. Und im Norden lebt eine geschätzte halbe Million von Angehörigen der Bergstämme.*
Dieses Buch befaßt sich nur mit den ethnischen Thai. Die meisten Hinweise und Ratschläge gelten jedoch auch für die chinesische Bevölkerung, die sehr wohl in das thailändische Leben integriert ist. Wer mehr Einblick in die chinesische oder malaiische Kultur gewinnen will, dem kann nur empfohlen werden, ein weiteres Buch dieser Reihe – Reisegast in Malaysia/Singapur – *zu lesen.*

Vorwort von einem Freund der Autoren

Ich habe während der vergangenen 16 Jahre in Thailand gelebt. Es waren die bisher glücklichsten Jahre meines Lebens. Aber es war keineswegs Liebe auf den ersten Blick.
Worunter ich nach meiner ersten Ankunft am meisten litt, war weniger der Kultur*schock als der* Hitze*schock. Jahre später fragte mich ein thailändischer Freund, ob ich mich denn noch daran erinnern könne, was ich an meinem ersten Abend in Thailand gesagt hatte. Es war mir entfallen, aber offensichtlich hatte ich verzweifelt geäußert: »Das hat doch keinen Sinn! Ich vertrage diesen Brutofen einfach nicht. Ich werde morgen nach Europa zurückkehren müssen!«*
Aber an jenem allerersten Abend gelang es mir immerhin, durch den Schweißschleier hindurch zu erkennen, daß die Taxis in Bangkok auf nur drei Rädern fuhren ... Vielleicht war dies meine erste Begegnung mit dem Kulturschock.
Die Autoren dieses Buches sind darauf verfallen, das berühmte Thai Lächeln in verschiedene Kategorien zu unterteilen. Allerdings gibt es eine Art von Lächeln, die sie nicht berücksichtigt haben. Darauf versteht sich einzig meine Frau Laddawan, und es gilt allein mir. Ich nenne es ihr »Ach weißt du, das ist eine lange Geschichte ... « - Lächeln. Es wird nur von dem einen Wort »Liebling« begleitet und erweckt in mir unweigerlich Schrecken und Abwehr – und die wimmernde Frage: »W-wieviel?« Denn ich weiß, was nun folgt, etwa: »Das Dach ist gerade eingestürzt!« oder: »Kannst du mir bis Freitag

Land des Lächelns – und der Widersprüche.

fünf Millionen Dollar leihen?« Solche Anliegen entstammen nie selbstsüchtigem Bestreben. Laddawan hat ein großes Herz, arme Verwandte und einige noch ärmere Freunde.

Aber Laddawan leidet natürlich umgekehrt auch unter dem »Kulturschock«, den ich taglich bei ihr auslöse, wenn ich sie auf ihre wunderlichen Frei- und Eigenheiten beim Gebrauch der englischen Sprache hinweise – »Tute Igee« statt »Gute Idee« und »If I can't do it tomorrow, *I'll do it* threemorrow!«

Der Reisegast in Thailand *ist geschrieben mit Humor (reichlich davon!), aber auch mit Expertenkenntnis, verbunden mit gesundem Menschenverstand und einer Sympathie und tiefen Liebe für Thailand, von der ich hoffe, daß der Leser sie, so wie ich, allmählich teilen wird. Ich hoffe, Ihr Lesevergnügen wird ebenso groß sein wie meines! Und wenn Sie in Thailand dann tatsächlich einen Kulturschock erleiden sollten, so wird dieses Buch Ihnen gewiß sehr helfen, ihn zu überwinden.*

Noch ein Wort zuvor

Nicht-Thai sind wirklich merkwürdige Wesen. Fragen Sie diejenigen, die schon einmal in Thailand waren, was sie von diesem Land halten, und Sie werden überrascht herausfinden, daß dieses seltsame Land sowohl häßlich wie schön, friedlich wie wuterregend, laut und ruhig, billig und kostspielig, gewalttätig und sanft, lustig und traurig ist. Wenn Sie noch nie unter Kulturschock gelitten haben, dann ist dies sicher ein geeigneter Ort, um mit dieser Erfahrung zu beginnen.

Jedes menschliche Wesen, das aus seiner gewohnten und sicheren Umwelt gerissen und in eine so vollkommen verschiedene Kultur wie die der Thai verschlagen wird, muß sich ein wenig seltsam vorkommen. Einige weinen dann im stillen Kämmerlein, andere wandeln mit einem breiten Grinsen auf ihren verwirrten Gesichtern einher. Einige lieben Thailand, einige hassen es – und viele lieben und hassen es gleichermaßen. Es gibt nur wenige, die diesem Land gleichmütig begegnen. – Diese widersprüchlichen Empfindungen sind Grundlage des Begriffs Kulturschock.

Kulturschock ist ein Bewußtseinszustand im Wandel, ein Zustand, in dem sich die Sinne neuen Wahrnehmungen öffnen. Der Betroffene wird sich seines eigenen Verhaltens neu bewußt. Was er jahrelang für angemessenes, höfliches und freundliches Betragen erachtet hat, kann nun als verquer, rücksichtslos oder gar feindselig aufgefaßt werden. Er befindet sich in einer Phase, in der seine bisherige Lebenserfahrung nicht länger mit den Werten seiner Umwelt übereinstimmt.

Kulturschock ist wie Verliebtsein eine zeitweise Verrücktheit. Das schönste und zugleich traurig stimmendste Gefühl auf Erden. Eine Erfahrung, welche das Leben abrundet.

Was wir uns beim Schreiben dieses einfachen Führers in die Thai Verhaltensweisen am meisten erhofften, war, einige Kulturschockerlebnisse weniger beunruhigend und dafür genußreicher zu gestalten – und damit eher dem Verständnis als dem Mißverständnis dienend. Der Pfad zum Verständnis ist eine Million Leben lang und an manchen Stellen so schmal, daß er nur ganz allein gegangen werden kann. Genießen Sie es, ihn zu beschreiten.

1
Tu! und Tabu!
Was Sie tun und lassen sollten

Der *Wai*

Der *wai* ist nicht etwa nur eine Begrüßungsform ohne Worte, er ist eine **zeremonielle Geste des Respekts**. Seine Anwendung entspricht all dem, was wir über Thai Wertvorstellungen und Verhaltensweisen zu sagen haben. Er ist die kennzeichnendste der zahlreichen sozialen Handlungsweisen, die das thailändische Sozialgerüst aufrechterhalten. Er tut dies wahrhaft anschaulich durch das Vorführen einer **Höhen- und damit Rangordnung**. Diese grundlegende Ordnung ist einfach und eindeutig: In jeder denkbaren Begegnungssituation nimmt der sozial Untergebene eine körperlich unterlegene Haltung ein; und der sozial Höhergestellte zeigt sich auch körperlich überlegen. Höhe ist Anspruch und Recht.

Die Technik des *Wai*

Der *wai* ist alltäglicher Ausdruck der **Achtungsbezeugung gegenüber anderen**. Je tiefer die Stirn sich neigt, um den Ballen beider Hände zu begegnen, deren Handflächen mit hochgehaltenen Fingern aneinandergelegt sind, desto mehr Respekt wird geäußert. In der täglichen Anwendung kennt der *wai* als rituelle Geste **vier Hauptformen** (und zahlreiche Zwischenformen):

• Die Hände werden eng am Körper gehalten, die Fingerspitzen erreichen Nackenhöhe, jedoch nicht das Kinn. Diese Haltung ist üblich zwischen **Gleichrangigen** oder **Unbekannten**, die einander sozial noch nicht einschätzen können (obgleich solche Einschätzungen meist durch verschiedene Hinweise von dritter Seite ermöglicht werden).

• Handhaltung wie oben, auch niedriger. Kopf erhoben oder etwas geneigt. Anwendung durch einen **Höhergestellten**, der den *wai* eines Untergebenen erwidert.

• Der Kopf wird so gesenkt, daß die Fingerspitzen die Nasenspitze überragen. So grüßen **Niedrigergestellte** höherrangige Personen.

• Berührung zwischen Stirn und Ballen der gefalteten Hand und Neigung des Körpers. Dies ist Symbol **großer Unterwerfung** und Hingabe, vor allem religiöser Verehrung.

Der *Wai* im täglichen Leben

Der *wai* findet **Menschen wie Gegenständen gegenüber** Anwendung. Und obwohl der Gang der Entwicklung und die neuzeitlichen Lebensbedingungen der vollkommenen Erfüllung traditioneller Ehrerbietung im Wege stehen, so bleibt der *wai* dennoch ein sehr bedeutsamer Teil des alltäglichen Lebens in Thailand.
Wenn Sie mit dem Überlandbus reisen, werden Sie während fliegender Fahrt bemerken, wie die Fahrgäste geheiligten Orten den *Wai*-Gruß entbieten. Und seien Sie keineswegs überrascht, wenn Ihr Taxifahrer, nachdem er soeben an der Erawan-Kreuzung die längste Rotlicht-Überschreitung der Verkehrsgeschichte hinter sich gebracht hat und mit quietschenden Reifen auf zwei Rädern um die Kurve schlittert, sein und Ihr Leben in seine Hände nimmt und diese zu einem *wai* erhebt, der dem Elefantengott an der Ecke gilt.

Das Grüßen von Buddha und Mönchen

Die **ideale**, eigentliche Grußform gegenüber Buddha oder den Mönchen als Buddhas Vertretern ist:

• auf die Knie zu sinken,
• in dieser Respekthaltung die Hände zum *wai* zu erheben (Männer sitzen auf den Fersen, Frauen legen die Beine aneinandergeschmiegt seitlich),
• mit gefalteten Händen den Kopf und Oberkörper hüftabwärts zu neigen, wobei das unwerte Hinterteil möglichst tief gehalten werden soll,
• die Handflächen auf den Boden zu legen, wenn der Kopf den Boden fast berührt und der Scheitel den Gegenstand des Respekts anzielt (dabei ist weiter zu beachten, daß zuerst die rechte Handfläche den Boden berührt),
• den Körper wieder zu sitzender Stellung zu erheben.

Wiederholen Sie diesen Vorgang **dreimal**, wenn Sie einen **Buddha** grüßen.

Ursprünge des *Wai*

Die Handhaltung des *wai* zeigt, daß Sie keine Waffen in der Hand halten. So ist der *wai* wohl von gleicher geschichtlicher Herkunft wie das europäische Berühren oder Schütteln der Schwerthände – was wir mittlerweile Händeschütteln nennen. Das Händeschütteln erfolgt jedoch symbolisch zwischen Gleichgestellten – der *wai* hingegen ist meist **Ausdruck von Ungleichheit**.

Hier wird ein sozial höhergestellter* farang *(Ausländer) von einer Angestellten mit Tochter begrüßt.

Wenn der Untergebene dem Höhergestellten den *wai* entbietet, begibt er sich in dessen Gnade und Fürsorge. Immer setzt der **Niedrigergestellte** zum *wai* an! Auch in der geschichtlichen Überlieferung zeigt stets zuerst der Schwächere, daß seine Hände keine Waffen tragen. Weiterhin drücken die gesenkte Kopf- und Augenhaltung aus, wie verringert die Verteidigungsmöglichkeiten des Grüßenden sind. Es steht dem Höhergestellten frei, ob er den *wai* erwidert. Wenn es sich um eine wesentlich höhergestellte Person handelt, etwa einen Mönch, so wird sie dies sicherlich nicht tun. Wenn Sie nun also in die Gesellschaft des Königs geraten sollten und sich dabei den angemessenen Verhaltensprozeduren unterwerfen – erwarten Sie nur nicht, mit einem *wai* wiedergegrüßt zu werden.

Die Erwiderung des *Wai*

Der König Thailands grüßt seine »Untertanen« nicht mit dem *wai*, es sei denn, es seien Mönche. Wenn die **soziale Rangstufe** zwischen zwei sich Begegnenden **sehr unterschiedlich** ist, wird der *wai* **nicht erwidert**. Grüßt also ein sehr kleines Kind einen Erwachsenen mit einem *wai*, wird der Ältere mit einem Nicken oder Lächeln antworten. Wenn eine Kellnerin mit einem *wai* Dank für ein Trinkgeld ausdrückt, wird der Geber nicht mit dem *wai* entgegnen. Und folgerichtig: wenn ein junger Angestellter dem »Big Boss« begegnet, wird er zwar mit dem *wai* grüßen, der Chef aber sicherlich nicht.

Wann wird mit dem *Wai* gegrüßt?

Die Anwendung des *wai* wird von frühester Kindheit an geübt. Der Thai eignet sie sich **natürlich** an, während sie dem Besucher zum Problem wird. Und nun wird es spannend: Wenn Sie Ihre vorgefaßte Meinung über wahrhaft demokratisches Verhalten endlich über Bord geworfen haben, wenn Sie alle *Wai*-Regeln gelernt haben und sich gar selbst in die Statushierarchie einzuordnen wissen – dann werden Sie entdecken, daß viele Thai, ganz offenkundig sogar jugendliche, Sie nicht mit dem *wai* grüßen. Dies erklärt sich jedoch nicht aus einem rassischen oder kulturellen Überlegenheitsdünkel, sondern daraus, daß die jungen Leute genügend westliche Filme und Fernsehsendungen gesehen haben, um zu wissen, daß die *farang* sich nicht mit dem *wai* grüßen.
Unter Thai ist es verbreitet, mit dem *wai* »Danke schön« zu sagen. Für den Besucher stellt die »Sprachbarriere« in dieser Hinsicht allerdings ein Hindernis dar. Großzügigkeit und Wohlwollen kommen traditionell von Höhergestellten; umgekehrt zeigt der Niedriggestellte symbolhaft, daß er auf dieses Wohlwollen angewiesen ist. Daraus erklärt sich, daß zwar der **»Dankeschön-Wai«** unter Gleichgestellten noch angewandt werden mag, im Verhältnis zwischen Höher- und Niedrigergestellten hingegen sehr aus der Übung gekommen ist.
Sobald der Besucher ein wenig Thai lernt und mehr über Thailand weiß, wird sich der *wai* in seine soziale Handlungsweise im richtigen Sinne einfach einschleichen. Für den Neuankömmling ist dies vielleicht der passende **Ratschlag**: Wenn Sie selbst nicht mit dem *wai* begrüßt werden, grüßen Sie Männer mit Handschlag und Frauen mit einem höflichen, angedeuteten Lächeln.
Und wenn nun endlich jener herrliche Tag anbricht, an dem Sie zum richtigen Zeitpunkt der richtigen Person begegnen und sie oder er in natürlicher Geste die Hände zum *wai* hebt – dann werden Sie vermutlich Ihre Hände voller Papierkram haben oder in der rechten Hand ein Glas mit Whisky Soda, während die linke eine Zigarette hält. Lassen Sie sich auch dann keine grauen Haare wachsen: Bringen Sie die Handflächen so nahe wie möglich zueinander, selbst wenn Sie dabei einen ganzen Kramladen in die Höhe hieven.

Während Sie nun darauf warten, daß sich diese Regeln in Ihrem Kopf einnisten, hier noch einige **Tips**, die Peinlichkeiten für alle Seiten vermeiden helfen:

• Grüßen Sie mit dem *wai* keinesfalls Diener, Arbeiter, Kinder oder andere Personen mit offenkundig niedrigerer sozialer Stellung. Sie mögen dies in ehrenwerter westlich demokratischer Gesinnung dennoch tun, geleitet oder

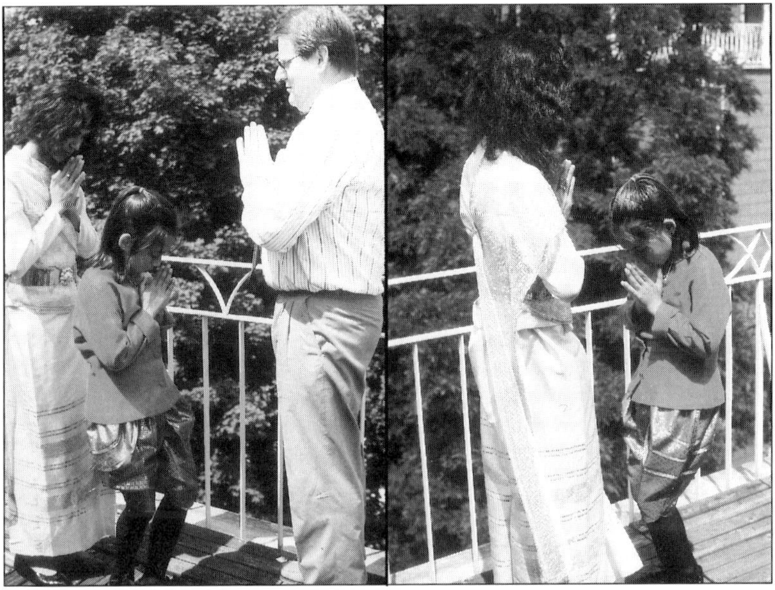

Variationen des wai *– je nach Alter und Rang.*

fehlgeleitet von dem Verlangen, Ebenbürtigkeit und Freundlichkeit zu zeigen (und in Widerspruch zur Thai Erkenntnis, daß Ungleichheit nicht Unfreundlichkeit bedeutet). Aber Sie werden dann den sozial Niedrigergestuften in äußerste Verlegenheit bringen, so daß er möglicherweise jegliche weitere Begegnung mit Ihnen vermeidet. Außerdem machen Sie sich lächerlich.

• Wenn Sie einen hochangesetzten *wai* empfangen, antworten Sie mit einem niedrigeren.

• Am einfachsten ist das Grüßen bei Mönchen und betagten Menschen (allerdings dann nicht, wenn es sich um Ihre Diener oder Straßenverkäufer handelt).

• Die angemessene Respekthaltung drückt sich eher durch Neigen des Kopfes und des Oberkörpers aus als durch Emporheben der Hände. (Es ist keineswegs respektvoll, die Hände in aufrechter Haltung über den Kopf ragen zu lassen.)

• Denken Sie daran: Ein *wai* ist kein einfacher »Hallo«-Gruß. Seine Bedeutung verlöre durch übermäßige Anwendung.

Das Lächeln
Im »Land des Lächelns«

Das Lächeln der Thai – davon weiß der Besucher, bevor er seinen Fuß in das »Land des Lächelns« gesetzt hat. Er wird schnell bestätigt finden, daß dies wirklich ein Land des Lächelns ist. Denn Thai lächeln ein Gutteil der Zeit. Von strahlenden Gesichtern umgeben, mutmaßt der gelegentliche Besucher entweder, er sei in ein Land der Schwachsinnigen geraten, oder vermutet, die Thai seien ein sehr glückliches und zufriedenes Volk. Die zweite Schlußfolgerung liegt der Wahrheit zwar näher, aber sie ist nur ein Teil der Wahrheit.
Während wir nun hoffen, daß alles so bleibt und wir das Lächeln ohne weiteres Nachdenken einfach so genießen können, kommt doch unweigerlich der Tag, an dem wir uns fragen: »Warum lächeln diese Leute fortwährend und überhaupt?« Viele Thai stehen nahe dem unteren Ende der sozialen Stufenleiter und leben in einem armutsähnlichen Zustand. Und dabei verbleiben ihnen geringe Möglichkeiten, ihr Schicksal zu wenden. Warum aber lächeln sie dann?

Was hinter dem Lächeln steht

Die Thai lächeln nicht notwendigerweise *über* oder *wegen* etwas, und dennoch ist ihr Lächeln nicht bedeutungslos. In Europa lächeln die Menschen vor allem, um Erheiterung auszudrücken, und deshalb wäre ein Lächeln oder Lachen bei vielen Gelegenheiten unangemessen oder sogar rücksichtslos. Über jemanden zu lächeln oder zu lachen, der vergeblich versucht, etwas jenseits seiner Fähigkeiten zu erreichen, könnte bei uns als Beleidigung empfunden und mit der feindseligen Frage beantwortet werden: »Worüber lächeln Sie eigentlich?« Im Westen wird *über* etwas gelächelt. In Thailand ist das Lächeln natürlicher Teil des Lebens. Es besitzt jedoch auch eine soziale Aufgabe. So wollen wir, auch auf die Gefahr hin, diese schönste und natürlichste Handlungsweise zu »überanalysieren« und in Schubkästchen zu stecken, dennoch folgende grundlegende Unterscheidungen anbieten:

1. Erheiterung

Ein Lächeln und eine bestimmte Art von Lachen können bei Thai, wie bei allen Menschenwesen, **Erheiterung** ausdrücken. Während jedoch der Europäer nicht lächeln würde, wenn er jemanden auf einer Bananenschale ausgleiten sähe (es sei denn in einem Zeichentrickfilm), täte dies ein Thai sehr wohl. Dies bedeutet aber nicht, daß er kein Mitgefühl besitzt. Er wird dem Bananenschalen-Opfer ebenso bereitwillig auf die Beine helfen wollen

Das Lächeln im Land des Lächelns bietet eine »Klaviatur der Möglichkeiten«

wie jeder andere auch. Das Lächeln oder Lachen eines Thai wird selten mit Spott vermengt sein, auch wenn dies dem Besucher manchmal so erscheinen mag. Ein Pechvogel aus unserem Bekanntenkreis, ein *farang*, bummelte einst durch die Gassen des Pratunam-Viertels von Bangkok, als ein Eimer voll schmutziger Seifenlauge in hohem Bogen aus einem Türschlund schwappte und ihn frontal traf. Als er sich den Schmutz aus den Augen wischte, fand er sich von allseitigem Lächeln umgeben. Zum Glück war er schon so mit Thailand vertraut, daß er das Lächeln ebenso gelassen auffing wie zuvor das Wasser. Er lächelte zurück, und sogleich lachten alle Umstehenden und begannen den *farang* zu säubern. Als sich herausstellte, daß der *farang* ein wenig Thai sprach, bat der Wasserwerfer um Entschuldigung.

2. Verzeihen

Es mag sein, daß im soeben geschilderten Fall das Lächeln auch von einer gewissen »Bananenschalen-Schadenfreude« ausgelöst wurde, aber es diente sicher zugleich dazu, den Missetäter der unbeabsichtigten Behelligung zu entschuldigen. Als das Lächeln erwidert wurde, bedeutete dies **Verzeihen**. So mag das Lächeln aus diesen Gründen unzählige Male am Tag eingesetzt werden – wobei der Besucher erleichtert zur Kenntnis nehmen wird, daß die Gründe dafür gewöhnlich weitaus weniger ernst zu nehmen sind.
Sie befinden sich nun während der Mittagszeit in der sich kaum vorwärts schiebenden Schlange einer Selbstbedienungs-Cafeteria. Sie haben Ihre

Wahl bereits getroffen und tänzeln nun an den Vorstehenden vorbei, indem Sie immer noch die Vorzüge der zur Auswahl stehenden Speisen abwägen. Sie schließen nach vorne auf. Ein solches »Kolonnenspringen« ist deshalb nicht zu rügen, sondern geradezu notwendig, weil das häufig langwierige Abwägen bei der Essenswahl andernfalls kaum Bewegung in der Schlange zuließe. Nun stellen Sie sich aber unglücklicherweise vor jemanden, den Sie noch bei der Auswahl glaubten, entdecken jedoch, daß er bereits zum Zahlen ansteht. Sie werden kein »Stellen Sie sich hinten an!« vernehmen und müssen sich auch nicht wortreich entschuldigen. Sie lächeln, der andere lächelt – alles ist geregelt. (Selbstverständlich sollten Sie sich dann an Ihren eigentlichen Platz in der Schlange zurückbegeben.)
Der aufmerksame Besucher wird bald entdecken, daß Lächeln der angemessene Mechanismus ist, um kleinere »Fettnäpfchentritte« im Benehmen auszugleichen. Es mag allerdings länger dauern zu erkennen, wie das Lächeln auch dazu dienen kann, ein Verhalten zu entschuldigen, das (in der eigenen Kultur) wortreiche Entschuldigung und möglicherweise auch materielle Entschädigung verlangen würde. Wenn der Besucher sich in Thailand in einer sehr schwierigen kulturellen Lage gefangen glaubt, so braucht er sich zum Beispiel nur einmal den bedauernswerten Thai Studenten in einem Londoner Pub vor Augen zu führen, eingeklemmt im Gedränge vor dem Tresen, vor sich eine unentwirrbare Anzahl gleich aussehender *Pint* Gläser mit *Bitter*-Bier – und zufällig ergreift er das falsche Glas und trinkt daraus! Mit klaren Worten wird ihm umgehend sein Mißgriff deutlich gemacht, und er lächelt ...

3. Danksagen

Lächeln bedeutet häufig **Dank** für eine erwiesene kleine Gefälligkeit. Wie wir später zeigen werden, wird das Wort »Danke« weit weniger gebraucht als im Westen. In Thailand gilt das Lächeln, vielleicht begleitet von einem angedeuteten Neigen des Kopfes, als Zeichen des »kleinen Dankes«. Das erwidernde Lächeln läßt sich dann als »Nichts zu danken!« übersetzen.

4. Konfliktvermeidung

Die beiden letzten Aufgaben des Lächelns, denen wir uns hier zuwenden wollen, beziehen sich auf die *Jai-yen* (»kaltes Herz«) **-Kaltblütigkeits-Philosophie** der Konfliktvermeidung, die ein wichtiges Motiv im sozialen Handeln der Thai darstellt.
Es gibt Thailänder, die sich aus nahezu allen Situationen schlicht »herauslächeln«, wobei sie jegliche Worte und Handlungen vermeiden, die sie später bedauern könnten. Ein solches Verhalten macht viele *farang* wütend, von Thai dagegen wird es respektiert. Als besonderer Vertreter dieser Ausweichtechnik durch Lächeln mag der in den vergangenen Jahren auch in der

Politik bekannt gewordene General Prem gelten. Sein Durchstehvermögen rührte sicher zum Teil daher, daß er sich durch die schwierigsten Situationen hindurchzulächeln vermochte und auch alle Anwesenden zum Lächeln anregte. Eine Zeitungsmeldung schilderte diese Taktik:

General Prem lächelt nur ...
Premierminister Prem Tinsulanond verweigerte gestern jeden Kommentar zur Parlamentsentscheidung, die die Pensionierungsregelung für Militärs ergänzte und ihm somit die Möglichkeit eröffnete, seine Dienstzeit als Oberbefehlshaber der Armee zu verlängern. Der Premierminister lächelte zwar fortwährend, schwieg aber ebenso beharrlich, als Journalisten ihn nach seiner Ansicht fragten. Er lächelte weiterhin, als die Reporter von ihm wissen wollten, ob er das Angebot annehmen werde, seinen Dienst als Armeeoberbefehlshaber zu verlängern. Er lächelte und ging ohne Antwort von dannen.

Das **Konfliktvermeidungslächeln** bedarf keiner Ergänzung durch Worte und läßt sich am besten durch die Bedeutung »Kein Kommentar!« erklären. Es fördert den *status quo* und befreit den Lächelnden zumindest zeitweise von einem möglichen Problem.

5. Verlegenheit zeigen

Auch das **Verlegenheitslächeln** soll einen Konflikt vermeiden helfen, zeigt jedoch durchaus, daß der Lächelnde sich seiner Schuld bewußt und bereit ist, sie wiedergutzumachen. Beim Zurücksetzen ein Auto zu rammen oder etwa beim Spielen mit einem Revolver in einem vollbesetzten Restaurant versehentlich einen Schuß gen Decke auszulösen, dies kann in jedem Lande zu Auseinandersetzungen führen – mit dem kleinen Vorbehalt, daß solche Vorfälle sich in Thailand häufiger zu ereignen scheinen. Ein Lächeln (aber keinesfalls lautes Gelächter!) kann Ihre Betroffenheit ausdrücken und somit einen möglichen Konflikt entschärfen. Natürlich ist jetzt nicht der Zeitpunkt für das bloße **Entschuldigungslächeln,** vielmehr sollten dem zerknirschten Verlegenheitslächeln Worte der Entschuldigung folgen und der Versuch, die Angelegenheit wieder ins Lot zu bringen und nötigenfalls Entschädigung zu leisten. Eine in Thailand durchaus übliche alternative und extreme Art der Konfliktvermeidung besteht darin, einfach Reißaus zu nehmen.

Lächeln macht schön

Dies soll beileibe keine ausführliche Abhandlung über das Thai Lächeln darstellen, das so facettenreich ist wie der *wai*. In der Tat kann das Lächeln die Antwort eines Höhergestellten auf den *wai* eines Untergebenen bedeuten. Aber da Lächeln, wie Stirnrunzeln und Gähnen, ansteckend wirkt, wird der Besucher alsbald von ihm infiziert sein. Und sicher wird er dieses Lächeln

Lächeln macht schön.

nach seiner Heimkehr vermissen und in den ihm begegnenden Gesichtern immer wieder danach suchen.
Zerbrechen Sie sich über das Lächeln nicht den Kopf – genießen Sie es einfach. Doch seien Sie sich immerhin bewußt, daß das innige Lächeln des hübschen jungen Blumenmädchens nicht (unbedingt) heißen muß, daß es in Liebe zu Ihnen entflammt ist. Aber lächeln Sie in jedem Fall zurück. Lächeln macht schön und hält jung.

Kopf und Füße

Wir haben im Zusammenhang mit dem *wai* bereits die »Höhenregel« erwähnt. Die grundlegende soziale Vorstellung von der körperlichen **Höhenbeziehung** muß bei anderen sozialen Verhaltensweisen berücksichtigt werden. Diese hierarchische Philosophie durchdringt sogar das Körperbewußtsein der Thai. Der Scheitel, unter welchem der *khwan* (Geist-Wesen) haust, stellt den wichtigsten Teil dar, die Füße gelten als niederster und schmutzigster Körperteil.
Es ist noch nicht allzulange her, daß die Untergebenen wahrhaftig vor den »Königlichen Hoheiten« krochen. Sie bezeugten ihre Unterwerfung dadurch, daß sie ihre geheiligtesten Teile (Haupt und Haar) unter die königlichen Füße neigten, die zwar weit unter dem königlichen Kopf lagen, aber dennoch alle nichtköniglichen Körperteile an Wert übertrafen.

Der Gesichtsausdruck der Thai offenbart es: Der* farang *begeht eine grobe Ungezogenheit, indem er mit dem Fuß, dem »unschicklichen Körperteil«, auf den Kopf seiner Gesprächspartnerin zeigt.

In jenen Tagen durfte der armselige Untertan den König nicht einmal anblicken und galt als zu niedrig, um ihn direkt anzusprechen. So hieß es dann: »Mein staubgeduckter Kopf unter Ihren Füßen grüßt Sie.« Von dieser etwas unwürdigen Herkunft stammt das alltägliche männliche Fürwort *phom*, das »ich« (wörtlich: »mein Haar«) bedeutet und heute respektvoll im **Gespräch mit Gleich- und Höhergestellten** verwendet wird. (Im Thai werden persönliche Fürwörter wechselhaft je nach der Stellung der Person, mit der – oder über die – gesprochen wird, eingesetzt. Seien Sie getrost: Gegen Ende der ersten 250 Thai-Unterrichtsstunden werden Sie zumindest einige davon beherrschen!)

Der unschickliche Körperteil

Nun wissen Sie, daß der Kopf nahezu heilig ist und die Füße als etwas gelten, worüber ein Thai nicht spricht. Dies verweist darauf, daß Sie umsichtig mit Ihren Extremitäten umgehen müssen. Ein Thai wurde gebeten, westlichen Besuchern **Rat** zu erteilen, und meinte daraufhin ohne Zögern: »Der Fuß gilt nicht als das schicklichste Hinweismittel.«
So zählt es zu den schlimmsten Beleidigungen für einen Thai, wenn Ihre unwerten Füße auf seinen Kopf zeigen. Dies, mögen Sie einwenden, könne ohnehin wohl kaum geschehen, da Sie weder Taekwondo-Kämpfer, Thai-

Boxer noch Ballettänzer seien. Sie mögen weiterhin starrsinnig meinen, die warnenden Hinweise hinsichtlich des Kopfes und der Füße ohne Risiko übergehen zu können – weil es eben sehr unwahrscheinlich sei, daß Sie in die Verlegenheit geraten, ein solch unverzeihbares soziales Verbrechen zu begehen. Vorsicht! Schneller als geahnt geschieht es, daß Sie mit Ihren Füßen auf Menschen oder geheiligte Gegenstände zeigen.
Versuchen Sie, Ihre **Füße unter Kontrolle** zu halten. Es ist absolut *tabu*, sie auf den Tisch zu legen, selbst wenn niemand gegenübersitzen sollte. Gleichermaßen ungezogen ist es, im Tempel mit dem Rücken an die Wand gelehnt zu sitzen und dabei die Beine auszustrecken.
Etwas weniger einsichtig als die soeben genannten Fälle erscheint das *Tabu*, das untersagt, mit gekreuzten Beinen in der Gegenwart von Mönchen oder wohlangesehenen Älteren zu sitzen. Dies gilt sowohl, wenn Sie am Boden sitzen (in diesem Fall sollten die Füße in der Respekthaltung untergeschlagen und somit aus der Sicht gebracht werden), wie auch dann, wenn Sie einen Stuhl aufgetrieben haben, auf dem Sie sitzen können (auch in diesem Fall sollten die Beine nicht übereinandergeschlagen werden). Eine wohlbekannte Thai Frauenrechtlerin und Journalistin wurde gewaltsam aus dem Parlament entfernt, weil sie darauf bestand, weiterhin mit verschränkten Beinen zu sitzen.

Das Berühren des Kopfes

In der sozialen und materiellen Umwelt der Thai, die für beträchtlich kleinere Menschen, als die meisten *farang* es sind, ausgerichtet ist, rührt man überraschend leicht an Köpfe und plaziert seine Füße falsch. Sollten Sie bemerken, daß Ihr Ellbogen an ein oder zwei Köpfe eckt, während Sie um Ihres lieben Lebens willen krampfhaft an den Haltegriffen eines dahinrasenden Busses hängen (wobei es nichts ausmacht, daß Ihr eigener Kopf ständig gegen das niedrige Blechdach knallt oder in einer Ventilatorröhre verschwindet), dann ist die korrekte Reaktion stets das Wort »Verzeihung« – vorzugsweise gesprochen in Thai, um auch verstanden zu werden. Aber auch wenn Sie mit Ihrem Arm über jemandes Kopf hinwegreichen, um eine Tasche aus dem Gepäcknetz von Zug oder Bus zu langen, und dabei darauf achten, die Person nicht zu berühren, können Sie sich entschuldigen, selbst wenn hier ein Lächeln ausreicht.
Halten Sie in Erinnerung, daß die Thai sich nach Möglichkeit gern **vor** der Behelligung anderer Leute entschuldigen (selbstverständlich nur, wenn der Grund dafür vorhersehbar, unvermeidbar und nicht zufällig ist). Selbst Henker pflegten sich bei ihrem Opfer für das »Berühren« des Kopfes mit dem Schwert zu entschuldigen. Dieser liebenswerte alte Brauch ist allerdings inzwischen durch die moderne Technik hinfällig geworden.
Das **Tabu, den Kopf zu berühren**, gilt sogar zwischen engen Freunden. Und dennoch darf es, wie dies bei allen Regeln dieser Art der Fall ist, nicht

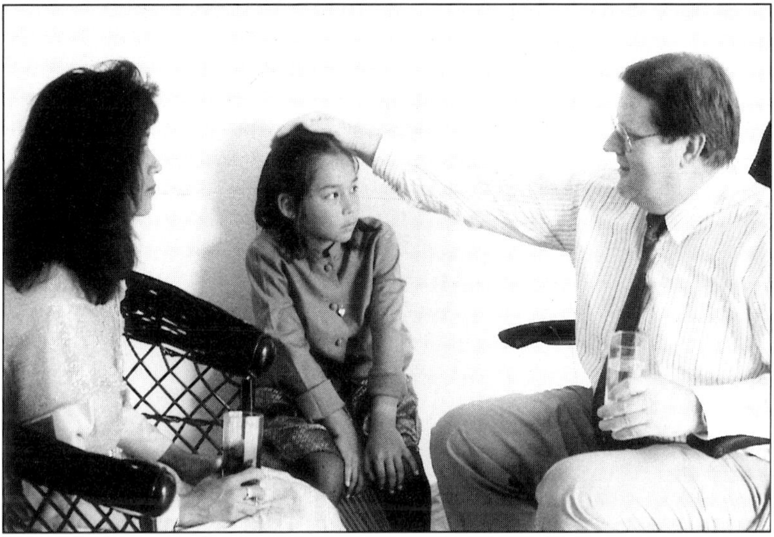

Hier wird in freundlicher Absicht ein strenges Tabu gebrochen: das Berühren des Kopfes.

im Widerspruch zu den wirklichen Bedürfnissen der Menschen stehen. Es gilt nicht im privaten Bereich von Liebenden, und auch in der Öffentlichkeit mag es geschehen, daß alte Menschen mit der rechten Hand voller Zuneigung den Kopf eines kleinen Kindes berühren. Jedoch sollte sich der Besucher hier wie in anderen Fällen zunächst auf die **allgemein gültigen Regeln** verlassen. Später, vielleicht, werden Sie ein Gespür dafür entwickeln, geschickt das zu tun, was Sie nach vordergründigen Vorschriften eigentlich unterlassen sollten.

Übersteigen

Weil ein großer Teil des Lebens sich auf dem Fußboden abspielt, mag Sie ein bislang unbekanntes Verlangen überkommen: einfach über Menschen hinwegsteigen zu wollen. Widerstehen Sie dem.

Wenn Sie zum Beispiel in der *sala* (Gemeinschaftshalle des Tempels) nach dem Genuß von Getränken den Weg zur Toilette allseits durch sich nahezu berührende Kreise von Menschen blockiert finden, dann versuchen Sie nicht, über zwei Rücken hinwegzusteigen – **tabu.** Und achten Sie auch darauf, nicht über die Speisen im Inneren eines solchen Kreises zu steigen, dies ist gleichfalls tabu. Sie können allerdings deutlich machen, daß Sie dringend einen freien Weg benötigen, denn es ist keinesfalls tabu zu sagen: »Ich muß Wasser lassen« oder ähnliches. Sofort wird sich Ihnen eine Gasse öffnen.

Damit sind Ihre Probleme aber noch nicht gelöst. Hasten Sie nun nicht ein-

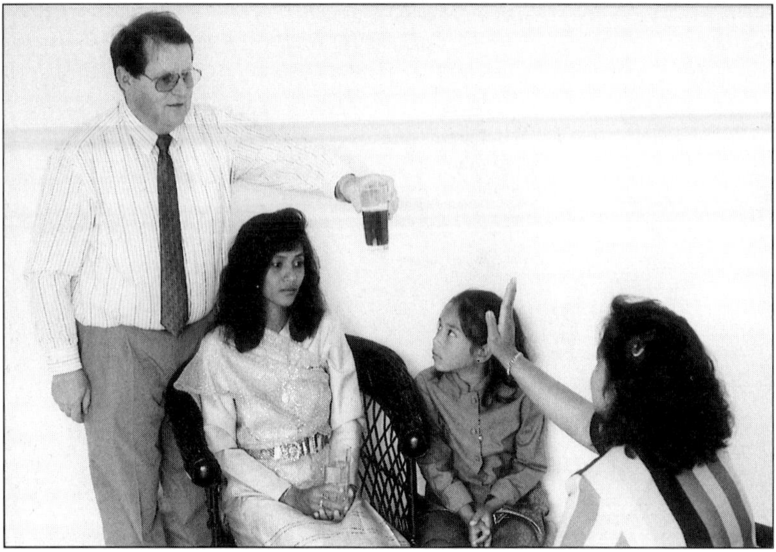

Entsetzte Abwehr bei der Dame, der der **farang** *über den Kopf einer anderen hinweg eine Cola reichen will.*

fach durch diese Gasse. Die **Höhenregeln** verlangen es, daß Sie Ihren Oberkörper neigen, wenn Sie sich an einem sitzenden Erwachsenen vorbeibewegen. Nach der **idealen Regel** sollten Sie Respekt und Demut sogar dadurch zeigen, daß Sie die **Höhenlinie** der anderen nicht überragen – ein für den durchschnittlichen *farang* äußerst schwieriges Unterfangen. So wird es in pragmatischer Kenntnis bereits durchaus geschätzt, wenn Sie beim Vorbeigehen Ihren Körper ein wenig neigen, was immerhin Ihr Bemühen beweist, alle anderen nicht turmhoch überragen zu wollen.

Vorne & Hinten — Die horizontale soziale Abstandsregel

Der Höhenregel entspricht eine horizontale soziale Abstands- und Ordnungsregelung. Vorgesetzte sitzen (wie sollte es anders sein) vorne, Untergebene hinten. Wenn Sie nun also bei einer Veranstaltung zu einem Sitz in den vorderen Reihen geleitet werden sollten, verharren Sie dort, selbst wenn Sie weitsichtig sein sollten, denn andernfalls werden sich alle anderen hinter Sie begeben müssen. (Es ist bei Veranstaltungen durchaus üblich, daß die erste und auch zweite Reihe bis auf einen Mönch, einen Greis oder eine andere wichtige Person unbesetzt bleiben.)
Die **horizontale soziale Abstandsregel** zeigt sich auch in der Gehordnung, wiederum: vorne die Vorgesetzten, hinten die Untergebenen. Dies beein-

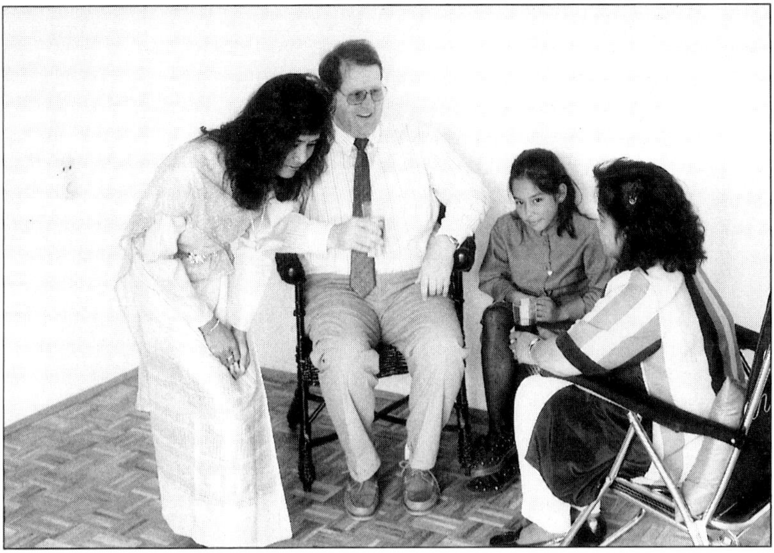

Es gleicht einer sozialen Gymnastikübung, die Höhenlinie anderer nach Möglichkeit nicht zu überragen.

trächtigt natürlich die Konversation als Kunst und soziales Erlebnis. Im neuzeitlichen Thailand beschränkt sich diese Regel deshalb auf zeremonielle Anlässe. Es wird allerdings immer angenehm auffallen, wenn Sie sich nicht **vor** einer betagten Person bewegen.
Wenngleich die **Gehordung** nicht mehr streng eingehalten wird, so ist doch die **soziale Ordnung**, die sie verkörpert, weiterhin sehr stark im Thai Wesen verwurzelt. Der Jüngere steht unter dem Schutz des Älteren, solange er diesem nachfolgt. Dies bringt ein Thai Sprichwort zum Ausdruck: »Wenn du hinter einem Älteren gehst, beißt dich der Hund nicht.«

Die Hände

Wenn Sie sich jetzt endlich Ihrer widerwärtigen Füße, Ihrer turmhohen Erscheinung und Ihres geheiligten Kopfes bewußt sind, müssen Sie zu alldem noch lernen, behutsam mit Ihren **Händen** umzugehen. Am besten machen Sie so wenig wie möglich damit.
Lassen Sie sie einfach unbedrohlich herabbaumeln. Und nutzen Sie sie keinesfalls dazu, jemandem kumpel-spaßhaft auf den Rücken zu hauen oder jemandes Haar zu zerzausen. Achten Sie vielmehr darauf, niemanden irgendwo zu berühren – vor allem nicht in der geschlechtlichen Zone.

In Thailand vermitteln Handbewegungen traditionell Botschaften – wie hier beim klassischen Tanz im kostbaren **Nora-*Kostüm.***

Fingerzeigen

Mit dem Finger zeigen beleidigt weniger, als es mit dem Fuß zu tun. Es wird bei Gegenständen geduldet (allerdings nicht bei geheiligten Dingen!), nicht aber bei Personen, selbst nicht bei weit niedriger gestellten. Wenn Sie nicht gerade bei einer polizeilichen Gegenüberstellung auf jemanden deuten oder in einer vermischten Gruppe auf denjenigen Burschen weisen, der soeben mit Ihrer Brieftasche das Weite gesucht hat – zeigen Sie nicht mit dem Finger. Sollten Sie Ihren Begleiter unbedingt auf jemanden hinweisen müssen und können dies nicht mit Worten äußern, dann verhalten Sie sich so diskret wie möglich. Eine angedeutete **zeigende Bewegung mit dem Kinn** ist gestattet.

Es gibt allerdings zwei Berufe, deren Angehörige von diesen Regeln ausgenommen sind: Hauptfeldwebel im Armeedienst und Schullehrer im Klassenzimmer. Wie empfindsam die Thai jedoch insgesamt auf das Zeigen mit dem Finger reagieren, offenbart die Tatsache, daß die Mädchen in den Massagesalons Nummern tragen, so daß die Kunden ihre Wahl mit Worten ausdrücken können.

Vielleicht entstammt diese Empfindsamkeit noch jenen schlimmen alten Tagen, in denen ein Kriegsherr ein aufrührerisches Dorf kurzerhand dadurch zu »befrieden« suchte, daß er die gesamte Bevölkerung zusammenrief und willkürlich auf einige erbarmungswürdige Bauern deutete, die daraufhin

Mit dem Finger auf geheiligte Gegenstände oder den Kopf von Personen zu zeigen wirkt nicht nur indiskret und respektlos, sondern sogar beleidigend.

hingerichtet wurden. Weshalb auch immer, und wie auch immer, ein Thai mag es ganz und gar nicht, wenn man mit Vorsatz und dem Finger auf ihn zeigt.

Halten Sie Ihre Hände unter Kontrolle

Hände sind natürlich nicht allein Mittel der Respektsbezeugung. Einige Leute nutzen sie schließlich zur Arbeit. Jedoch macht der Thai nur sehr geringfügige Unterschiede in den Verhaltensregeln bei und fern der Arbeit. Deshalb gilt auch dann, wenn der Thai mit einer Arbeitsaufgabe befaßt ist, der Vorrang von sozialer Rangordnung und höflichem Benehmen vor dem Produktivitätsanspruch.

Der **Gebrauch der Hände** sollte immer in Einklang mit dem sozialen Protokoll stehen, ob jemand nun gehirnferne Tätigkeiten wie Rasenschneiden verrichtet oder solch geistfordernde Entscheidungen treffen muß, ob er zum Mittagessen *kueytiou nam* (Nudelsuppe) oder *kueytiou pat* (gebratene Nudeln) wählen soll.

Fuhrwerken Sie nicht mit den Händen herum, um sich zu verständigen (dies gilt insbesondere für französische und italienische Besucher). Sie würden damit eher verwirren als deutlich machen, was Sie meinen, und gar den Eindruck erwecken, Sie seien über etwas sehr erregt – und sollten Sie es tatsächlich sein, zeigen Sie es nicht!

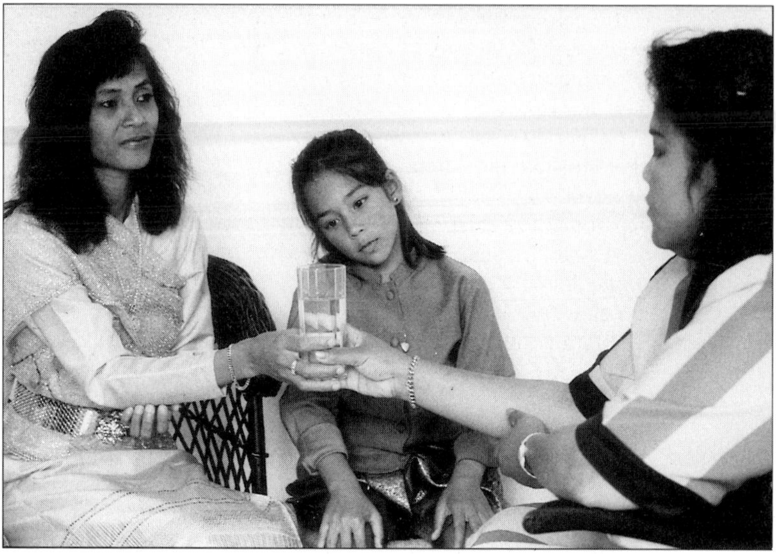

Die höfliche Form des Überreichens unter sozial Gleichgestellten erfolgt mit dem (durch die linke Hand gestützten) rechten Arm.

Wie Sie Aufmerksamkeit erwirken

Wir sind alle dauernd damit beschäftigt, jemandes Aufmerksamkeit zu erwecken und Dinge weiterzureichen. Im ersten Fall werden die Hände nicht benötigt, wenngleich die rechte Hand benutzt werden kann. Nach **thailändischer Art** wird einfach gerufen, aber mit verhaltener Stimme. In einem Restaurant geschieht dies meistens mit dem Wort *nong* (kleine Schwester oder Bruder), davon ausgehend, daß Kellner oder Kellnerin noch jung sind, was für die Mehrheit zutrifft. Es wäre selbstverständlich peinlich, den Besitzer des Restaurants auf diese Weise zu rufen. Deshalb mag es dem fremden Besucher angeraten sein, seine rechte Hand zu nutzen. Doch klatschen Sie nicht, schnipsen Sie nicht mit den Fingern, und zischen Sie auch nicht. Die angemessene Weise ist **Winken**, mit raschen Einwärtsbewegungen der Finger (Handrücken nach oben) zum Handballen hin.

Mit den Händen überreichen

Wenn Sie mit jemandem zusammentreffen, wird häufig die Absicht bestehen, einander etwas zu überreichen. Dieser Vorgang wird durch das soziale Stufensystem genau geregelt. Nach dem **idealen Vorbild** sollte der empfangende und überreichende Untergebene seine rechte Hand gebrauchen, wobei der rechte Unterarm mit der linken Hand leicht abgestützt und der Oberkör-

per ab der Hüfte gebeugt wird. Der Höhergestellte sollte mit sanfter Geste überreichen oder empfangen, wobei jedoch die unterstützende linke Hand unnötig ist. Gleichgestellte können sich ohne Vorschriften Dinge überreichen, aber stets nur mit sanften Bewegungen; oder **beide** mögen auch den rechten Arm mit den Fingerkuppen der linken Hand berühren. Im heutigen Bangkok ist die vollständige Zeremonie kaum noch zu beobachten, eine verkürzte Form jedoch nach wie vor verbreitet.
Benutzen Sie beim Übergeben stets die **rechte Hand**, selbst wenn Sie (wie viele Thai) Linkshänder sind. Diese Vorschrift rührt daher, daß die linke Hand dazu dient, die Gesäßfurche nach dem Stuhlgang mit Wasser zu reinigen. Obgleich eine zunehmende Zahl von Thai Toilettenpapier verwendet, so gilt doch weiterhin die linke Hand als weniger rein als die rechte.

Werfen

Es gilt als schludrig und ungezogen, **Gegenstände zu werfen**, selbst wenn es lediglich eine Streichholzschachtel ist. Handelt es sich um einen »halb geheiligten« Gegenstand, so ist dies schlichtweg ungehobelt. Wird gar ein geheiligtes Objekt, etwa ein Buddha-Amulett, geworfen, dann steht Ärger ins Haus.

Hände in den Hosentaschen

Sollten Sie nun zu dem Schluß gelangt sein, es sei am unverfänglichsten, die Hände in den Taschen zu vergraben ... mitnichten – dies wird als sehr schlechtes Benehmen gewertet. Wer seinen Bewegungsdrang nicht unterdrücken kann, könnte sich beispielsweise Nasenhaare ausreißen; diese Beschäftigung wird Sie zwar nicht bei der *crème de la crème* der Thai Gesellschaft beliebt machen, ist aber keineswegs so verrufen wie im Westen.

Die Stimme

Sie werden erleichtert sein zu hören, daß der normale Kommunikationsweg der Thai der gleiche ist wie andernorts: der Gebrauch der Stimme. Weil jedoch die meisten Besucher nicht Thai sprechen (und die meisten Thai nichts anderes), bringt diese Feststellung nicht weiter.
Wenn Sie nun die Sprache zu lernen beginnen, werden Sie bemerken, daß sie alles widerspiegelt, was Sie über die Thai Gesellschaft bereits erfahren haben. Es ist also nicht allein wichtig, **was** gesagt wird, sondern ebenso wichtig, **wie** etwas gesagt wird. Wörter und Partikel müssen der sozialen Situation und dem jeweiligen Status entsprechen. Genauso wichtig ist eine **ruhige,** ja **leise Sprechweise.**

Laut- und ausdrucksstarke Meinungsäußerungen erschrecken die Thai und gelten als unzivilisiert.

Die meisten Besucher in Thailand werden nur die Zeit finden, sich sehr primitive Thai Sprachkenntnisse anzueignen, und werden niemals die Thai Aussprache und Tonhöhen beherrschen. Selbst diejenigen, die beruflich in Thailand zu tun haben, werden meistens in einer europäischen Sprache verkehren, vermutlich Englisch. Noch immer gibt es nur wenige Thai, die Englisch fließend beherrschen. Der Besucher muß daher sehr darauf bedacht sein, **tatsächlich verstanden zu werden**. So ist es am sichersten, **keine** daheim bekannten Redewendungen zu benutzen. Fragen Sie direkt »Do you understand?«, wird die Antwort nahezu unweigerlich »Yes, Sir« lauten.

Wie meist in Thailand der Fall, kann die behutsame, indirekte Vorgehensweise erfolgreicher sein als die drängende, unverblümte und bierernste Methode, die bei uns im Westen als Tugend gilt. Wenn Sie meinen, jemand verstehe Sie nicht (und die Chancen dafür stehen gut!), dann wiederholen Sie geduldig nochmals das Gesagte, womöglich mit anderen Ausdrucksmitteln – **werden Sie aber nie lauter**. Vermeiden Sie dies um jeden Preis, selbst wenn in einer derart lauten und nervösen Stadt wie Bangkok geradezu ein natürlicher Zwang dazu besteht. Ein lauter Tonfall ist unhöflich – und **gefährlich.** Für den Thai tut sich dabei ein unüberwindbarer Gefahrenabgrund auf. Selbst wenn er auf Ihr Schreien mit einer Geste des Respekts reagiert, wird es in seinem Gehirn rumoren. Er wird nach Wegen suchen, dieser gefährlichen Lage zu entrinnen, allerdings nicht dadurch, daß er einsieht, was Sie meinen.

Die aus der indischen Tanzkultur übernommene Augensprache setzt sich charmant ins Alltagsleben fort.

Die Augen

Ein Gutteil der täglichen **Kommunikation** von Thai geschieht mit Hilfe der Augen und Augenbrauen. Wenn Sie im Bus den jungen Schaffner anblicken und die Augenbrauen hochziehen, wird er wissen, daß Sie noch immer auf Ihr Wechselgeld warten. Taxis und *tuk-tuk* (Motorrikschas) werden auf Bremsstreifen schlittern, kaum daß Sie ihnen einen Blick zuwerfen. Und wenn Sie gerade nicht zielgerichtet umherschauen und dabei einem anderen Augenpaar begegnen, männlich oder weiblich, so werden Sie vermutlich ein Lächeln auffangen. **»Die Augen sind das Fenster des Herzens«**, sagen die Thai.

Der *farang* befindet sich in Thailand in ziemlich angenehmer Lage, besonders wenn er **blaue Augen** besitzt. Die meisten Thai werden geradewegs in sie hineinblicken. Dies ist strenggenommen gegen die Vorschrift, vor allem bei Angehörigen unterschiedlichen Geschlechts. Hier scheint jedoch eine Regel zu bestehen, die allseits und täglich ohne schlechtes Gewissen verletzt wird. Es gehört zum Charme des Thai Lächelns, dabei auch in die Augen zu blicken. Der Besucher braucht deshalb den **»Augenkontakt«** nicht zu fürchten. Allerdings würden es wohl die meisten Thai für unhöflich halten, auf Leute zu starren (wenngleich einige langnasige *farang* dermaßen drollig aussehen, daß es vielen Thai schwerfällt, ihre Augen von diesem Anblick abzuwenden).

Die äußere Erscheinung

»Kleider machen Leute?«

Das äußere Erscheinungsbild ist eines der offensichtlichsten **Statuskennzeichen** in Thailand. In Europa wirkt es inzwischen kaum überraschend, wenn sich ein Thronerbe in Blue Jeans zeigt und ein Bergwerkskumpel in seiner Freizeit die eleganteste Kleidung trägt. In Thailand beileibe nicht. Der gesellschaftliche Rang einer Person, der sich in Verhaltens- und Redeweise sowie Betragen offenbart, zeigt sich meistens auch in der äußeren Erscheinung.

Uniformen

Ein überraschend großer Anteil der nichtbäuerlichen Bevölkerung sind Angestellte des Öffentlichen Dienstes, die ihre Dienstgrade ebenso zur Schau stellen wie die Polizisten und Militärangehörigen.
Auch alle Schüler und Studenten tragen Uniformen. Wenn die Töchter und Söhne der Thai Elite zwar auch für politisches Engagement bekannt sind, so sind sie nichtsdestotrotz stolz auf die Universitätszeichen von Thammasat und Chulalongkon. Mag auch die **offizielle Uniform** keine differenzierte Rangordnung ausdrücken, gibt es immerhin doch grobe Unterscheidungsmerkmale. So müssen Universitätsstudenten herkömmlicherweise weiße Socken tragen.

Kleidung auf dem Lande

Auf dem Lande geht es viel lockerer zu. Die Männer winden sich vielfach lediglich ein Laken um die Lenden, die Frauen kleiden sich mit schlichtem Sarong und Bluse. Dies gilt für den Großteil der bäuerlichen Bevölkerung. (Im Norden tragen die Männer übers Knie reichende Baumwollhosen und kragenlose Hemden, die der chinesischen Kleidung ähneln.) Eine unerwartete »Modernisierungsauswirkung« erzielte in Thailand der Büstenhalter, vornehmlich in ländlichen Gebieten, wo er manchmal jegliche Oberbekleidung ersetzte.

»Züchtigkeit«

Ausländer in Thailand sollten es nicht »wie die alten Römer treiben«. Insbesondere sollte sich die westliche Besucherin, die als wohlanständig eingeschätzt werden will, vor Augen halten, welch verwirrender Eindruck von der **westlichen Moral** über die westlichen Medien selbst vermittelt wird. Sie sollte deshalb nicht nur einen BH tragen, sondern auch etwas darüber! Sie

Die Thai Vorliebe für saubere und geschniegelte Kleidung erscheint manchen als »Overdressing«. (Hier eine ländliche Hochzeit.)

sollte auch durchsichtige Kleidung und zu kurze Röcke vermeiden. Übersehen Sie, daß einige weibliche Thai in Unkenntnis (?) der Aufschriften T-Shirts tragen, auf denen prangend zu lesen ist: »Ich liebe, es zu tun!«, »Pflücke meine Rose!« oder gar »Lutsch mich!« Natürlich ist dies keinesfalls schicklich, wohl aber Ausdruck der Verwirrnis zwischen den Kulturen und Zivilisationen.

»Overdressing«

Es scheint eine allgemeine, doch durchaus uneinsichtige Regel zu bestehen, nach der die Kleidungsschichten mit dem gesellschaftlichen Rang zunehmen. Deshalb ist es in Bangkok nicht ungewöhnlich, Manager und Universitätsprofessoren in **Anzug und Krawatte** unter tropischer Sonne schmoren zu sehen.

Dies geht entschieden zu weit, mögen Sie denken. Höflichkeit ist eine Sache, »Overdressing« (insbesondere bei westlicher Kleidung) eine ganz andere. Zumal viele *farang*, die Thailand besuchen oder dort arbeiten, durchaus ohne Krawatte überleben und durchkommen, sofern sie nur sauber und korrekt gekleidet sind (keine Shorts oder Turnhosen!). Aber seien Sie dessen eingedenk, daß bei **formellen Anlässen** das Ansehen des Gastgebers mitspielt und deshalb Großzügigkeit und »Overdressing« die Regel darstellen.

Die Haare

Die Haare sind selbstverständlich geheiligt, sofern sich dieselben oben auf dem Kopf befinden. Dies scheint jedoch geringen Einfluß auf die **Frisuren** auszuüben, die bei Thai Männern (alles oder nichts!) häufig entweder rasenmäherkurz oder schulterlang sind. Der arrivierte Thai wird beide Extreme vermeiden und sich für einen ausgewachsenen und kultivierten »Nachttopf«-Haarschnitt entscheiden. Der Besucher mag sich dem sicherheitshalber anschließen. Dennoch ist man in Thailand bezüglich der **Haarlänge** weitaus »lockerer« als in anderen asiatischen Ländern. Mitunter werden auch Schnurrbärte getragen, aber nur wenige Thai Männer verfügen über den ausreichenden Bartwuchs; außerdem sei der Besucher darauf hingewiesen, daß viele Thailänderinnen **Bärte** unansehnlich finden und dabei an alte Männer denken. Wo immer und wie lang Ihr Haar nun wächst, es gilt vor allem eines: es sollte sauber sein.

Die Beziehung der Geschlechter

Die Stellung der Frau

Das **ideale** weibliche Verhalten, das heißt: ideal in den Augen eines Thai **Mannes**, läßt sich am besten durch ein literarisches Zitat darstellen. Der berühmte siamesische Dichter Sunthon Phu hat im Jahre 1844 eine *Verhaltenslehre für Damen (Ovat Krasattri)* niedergelegt, die heute noch Teil des Schullehrplanes ist und deren **»Ratschläge«** von thailändischen Romantikern immer wieder sehnsuchtsvoll angeführt werden:

... Schreite gemächlich. Pendele nicht so sehr, während Du gehst ... Laß Deinen Busen nicht wogen, fahre nicht mit den Fingern durch das Haar, und öffne Dich keinem Gespräch.
... Blicke nichts nachhaltig an, besonders keinen Mann, so daß er niemals mutmaßen kann, welche Gedanken Dich bewegen ... Buhle keinesfalls um die Männer.
... Liebe Deinen Gatten, und sei ihm treu ergeben ... Sei ihm gegenüber ehrerbietig und unterwürfig.
... Wenn Dein Gatte sich zu Bett begibt, knie zu seinen Füßen und erweise ihm durch den wai *Ehre. Wenn ihn Schmerzen und Leiden plagen, massiere ihn. Erst dann magst Du Dich zum Schlaf begeben.*
... Stehe vor Deinem Gatten auf und bereite ihm sein Bad.
... Wenn Dein Gatte speist, verweile sitzend in seiner Nähe, so daß er seine Stimme nicht erheben muß, wenn er nach etwas verlangt. Iß selbst erst dann, wenn er gesättigt ist.

Zwischengeschlechtliche Berührung in der Öffentlichkeit (auch bei Ehepaaren) gilt als unschicklich ...

Glücklicherweise (oder unglücklicherweise, je nach Standpunkt) ist solch sklavische Unterordnung heutzutage, und war es vielleicht auch immer zuvor, nur ein Frauenalp- und Männer-Traum. Und dennoch muß festgestellt werden, daß Frauen in allen Bereichen der Thai Gesellschaft ihren Männern sozial und wirtschaftlich untergeordnet sind. Noch immer werden sie die »Hinterbeine des Elefanten« genannt – das will heißen, daß sie zwar in ihrer »ökonomischen« Bedeutung als gleichrangig angesehen werden, ihr angestammter Platz aber hinten ist, hinter den Männern und diesen zuarbeitend.

Diese **Benachteiligung** mag dem Besucher nicht sogleich ins Auge springen, weil ihm vermutlich etliche tüchtige Karrierefrauen begegnen werden, deren Einkommenshöhe ihnen außergewöhnliche Unabhängigkeit und Stellung verschafft. Schließlich ist eine erstklassige Sekretärin im Wirtschaftsbereich, die eine oder mehrere Sprachen fließend beherrscht, immer noch so rar, daß sie über ein Einkommen verfügen kann, das erheblich über dem eines Universitätsprofessors oder Armeegenerals liegt.

Käufliche Liebe

Es ist eine unleugbare Tatsache, daß viele männliche Besucher zumindest einen Teil ihrer Mußezeit mit Thai Frauen verbringen, die in der einen oder anderen Form der **Prostitution** tätig sind. Es wird geschätzt, daß ungefähr

ein Prozent der weiblichen Bevölkerung dem »ältesten Gewerbe der Welt« nachgehen. Dies bedeutet selbstverständlich zugleich, daß 99 Prozent dies nicht tun. An diese simple und offenkundige Tatsache sollte man sich stets erinnern.
Der Umstand, daß Frauen der »leichten Tugend« sich naturgemäß um die männlichen Besucher, also ihre Geldquelle, scharen, hat zu einem einschlägigen Bild von Thai Frauen geführt, das nicht mehr der Wahrheit entspricht als jenes Bild, das sich viele Thai von westlichen Frauen gemacht haben.
Die **Prostituierten** verlieren durch ihre Tätigkeit Gesicht und Ansehen. Andererseits verdienen sie Geld, und dies mag ihnen viele oberflächliche Respektsbekundungen zurückgewinnen, die für das psychische Wohlergehen von Thai notwendig sind. Aber im Bewußtsein ihres Geldes kompensieren diese Frauen psychologisch auch in der Weise, daß sie eine provozierende Verachtung für Thai Verhaltensweisen an den Tag legen. Manchmal stellen sie sich, obwohl weiterhin in Thailand lebend, nahezu völlig außerhalb der Thai Gesellschaft und verkehren ausschließlich mit *farang* oder japanischen Besuchern. Ihr Geld verleiht ihnen eine gewisse Unabhängigkeit, die es ihnen ermöglicht, sich den Ratschlägen Sunthon Phus vollkommen zuwider zu verhalten.

Anstand und Moral

Die Frauen Thailands wurden vermutlich niemals in der Weise versklavt wie ihre indischen, chinesischen und japanischen Schwestern, und heutzutage sind viele im Berufsleben ganz offenkundig erfolgreich. Wie immer erfolgreich, tolerant oder »befreit« eine Frau aber auch sein mag – wenn sie sich auf der Straße händchenhaltend mit einem Mann zeigt, selbst wenn es sich um ihren Ehemann handelt, wird sie Gesicht verlieren. In der Öffentlichkeit Zuneigung zur Schau zu stellen, wie dies bei den Playgirls von Bangkok üblich ist, heißt ein Tabu brechen. Wenn eine Frau, ob Thai oder Ausländerin, die Spielregeln zwischen den Geschlechtern mißachtet, wird sie von anderen Frauen gemieden und zum Freiwild für Männer.
All dies bezieht sich allerdings nur auf den **öffentlichen Bereich** des Lebens; was sich **privat** abspielt, nun, da wenden wir uns galant ab ...
Die Thai sind großherzig im Übersehen dessen, was nicht gerade schreiend offenbar ist. So mag denn auch die Tochter, die in der großen Stadt »arbeitet«, aber verläßlich Geld nach Hause sendet, nach den leichtfertigen Jahren durchaus unbehelligt in ihr Heimatdorf zurückkehren. Doch ***öffentliche*, offen*sichtliche* Anstandsverstöße**, die ins Auge springen, erzwingen eine moralische Reaktion.
Die **Grenzen des Anstands**, obzwar wie überall fließend, schließen in Thailand immer und jederlei körperliche Berührung zwischen den beiden Geschlechtern aus. Selbst wenn sie dabei eine Berührung vermeidet, schickt es sich für eine Frau nicht, einem Mann von sich aus nahezukommen. So ist

... nicht aber die gleichgeschlechtliche freundschaftliche Berührung.

es beispielsweise in den Universitäten Thailands unter den Studentinnen immer noch üblich, zu Besprechungen mit ihrem Lehrer in seinem Büro eine Freundin mitzubringen, die sich indessen völlig schweigsam verhält und nur zur Aufgabe hat, als »Anstandsdame« gegenwärtig zu sein.

Die Tabuisierung von körperlichen Berührungen gilt jedoch nicht für Menschen gleichen Geschlechts, die, wenn sie wollen, sich in der Öffentlichkeit Arm in Arm bewegen können, ohne daß sich eine Augenbraue verzieht. Viele Europäer stellen sich nur schwer darauf ein. Zwar verlangt niemand von Ihnen, daß Sie tiefverwurzelte Auffassungen und Verhaltensnormen radikal ändern. Aber Sie tun gut daran, zu verstehen, daß eine vertrauliche Hand auf dem Knie eher eine freundschaftliche Geste als einen homosexuellen Annäherungsversuch bedeutet.

Die **Schranken bei der sozialen Begegnung der Geschlechter** engen die ausländische Besucherin ebenso ein wie die berufstätige Thailänderin. Bei gesellschaftlichen Anlässen teilen sich die Anwesenden häufig magnetisch gegengepolt in Gruppen von Männern, die sich um die alkoholischen Quellen scharen, und Gruppen von Frauen, die sich oft bei der Essenszubereitung versammeln. Nun, die europäische Ehefrau wird sich vermutlich nicht ausschließlich unter Frauen aufhalten wollen, und niemand wird ernsthaft Anstoß daran nehmen, wenn sie sich zu ihrem Ehemann gesellt, denn die Thai finden sich mit den seltsamsten Sitten der *farang* ab.

Diese Duldsamkeit gegenüber den Sitten der *farang* bedeutet jedoch keinesfalls, daß ein Thailänder nicht säuerlich reagiert, wenn seine Frau von dem

ausländischen Herrn *Kannitverstan* eine unziemlich lange Zeit mit Beschlag belegt wird, selbst wenn dies in der vermeintlich höflichen Absicht geschieht, sich der Gastgeberin eine Weile zu widmen. Allerdings wird sie zu höflich oder verlegen sein, um das Gespräch abzubrechen, und auch ihr Ehemann wird sein Mißfallen kaum öffentlich äußern.
Doch die Verhältnisse ändern sich auch bei den Thai. Außerdem wird der Besucher bei vielen Gelegenheiten mit ortsansässigen Ausländern zu tun haben, so daß die *Farang*-Sitten nicht allzusehr auffallen.
Der Besucher muß weitgehend nach eigenem Ermessen entscheiden, inwieweit er die **Benimmregeln zwischen den Geschlechtern** in gewissen Situationen beugen oder brechen kann. Er sollte sich jedoch bewußt machen, daß unter dem trägen äußeren Gebaren der Thai ein Vulkan schlummern könnte und daß ein großer Anteil der extrem hohen Mordrate Thailands in **Verbrechen aus Leidenschaft besteht** – die sehr oft erst geraume Zeit nach dem auslösenden Ereignis begangen werden.
Sollte die zunächst so behaglich anmutende soziale Atmosphäre dem Besucher nun etwas weniger entspannt erscheinen und er in der Folge darauf aus sein, ungewollte Beleidigungen zu vermeiden, dann tut er damit genau das Richtige und fügt sich einem Zustand, in dem sich die Thailänder zumeist befinden. Denn die entspannte Oberfläche sozialer Begegnung wird von dem sachten Spannungsdruck einer **bewußten Aggressionsvermeidung** getragen.

Damenhöschen

Damenhöschen können im praktischen Leben zum Problem in der Beziehung zwischen den Geschlechtern werden. Die Tabugrenzen zwischen ihnen erstrecken sich auch auf die Unterwäsche, selbst wenn sie sich gar nicht am Körper der Person befindet. Wenn also Ihre Kleidung von einem Mann gewaschen wird, erwarten Sie nicht, daß er Damenunterwäsche anrührt. Denn so wenig Gesichtsverlust es bedeutet, Wäscher oder Koch zu sein, so sehr würde dagegen das Waschen von Damenhöschen die Selbstachtung eines Mannes verletzen. Es mag auch geschehen, daß ein Hausmädchen sich weigert, die Unterhosen eines Mannes zu waschen, aber hier scheinen die Regeln nicht so strikt.

Essen

Es wird den Besucher erfreuen zu vernehmen, daß das Speisen in Thailand von Benimmregeln weitgehend unbelastet ist und auch für das Tischgespräch kaum Tabus bestehen (abgesehen vom Widerwillen, über Tod oder ähnlich schwerwiegende Angelegenheiten zu sprechen, die in Europa ein

Reichtum der Natur und kulinarische Kultur machen Thailand zum Reich der Sinne.

intellektuelles Tischgeplauder anregen mögen). Keinerlei Speisen oder Getränke gelten als »unkoscher« – die Thai genießen Essen und Trinken bis auf den Grund der Geldbörse und mitunter noch tiefer.
Buddhistische Verhaltensempfehlungen hindern die Thai nicht, **Fleisch** zu essen. Sogar Mönche tun dies. **Alkoholkonsum** zählt zu den sozialen Gebräuchen der Männer, **Rauchen** ist bei beiden Geschlechtern üblich.

Imbiß

Wenn die Thai gerade nicht essen, plaudern sie über die nächste Mahlzeit oder denken zumindest daran. Oft werden sie von diesen Gedanken überwältigt und leisten sich zwischendurch eine Kleinigkeit. Hier gibt es keine Hindernisse zu überwinden. Wandelnde Imbißbuden finden sich überall, lebendige, die ein vollwertiges Restaurant schwingend auf einer Bambusstange mit sich tragen. Sie bieten weit mehr als die schale und einfallslose *Fast Food*, die Sie von zu Hause gewöhnt sind.

Restaurants

Thai lieben es, **gemeinsam zu essen**. Dies entspricht ihrer geselligen Veranlagung und ermöglicht, neben dem Reis eine Vielzahl von Speisen zu kosten. Sollten Sie jedoch allein essen müssen, dürfen Sie ohne weiteres darum bitten, Ihnen zum Reis zwei bis drei Kostproben verschiedener Gerichte zu servieren.

Thailändische Gastwirte gehören gewiß zu den nachsichtigsten der Welt. Mit Ausnahme einiger nobler (und teurer) Restaurants steht es Ihnen durchaus frei, sich alkoholische Getränke mitzubringen. Sie können auch ohne Scheu Gläser und Eis zum Kühlen bestellen. Es ist sogar möglich, Speisen ins Restaurant mitzunehmen. Und manche Straßenhändler verdienen ihren Lebensunterhalt damit, daß sie von einem kulinarischen Ort zum anderen ziehen, um getrockneten Tintenfisch und durchbackene Vögel (knusprig eßbar bis zum Schnabel!) und andere Leckerbissen anzubieten, die dem Nicht-Thai zunächst jedoch kaum als solche erscheinen mögen. Und hält eine Gaststätte nicht alles Gewünschte bereit, dann ist es wahrscheinlich beim Nachbarn erhältlich und jemand wird es Ihnen bringen. Diese Besonderheiten des thailändischen Gaststättengewerbes tragen dazu bei, daß fast überall im Königreich eine reichliche Auswahl guter **Thai Küche** zu finden ist. (Aber auch in Thailand ist der Fortschritt nicht aufzuhalten. Ein glitterfeines Restaurant in der Patpong-Straße, der Sündenmeile Bangkoks, versuchte mit einem Türschild Gäste davon abzuhalten, sich ihren billigen *Mekhong*-Whisky selbst mitzubringen. Auf dem Schild stand: »Cockage Charge (Korkengeld) 50 Baht«. Es führte zu interessierten Nachfragen seitens männlicher Touristen.)
Besucher mögen bedauern, daß die **wirklichen Thai Restaurants** (was Essen und Kundschaft, nicht aber die Besitzer betrifft, die nahezu ausschließlich Chinesen sind) sehr früh schließen. Denn **die Thai speisen früh am Abend**, gewöhnlich schon ungefähr um sechs Uhr. Dies führt dazu, daß die meisten Thai Restaurants bereits gegen acht Uhr schließen. Kommen Sie zu früh, ist das Lokal überfüllt, laut und heiß. Kommen Sie zu spät, ist nichts mehr übrig. Natürlich stehen dem Besucher, wie auch dem Thai, noch ganz andere Essensmöglichkeiten offen, und er wird solche zu jeder Tages- und Nachtzeit finden.
Zunächst mag Ihnen die übliche **Thai Speisenkarte**, zumal wenn sie in ein sehr denkwürdiges Englisch oder Deutsch übersetzt (oder wortwörtlich übertragen) ist, ein wenig befremdlich erscheinen: »Kuhfladen«, »Eier in Pferdeurin«, »Mäusedreck« sowie »Elefantenpenis-Suppe« mögen vorerst nicht eines jeden Appetit anregen. Doch nach einigen Experimenten, Kost- und Mutproben, zu denen auch rohes Gemüse, feuerheiße Chilies und seltsame Teile fremdartiger Tiere gehören, beginnen viele *farang* ebenso lustvoll zu essen wie die Thai selbst.

Eßgebräuche

Es gibt keine strikten und formellen Eßgebräuche. Die meisten Leute essen mit **Gabel und Löffel**, wobei der Löffel in der rechten Hand gehalten wird und das Essen zum Munde führt, während die Gabel in der linken Hand dazu dient, das Essen auf den Löffel zu schieben. Auf dem Land wird die Gabel auch häufig durch die Finger ersetzt. Wird Klebereis mit Zutaten gegessen,

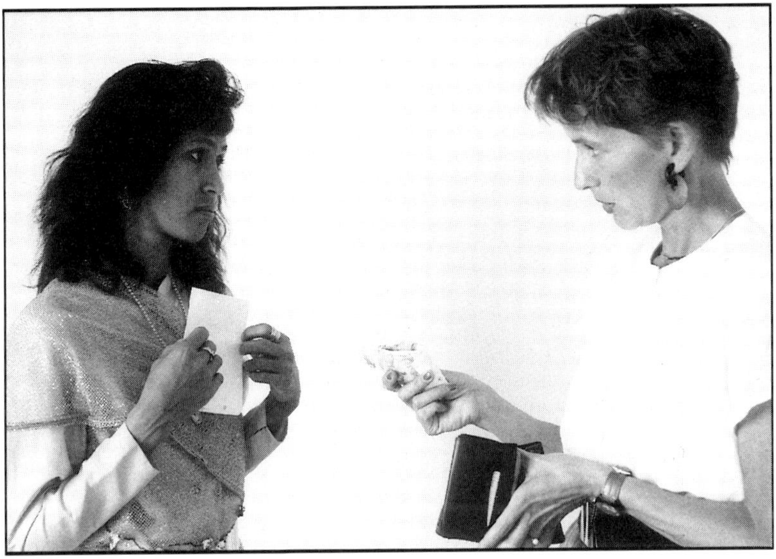

Wenn Sie stets lediglich Ihren eigenen Anteil der Zeche zahlen wollen, gelten Sie bald als Mensch von »fiesem Charakter«.

bedarf es lediglich der Finger der rechten Hand: Ein bewältigbarer Klumpen Reis wird abgebrochen, in der Hand zu einem ei-ähnlichen Happen geformt und in die Beilage getunkt. **Stäbchen** benutzt man, außer in chinesischen Häusern, selten. Die Thai verwenden sie nur zum Essen von Nudeln und *popia* (Frühlingsrollen). Selten findet sich Salz auf dem Tisch; statt dessen würzen die Thai mit der salzigen und fermentierten Fischsauce *nam pla*.
Sie sitzen an einem Tisch, oder Sie sitzen am Boden im Kreis um die Speisen herum – in jedem Fall unterliegen Sie dabei weniger **Benimmregeln** als daheim. (Anm.: Ein Freund von mir, aus einer der einflußreichsten und ältesten Familien Thailands, zählt zu den hingebungsvollsten Schmatzern, die ich je gehört habe.) Immerhin gilt es als recht seltsam, im Gehen oder Stehen zu essen, Cocktail-Parties selbstverständlich ausgenommen. Natürlich ist es auch in Thailand nicht besonders fein, während des Essens zu sprechen und dabei das Gegenüber mit Sommersprossen zu übersäen. Auch sollten Sie sich nicht die Finger ablecken oder allzu gefräßig zeigen, wenngleich es ohne weiteres angebracht ist, durch herzhaften Appetit zu bestätigen, daß das Essen schmeckt. Was Sie vor sich angerichtet sehen, können Sie angehen, ganz nach Lust und Laune, und es muß Sie nicht bekümmern, ob der Nachschub rollt oder nicht – er rollt mit der allergößten Wahrscheinlichkeit.
Wenn der Reis von Ihrem Teller in die Magenkuhle verschwunden ist, wird man Ihnen voraussichtlich mehr anbieten; falls nicht, bedienen Sie sich ruhig selbst. Komplimente über die Qualität des Essens sind stets willkom-

men, aber Sie können ohne Bedenken aufrichtig sein. Die Thai erwarten von Europäern nicht, daß sie **scharf essen** können (und ein Teil der Thai Speisen ist höllisch scharf!). Solche Gerichte können Sie ohne Scheu ablehnen – dies ist sogar höchst vernünftig.

Bezahlen

Selbstverständlich müssen Sie keine Bezahlung anbieten, wenn jemand Sie zum Essen nach Hause eingeladen hat. Gleiches gilt für das Essen außer Haus: **der Einladende zahlt**. Dies ist für die Thai eine glasklare Regel, und sie sollte auch vom Besucher bereitwillig beherzigt werden. Wenn Sie jemanden einladen wollen, dann zahlen Sie auch die Rechnung. Bei vielen Gelegenheiten wird zuvor jedoch keine eindeutige Einladung ausgesprochen. Dann gilt: **der Höhergestellte zahlt**.

Besteht der Kreis der Speisenden aus nahezu Gleichgestellten (oder hat dies den Anschein), dann entspricht es immer noch nicht dem Thai Brauch, getrennt zu zahlen. Die **hohe soziale Wertschätzung der Großzügigkeit** fordert irgend jemanden auf, die gesamte Rechnung zu begleichen – Sie sind angesprochen. Sie sollten dies anbieten, sobald alle zum Aufbruch bereit sind.

Lernen Sie schnell die Thai Worte für: »Die Rechnung, bitte!« So können Sie sich, nachdem alle gesättigt sind, dem Kellner verständlich machen und die Rechnung bringen lassen. (Das Wort *bill* oder *bin* wird ohne Schwierigkeiten in den meisten Restaurants Bangkoks verstanden.) Wer sich wiederholt vor dem Zahlen drückt oder so verhält, daß er die anderen im ungewissen läßt oder beleidigt, indem er dem Zahlenden **nur seinen eigenen Anteil** erstatten will, würde als **geizig** betrachtet. Die Thai würden ihn *khio nio* nennen, was als »klebrige Scheiße« zu übersetzen wäre. Ein solcher Ruf würde nicht nur Ihre gesellschaftlichen Kontakte verringern, sondern sich auch verheerend auf Ihre soziale Stellung auswirken.

Der Brauch, **für die ganze Gruppe zu zahlen**, ist so eingebürgert, daß folgendes geschehen kann: Sie besteigen mit einigen Freunden einen Bus und werden, wie manchmal, durch die Ebbe und Flut von Fahrgästen von Ihren Freunden getrennt; nachdem diese aber gesehen haben, daß Sie dem Busschaffner Geld gaben, werden sie ihn einfach ignorieren, wenn er sich ihnen nähert.

Wenn Sie nun die ehrenvolle Entdeckung machen, daß stets Sie den höchsten Rang innehaben, zumindest sobald die Begleichung der Rechnung ansteht, dann trösten Sie sich mit dem Gedanken: Die Thai erweisen Ihnen Respekt, weil Sie ein großzügiger Gastgeber sind. Und wenn Ihnen dies nach **»Erkaufen« von Wertschätzung und Stellung** schmeckt – dann beginnen Sie in der Tat, das »Thai System« zu verstehen.

Chedi ***im Tempel des Smaragd-Buddha.***

Der *Wat*

Meist kann der Besucher damit rechnen, daß seine Unkenntnis der thailändischen Höflichkeitsregeln entschuldigt wird, indem man ihn für merkwürdig, im schlimmsten Fall für ungeschliffen hält.
Im Zusammenhang mit der Religion wird unangemessenes Verhalten jedoch *nicht* bereitwillig vergessen, und unwillkürliche (oder gar beabsichtigte) **Beleidigung dessen, was Thai als geheiligt erachten**, könnte Ihnen

wirklichen Ärger bereiten. Als ein **absolutes Tabu** muß daher ungebührliches Verhalten in einem Thai Tempel gelten, dem wichtigsten sakralen Ort.

Im Tempelbezirk

Der Thai buddhistische Tempel, *wat* genannt, kann von **einfachster Bauart oder höchster Vollendung** sein. In bescheidenen Dörfern mag der *wat* aus einem schlichten *bot* bestehen (der Zentralhalle eines jeden *wat*, die das höchste Buddha-Ebenbild schützend birgt und in der die Weihen stattfinden) und einem Holzhaus für ein oder zwei Mönche. In größeren Wohnzentren schließt der *wat* zumeist auch eine *sala* ein, in der sich die Laien zu bestimmten sozialen Anlässen versammeln, zum Beispiel bei Zeremonien wie dem *sukhwan nak* (dem weltlichen Ritual vor der Mönchsweihe), bei Begräbnissen und solch weltlichen Anlässen wie der Stimmabgabe bei Wahlen. Irgendwo im Tempelbezirk befindet sich ein *Bo*-Baum und an der Westseite der Anlage ein Krematorium. Einige *Wat*-Anlagen umfassen auch eine Bücherei und einen oder mehrere *chedi. Chedi* sind kreiselförmige Gebäude, meist über den sterblichen Überresten eines sehr wohlhabenden Mannes errichtet, der zumindest einen Teil seines Vermögens zu guten Zwecken vermacht hat, um *tambun* (religiöse Verdienste) zu erwerben.
Einige Tempel in und um Bangkok sind so weitläufig, daß sie an kleine Stadtstaaten erinnern: mit Straßen, Wegen und Wohnanlagen für Hunderte Mönche, Nonnen und Laienhelfer, dazu Läden und Verkaufsständen für Erfrischungen.
Eine Mauer schirmt das *Wat*-Gelände von der Außenwelt ab. So bleibt es eine ruhige, kühle und grüne Oase der Reinheit und Erquickung inmitten der hitzigen und lauten Wirren von Bangkok. Daher sind die Tempelbezirke überall in Thailand stets zugleich Orte der friedsamen Einkehr und Erholung, und der *wat* übernimmt die Aufgabe eines sowohl **religiösen wie weltlichen Gemeindezentrums**.

Frauen im Tempel

Frauen dürfen sich im Tempelbereich frei bewegen, allerdings sollten sie nur unter besonderen Bedingungen die Wohnstätten der Mönche betreten, die in einem Hain entweder verstreut oder zusammengefaßt liegen. Es bestehen keine **Vorschriften,** die menstruierende Frauen vom Betreten eines *wat* abhalten.

Der *Bot*

Manche Teile des Tempelbezirks sind geheiligter als andere, wobei der zentrale *bot* mit dem darin befindlichen Buddha-Ebenbild als **wichtigster Ort** gilt. Ehe Sie den *bot* betreten, müssen Sie die Schuhe ausziehen und die

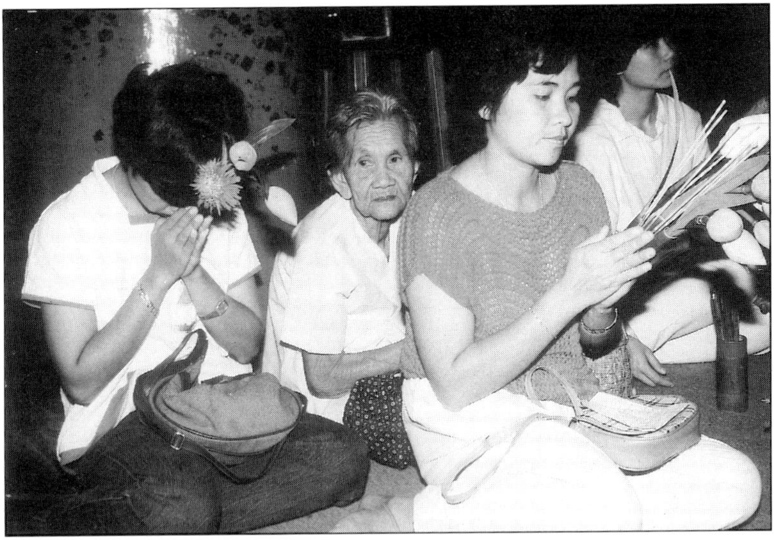

Angemessene Sitzhaltung im Tempel (hier in Phitsanulok).

Kopfbedeckung abnehmen. Dies trifft gewöhnlich ebenfalls für das Betreten der *sala* und Mönchsbehausungen zu. Auch sollten Sie die Thai Sitte respektieren, **Türschwellen** zu **über**schreiten, also nicht den Fuß **auf** diese zu setzen.

Der *Bo*-Baum

Der *Bo*-Baum läßt sich leicht an seiner Größe und seinem ausladenden Geäst erkennen. Oft ist sein Stamm auch von einer safrangelben Robe umwickelt. Er gilt als heilig, weil Buddha unter einem *Bo*-Baum sitzend Erleuchtung empfing. Erlauben Sie Ihren Kindern daher bitte keinesfalls, auf einen solchen Baum zu klettern.

Kleidung im Tempel

Normale Kleidung, die den bereits erwähnten Geschmacksrichtlinien der Thai entspricht, ist bei den meisten Anlässen angebracht. Jedoch verweigern einige königliche *wat* in Bangkok **Frauen in Hosen** und **Männern in kurzärmeligen Hemden** den Zutritt.

Freiräume – Entspannung – Zwanglosigkeit

Die **Zwanglosigkeit** im *wat* mag den christlichen Besucher überraschen, der wohl versucht ist, sich wie in einer Kirche zu verhalten. Er sollte bedenken, daß die **religiöse Andacht im Buddhismus** eine einzelbezogene Angelegenheit ist und die Gläubigen im Fluß und zu jeder Zeit kommen und gehen. Soziales und religiöses Miteinander sind keineswegs klar voneinander unterschieden. Deshalb sollte es ihn nicht erstaunen, wenn er entdeckt, daß einige Leute (auch Mönche) im Tempel Zigaretten rauchen, Tee trinken, Betelnüsse kauen oder während eines Sprechgesangs oder einer Zeremonie verhalten plaudern, während andere in demütiger Haltung verharren. Auf dem Boden sind überall Spucknäpfe für Zigarettenasche und Speichel verteilt. Und die üblichen Abfalleimer fehlen natürlich auch nicht.

Sitzen

Dem *farang* mag das **Fehlen von Stühlen** Schwierigkeiten bereiten. Höhere Sitzgelegenheiten waren in der traditionellen Gesellschaft den Königlichen Hoheiten vorbehalten; heute noch verbringen die meisten »gemeinen Leute« ihr Leben am Boden, auf ihm sitzen, schlafen und essen sie.

Am bequemsten und gesündesten läßt es sich mit gekreuzten Beinen auf dem Boden sitzen. Dies ist auch die Sitzweise der Mönche. Laien sollten sich jedoch im *bot* auf keinen Fall in dieser Weise niederlassen. Dort ist die respektvolle Haltung geboten, **mit untergeschlagenen Beinen** und Blick auf das Buddha-Ebenbild. Diese unbequeme Sitzposition ermüdet allerdings selbst Thai, und so spricht nichts dagegen, sich dabei mit einem Arm aufzustützen.

Der Mönch

Vor Mönchen ziemt sich die gleiche Sitzhaltung wie vor Buddha-Ebenbildern. Wenn Sie mit gekreuzten Beinen einem Mönch gegenübersitzen, will das heißen, daß Sie sich ihm ebenbürtig fühlen. Weit gefehlt!

Rangordnung / Status

Die **Überlegenheit jeden Mönches über jedweden Laien** zeigt sich ganz deutlich in der Thai Sprache. Sie verfügt über ein besonderes Vokabular, wenn mit oder über Mönche gesprochen wird. Diese Überlegenheit kommt auch in allen anderen Begegnungsbereichen zwischen Mönchen und Laien zum Ausdruck. Laien speisen *nach* den Mönchen, laufen *hinter* ihnen und sitzen *niedriger* als sie.

Für die **Ehrerbietung gegenüber Mönchen** bestehen zahllose weltliche wie religiöse Gründe. Auf dem Lande verrichten viele Mönche heute noch eine wichtige weltliche Aufgabe, indem sie den Kindern Grundschulunterricht erteilen. Viele sind auch unmittelbar entwicklungspolitisch tätig,

Opfergaben* (wai phra) *inmitten des Alltagsgeschehens.

indem sie Erwachsenenbildung betreiben und gemeinschaftliche Aufgaben wie Brunnen-, Brücken- und Dammbau anregen. Selbstverständlich findet man in Bangkok und andernorts einige Mönche, die sich nicht an sämtliche der 227 Gelübde halten, und sicherlich auch eine Minderheit, die sich äußerst ungeziemend benimmt. Aber die große Mehrheit der Mönche steht als leuchtendes **Beispiel für Tugend** in einer zunehmend tugendverächtlichen Welt. Es ist der Gesellschaft ganz gewiß zuträglich, wenn ihre geachtetsten Glieder das Armutsgelübde auf sich genommen haben, das ihnen untersagt, nach der Mittagsstunde Speisen zu sich zu nehmen, und auch das Zölibatsgelübde abgelegt haben, das die Bildung einer erblichen Priesterkaste unterbindet. Während ihrer Betgesänge sitzen die Mönche in einer Reihe auf einer Plattform, auf diese Weise auch körperlich über die Laien erhaben. In manchen von Touristen besuchten *wat* mögen Sie ein Schild mit dem englischen Hinweis vorfinden: »Reserviert für Mönche.« Meistens jedoch werden Sie kein solches Signal entdecken. Sie dürfen sich aber auch dann nicht auf die Plattform setzen oder etwas dort abstellen, wenn keine Mönche anwesend sind. Gerne können Sie den Gesängen beiwohnen und sich ebenso jederzeit wieder entfernen – aber setzen Sie sich während des Verweilens unbedingt auf den Boden, um **niemanden stehend zu überragen**.

Der Abt

Alle Mönche verpflichten sich zu Armut und Demut, und doch sind sie ebenso mit den Fragen der Hierarchie innerhalb des Ordens befaßt wie die Weltlichen mit den ihren. Obwohl alle Mönche die gleiche Tracht tragen, ist ihre jeweilige Stellung dennoch am Typ des Wedels erkenntlich, den sie bei sich tragen. Der Abt eines großen Tempels steht an der Spitze der örtlichen **Hierarchie** und ist ein mächtiger Mann sowohl in der religiösen wie weltlichen Gemeinde. In seinem Autoritätsbereich sollte nichts ohne seine Kenntnis und Billigung unternommen werden. Wenn Sie **im Tempel photographieren** möchten, erbitten Sie zuvor seine Genehmigung. (Natürlich erübrigt sich dies aus einleuchtenden Gründen in den bei Touristen beliebten Bangkoker Tempeln, es sei denn, Sie fänden dort einen ausdrücklichen Verbotshinweis.) Wenn der ausländische Besucher sich dem Abt nähert, muß er nicht das vollständige Respektsritual der dreifachen tiefen Verneigung vollziehen. Aber Sie sollten sich **bis unter seine Körperhöhe verbeugen** und dabei die **ehrerbietigste Form des *wai*** zeigen.

Opfergaben

Wer das Tempeltreiben nicht nur beobachten, sondern auch daran teilnehmen möchte, um gar selbst ein wenig religiöse Verdienste zu erwerben, der kaufe im Tempel (oder bringe es mit) ein Gesteck der üblichen Buddha-Opfergaben. Die **gebräuchlichste Opfergabe** besteht aus drei Räucherstäbchen (die den Buddha, seine Lehre und die klösterliche Ordnung verkörpern), einigen Blumen, einer Kerze sowie einem Stück Blattgold.
Die **Art der Darbringung des Opfers** (in Thai: *wai phra*) ist nicht streng geregelt, und deshalb können Sie eine recht große Bandbreite persönlicher Formen entdecken. Denn obgleich das Opfern öffentlich stattfindet (im Gegensatz etwa zur Beichte), ist das *wai phra* eine durchaus private Angelegenheit zwischen dem Individuum und Buddha. Üblicherweise wird zunächst die Kerze entzündet und in die Reihe eingeordnet, die vor dem Buddha-Ebenbild flackert. Die Blumen werden in Wasser gestellt. Dann werden die Räucherstäbchen an der Kerze entzündet und in einem *wai* zwischen den Handflächen vor der Brust gehalten. Still in der Respektshaltung kniend, wird der Thai dann im Geiste einige vorgegebene Ritualsätze in Pali (der südindischen Sprachform der buddhistischen Schriften) rezitieren. Er wird Buddha, seine Lehre und den Kodex der Mönche, den Buddha schuf, preisen. Dem folgt vermutlich ein Bittwunsch allgemeiner Art, natürlich in Thai Wunschbildern wie: »Erhalte meine Familie gesund!« oder auch konkretere Gesuche wie: »Bitte laß mich mein Examen bestehen!« oder: »Laß mich diesmal in der Lotterie gewinnen!« Dann steckt der Gläubige die Räucherstäbchen in den bereitstehenden Sandbehälter, drückt das rechteckige Goldblättchen auf das Buddha-Ebenbild und beschließt die Andacht mit der dreifachen Verneigung. Es steht Ihnen als Besucher frei, ob Sie sich diesem Ritual anschließen oder mit Ihrem Gott schweigend verständigen.
Das **einfache Ritual** des *wai phra* schließt üblicherweise auch den Einwurf einer gewissen Spendensumme in den Klingelkasten ein. Dieses Geld dient

Auch Novizen und junge Mönche gelten als geheiligte Wesen.

der Erhaltung des Tempels. Sollten Sie Vorbehalte gegen die Teilnahme an diesem buddhistischen Ritual hegen, dann beschränken Sie sich auf einen kleinen Betrag. (Und dies wird *nolens volens* auch Ihrem religiösen Verdienstguthaben angerechnet werden!)

Wenn der Besucher überdies wünscht, den **Mönchen Gaben zu bescheren** und somit tiefer in das Thai Leben einzudringen, so sollte er beachten, daß seine Gaben (in der Regel Gegenstände des täglichen Bedarfs) eigens zu diesem Zweck erworben wurden. Es schickt sich einfach nicht, als Geschenk für Mönche einige Rasierklingen oder Zahnpasta aus Ihrem Badezimmer zu erübrigen. Natürlich sollten Sie ihnen ebensowenig eine Stange Zigaretten überreichen – verkürzen Sie höflicherweise die eigene Lebenserwartung. Auch sollten Sie religiöses Verdienst nicht dadurch erwerben wollen, daß Sie sich ein feines Mahl zubereiten und den Mönchen dann die Lazarusbrocken anbieten. Vielmehr sollten zuerst die Mönche bedient werden und **danach** Sie von den Überbleibseln essen. Selbst die Blumen, die Sie dem Buddha oder den Mönchen darbieten, sollten »widmungsjungfräulich« sein. Sollten Sie gedankenlos vor dem Opfern daran riechen, könnte Ihrer Nase im nächsten Leben gar Schreckliches widerfahren!

Sie begegnen einem Mönch

Sie werden Mönchen nicht nur im Tempel begegnen, sondern allerorten. In Bangkok scheinen viele von ihnen Englisch zu lernen und wären wohl froh, mit Ihnen ein wenig plaudern zu können. Aber sie werden wahrscheinlich ein sehr schulbuchhaftes und einfaches Englisch sprechen. Wenn ein lächelnder junger Mönch Sie mit »Good morning, Sir!« grüßt (und dies geschieht ohne Unterlaß!), mag dies anmuten wie die Freundlichkeit des Portiers eines teuren Hotels. Aber bitte denken Sie daran, daß es sich hier um ein **sprachlich-kulturelles Mißverständnis** handelt – es hat noch niemand ein Englisch-Lehrbuch für solch hochgeachtete Menschen wie Mönche verfaßt. Sie können sich ohne Bedenken ungezwungen mit einem Mönch unterhalten und sogar Adressen austauschen. Doch beim Abschied wäre es sicherlich nicht angebracht, seine Hand zu ergreifen und herzlich zu schütteln. **Jetzt** muß Ihnen klar sein, daß ein *wai* angebracht ist.

Frauen

Frauen stellen für Mönche ein heikles Problem dar. Denn man erwartet von ihnen, sich Frauen, sofern sie überhaupt an diese denken, allenfalls als eine Ansammlung von Haut und Knochen vorzustellen. Dieses Häufchen Haut und Knochen sollte Mönchen gegenüber möglichst großen Abstand wahren – selbst wenn es deren Mutter oder Verlobte verkörpert. Es ist für Frauen **absolut tabu**, einen Mönch oder seine Robe zu berühren. Dies würde ihn zu langwierigen Reinigungsritualen zwingen. Es ist für Frauen weiterhin **tabu,** einem Mönch etwas unmittelbar zu übergeben. Der Gegenstand sollte durch einen Mann übermittelt und so auf den Boden gestellt werden, daß der Mönch ihn aufheben kann, in seine Gabenschale gelegt oder auf das Stück gelben Tuches gelegt werden, das der Mönch zu diesem Zweck und Anlaß bereithält.

Sie werden bemerken, daß Mönche auf der hintersten Sitzreihe eines Busses Platz nehmen; deshalb sollten Frauen sich dort nicht niederlassen. Wenn ein Mönch einen überfüllten Bangkoker Bus besteigt, wird ihm ein Platz auf dieser Sitzbank überlassen. Der bedauernswerten Nonne wird dieses Privileg allerdings nicht zuteil – sie muß wie alle anderen profanen Wesen darum kämpfen.

Der Mönch – ein geheiligtes Wesen

Wenn sich in einem Fahrzeug, insbesondere einem derart gefährlichen wie einem Bangkoker Bus, ein Mönch befindet, so erhöht dies angeblich die Sicherheit.

Während der demokratischen Revolte von 1973 fuhr eine Gruppe von Mönchen aufrecht in einem offenen Wagen stehend langsam die Rajdamnoen-Avenue hinab – mitten durch die Feuerlinie zwischen Polizei und revolutionären Studenten. Sie blieben unverletzt.

Der Mönch ist das geheiligteste aller Lebewesen. Es gibt kein schlimmeres Vergehen in der Welt, als einen Mönch zu töten, selbst wenn es sich um einen Unfall handelt.

Selbst die Füße des Buddha verdienen (im Wortsinne) tiefsten Respekt.

Heilige Symbole

Das bekannteste der buddhistischen Symbole ist das Buddha-Ebenbild. Es wird von den Thai am meisten respektiert und leider auch von vielen Nicht-Thai (sowie einigen Thai) mißbraucht.

Die Ebenbilder des Buddha

Die Buddha-Ebenbilder und -Statuen sind keine »Götzenbilder«. Sie versinnbildlichen auch keinen Gott und dienen genaugenommen nur als Hilfsmittel der Phantasie. Sie sollen den Gläubigen beim Erreichen des »Buddha-Werdens« unterstützen – der vollkommenen Erlösung vom Leiden. Obgleich es also vielmehr um die Verehrung für das **Wesen des Buddha** als um die Anbetung des gegenständlichen Buddha-Bildes geht, besitzt das einzelne Buddha-Ebenbild dennoch hohen Wert und geheiligte Bedeutung.
Es sollte unnötig sein, darauf hinzuweisen, daß diesen Buddha-Darstellungen äußerster Respekt zukommt. Früher wurde schwer bestraft, wer an einem Buddha-Ebenbild frevelte oder die Blattgoldbeschichtung abkratzte. Heute bestehen zwar **Ausfuhrbeschränkungen** für Buddha-Statuen, aber man findet sie in Touristenläden oder entwürdigender entlang der Straßen offen zum Verkauf. Viele wertvolle Statuen verschwanden aus Thailand und tauchten in westlichen Museen wieder auf. Diese Statuen werden zunächst

von Thai gestohlen; ist die Statue für den Transport zu schwer, wird ihr Kopf, der für den Käufer kostbarste Teil, abgeschlagen. Häufig handeln diese Thai in unverhohlener Komplizenschaft mit ansonsten respektierlichen ausländischen Museen und Universitäten.
Ein solches Verhalten weniger Thai (leider jener, denen der Tourist mit großer Wahrscheinlichkeit begegnet) steht in scharfem Widerspruch zur allgemein anerkannten Norm. Der normale Thai betrachtet das Buddha-Ebenbild nicht als Handelsobjekt. Es wird auch nicht vorrangig als Kunstwerk gewürdigt. Wird darüber gesprochen, so geschieht dies mit respektvollen Begriffen. Der gewöhnliche Ausdruck für »es« wird dabei stets vermieden, und die Teile der Statue wie Arm oder Kopf werden mit königlichen Bezeichnungen benannt. Die **Buddha-Statue** ist ein **Gegenstand der Verehrung, nicht der Zierde**. Wer sie unangemessen behandelt, begeht einen ähnlichen Frevel wie jener, der das Haus eines gläubigen Katholiken betritt und dort das Kruzifix auf den Kopf stellt.
Das gestaffelte Wertesystem der Thai gilt sogar in bezug auf die **Mißhandlung von Buddha-Statuen**. Wenige Thai werden Einwände erheben, wenn ein Fremder seine Wohnung mit einer Buddha-Statue dekoriert, solange sie in höherer Position (keinesfalls auf dem Fußboden!) steht. Sie würden sich vermutlich auch beherrschen können, wenn in ihrem Haus ein Gast die Statue mit der Bemerkung ergriffe: »Wie hübsch, wo kann ich eine ähnliche bekommen?« (Ein Thai würde der Statue vor dem Abstauben einen *wai* entbieten.) Der Fremde würde die Toleranzgrenze jedoch dann eindeutig überschreiten, wenn er auf eine der vielen im Lande verstreuten großen Buddha-Statuen kletterte – sein unwertester Teil, die Füße, beträten das Allerheiligste, den Buddha.
Vor einigen Jahren wurde eine *Farang*-Familie mit Gefängnishaft bestraft, weil sie für eine Photopose einen riesigen Buddha erklettert hatte. Ihr Einwand, ihnen wären die Thai Sitten fremd und sie hätten keine Beleidigung beabsichtigt, wurde nicht berücksichtigt.

Der König

Obgleich der König nicht mehr offiziell als »von Gottes Gnaden« oder als gottgleich gilt, genießt er heute noch solch hohe Verehrung, daß er und seine Familie als gleichsam geheiligt erachtet werden.
Im Kino wird **vor** Vorstellungsbeginn die königliche Familie auf der Leinwand gezeigt und die »königliche Nationalhymne« gespielt. Wenn Sie in diesem Augenblick eintreten, nehmen Sie »Habtachtstellung« an, die Arme seitlich angelegt. Hatten Sie bereits Platz genommen, müssen Sie sich erheben. Allerdings vernehmen Sie hier nicht die Thai Nationalhymne, sondern eine Melodie, die eigens der Ehrung des Königs und seiner bildlichen Wiedergaben dient. Die Nationalhymne erklingt niemals im Kino. Eine weitere Melodie wird nur dann gespielt, wenn ein Vertreter des Königs anwesend

ist. Ein Fremder sollte auf alle diese **drei Hymnen** gleichermaßen respektvoll reagieren. Und er sollte sich ebenso keinesfalls zwischen den musikalischen Intervallen träge hinsetzen, denn die Pausen bilden besinnliche Teile der Musik.

Auf jede Thai Münze und Banknote ist ein **Bildnis des Königs** geprägt. Sie können die Banknote falten, in Ihrer Brieftasche verstauen und diese wiederum in die Hosentasche schieben, selbst wenn Sie anschließend darauf sitzen.

Begehen Sie jedoch keinesfalls den Fehler jenes Franzosen, der mit dem Wechselgeld unzufrieden war, das ihm nach Bezahlen der Rechnung in einem Restaurant rückerstattet wurde. In seiner Erregung riß er das Papiergeld an sich, zerknüllte die Scheine, warf sie auf den Boden und zermalmte sie mit den Fersen. Ein Fuß auf dem Kopf des Königs! Der Thai, der am nächsten Tisch saß, sprang auf, landete seine Faust in das verdutzte Gesicht des Franzosen und setzte mit einem Schlag in die Gedärme nach. Die Grenzen der Toleranz waren überschritten.

Bücher

Einige **tägliche Gebrauchsgegenstände** werden zwar weniger geheiligt als Abbildungen des Buddha oder des Königs, dennoch aber von den Thai überaus respektvoll behandelt. Zu diesen zählen **Bücher** und Hüte. Bücher deshalb, weil bis vor recht kurzer Zeit die Erziehung auf den *wat* begrenzt war (und in vielen entlegenen Dörfern immer noch ist); die einzigen verfügbaren Bücher waren somit jene der Heiligen Schriften. Darüber hinaus gelten aber alle Bücher als **Wegweiser zu Wissen und Erleuchtung** des Menschen und sollten daher angemessen und fürsorglich behandelt werden. Geht man jedoch von den Kritzeleien in den Büchern der Chulalongkon-Universitätsbibliothek aus, bedarf diese Vorschrift einer neuen pädagogischen Vermittlung.

Kopfbedeckung

Hüte werden wegen ihrer **nahen Beziehung zum Kopf** mit Achtung gehandhabt. Man sollte sie aufhängen, mag sich dafür auch bloß ein Nagel anbieten; man sollte sie also nicht etwa lässig über einen Stuhlknauf werfen. Wenn Sie nun den *bot* eines Tempels betreten und sich zuvor der Schuhe und des Hutes entledigen, dann legen Sie Ihre Kopfbedeckung nicht auf die Schuhe – dies wäre eine unselige Verbindung von Füßen und Kopf. Gegenstände von »niederem« Ansehen und Rang verlangen nun einmal entsprechende Behandlung; den Hut auf den Fußboden zu werfen, dies ist gleichermaßen unschicklich wie die Schuhe auf einem Stuhl zu plazieren (ob darin Ihre Füße stecken oder nicht).

Abgeerntete Reisfelder. Reis ernährt die Nation, ihm kommt die Bedeutung zu, die bei uns Brot, Kartoffeln und Nudeln gemeinsam genießen.

Elefanten und Schirme

Viele andere Gegenstände verlangen Respekt, weil sie mit der Religion oder dem Königtum in Beziehung stehen. Die seltenen **»weißen« Elefanten** werden stets dem König als Geschenk dargebracht; andere Elefanten dienen zwar als Arbeitstiere, gelten aber als besondere Lebewesen. Auch **Schirme** haben einen Bezug zum Königtum – je mehr Verstrebungen, desto höher der Rang des Edelmannes. Natürlich gibt es auch Schirme, die schlicht und ergreifend allein dem Regen- und Sonnenschutz dienen. Andererseits wird ein kunstvoll gearbeiteter Schirm einen jungen Mann – mögen auch Regen und Sonne fehlen – schützend begleiten, wenn er ins Kloster geht, oder einen Toten auf seinem letzten Weg zur Verbrennung – und damit in jenen zwei wesentlichen Momenten des Daseins, in denen ein gewöhnlicher Sterblicher den höchsten Rang erreicht.

Reis

Der Reis nimmt in der Rangordnung der Tiere, Pflanzen und Gegenstände eine besondere Stellung ein, weil er als Lebensspender sowohl des einzelnen wie der Nation gilt. Noch heute arbeitet ein Großteil der Thai in den Reisfeldern, und nach wie vor ist der Reis Thailands Hauptexportgut.
Im Reis soll ein besonderer Geist hausen, und jedermann, vom König bis hin

zum einfachsten Bauern, unternimmt alle Anstrengungen, diesen **Reisgeist** bei Laune zu halten. Pflanzzeit und Ernte erfordern besondere Zeremonien. Reis, der auf dem Boden verstreut liegt, kehrt man sorgfältig zusammen. Wenn Kinder zuviel gegessen haben und über Bauchschmerzen jammern, schelten manche Mütter sie, da sie mit ihren Klagen die Reisgöttin beleidigen. Und wird die Reisgöttin beleidigt, so leidet die Ernte Schaden. Solange die Reisgöttin aber zufrieden ist, werden die Thai keinen Hunger leiden. Werfen Sie deshalb bitte Ihre Reisreste nicht in den Abfall!

Gespräch • Plauderei

Sprachbarriere

Die Sprachbarriere ist eines der größten Hindernisse, denen sich der Thailand-Besucher fortwährend gegenübersieht. Er kann sich der großen Mehrheit der Thai einfach nicht mitteilen. Um Thai so gut zu beherrschen, daß es tatsächlich hilfreich ist, müßten Ausländer wohl dauerhaft zwei Jahre oder länger die **Sprache lernen**. Doch dazu fehlt den meisten die Zeit. Wer einen drei- bis viermonatigen Thai-Grundkurs belegt, kann immerhin in eine einfache Konversation einsteigen.
Wir haben es in diesem Buch weitgehend vermieden, die Thai Worte in Umschrift wiederzugeben, weil wir wissen, daß sie zumeist falsch ausgesprochen würden. Und wenn Ihnen das Mißgeschick widerfährt, mit Ihren ungeschlachten Koloß-Füßen die Zehen eines zartgliedrigen, niedlichen Wesens zu zermalmen, dann würde ein »Verzeihung« in falscher Thai **Aussprache** rein gar nichts zur Rettung der Situation beitragen. Allerdings zeugt es durchaus von guter Kinderstube und Takt, zumindest die wenige Dutzend **notwendiger Ausdrücke** zu erlernen, die Ihnen zugleich das Überleben erleichtern. Doch lernen Sie diese von einem Thai, nicht aus einem Buch.

Thai Englisch

In Anbetracht des Sprachproblems wird der Besucher sich wohl oder übel in Englisch verständigen müssen, und der Kreis seiner thailändischen Bekanntschaft wird sich notgedrungen auf die Leute beschränken, mit denen er sich während der Reise oder Arbeit auch verständigen kann. Aber selbst hier werden Probleme beim Verstehen und Verstandenwerden auftauchen. Dies liegt unter anderem am eher niedrigen **Niveau des Englischunterrichts** in Thailand. (Zwar müssen sich die Studenten einer schriftlichen Prüfung in Englisch unterziehen, um zur Universität zugelassen zu werden, aber viele, selbst Englischstudenten, sind unfähig oder auch bloß zu schüchtern, um

Ein eher seltener Fall von sprachlich korrekter Information für **farang**.

Englisch zu sprechen.) Sehr häufig entstehen **Mißverständnisse** aus der Thai Spracheigenheit, niemals zwei Mitlaute ohne einen eingeschobenen Selbstlaut zu sprechen.

Und häufig geht auch der zweite Konsonant verloren. Dies führt zu Verwirrungen. »I can't go« und »I can go« bedeuten bekanntlich etwas ganz anderes, doch neunzig Prozent der Thai werden beides als »I can go« aussprechen.

Und wenn Sie sich fragen, warum Ihr Thai Freund fortwährend feststellt: »I am Thai!«, dann ist wahrscheinlich, daß er damit sagen will, er sei müde (»I am tired.«).

Bei anderen Worten werden zwar alle Konsonanten ausgesprochen, dafür aber Vokale dazwischengeschmuggelt. So wird »twenty« zu »tawenty«. Und da »v« und »w« im Thai ständig verwechselt werden und das »t« sich von dem europäischer Sprachen ohnehin unterscheidet, klingt »twenty« oft fast wie »seventy«. Daran sollten Sie sich beim Handeln erinnern!

Der Besucher wird verwirrt und gelegentlich verzweifelt entdecken, daß ihm von Kindheit an vertraute Worte, die er zudem für international bekannten Wortschatz hielt, von den Thai bis zur Unkenntlichkeit thai-isiert werden. *Satem* ist Thai für »stamp« (Briefmarke). *Sanwit* bedeutet »sandwich«, *bang* steht für »Bank«. Und der *lip* (Lift) fährt Sie zu Ihrem *apamen* (Apartment). Wenn Sie eine Pepsi-Cola bestellen, wird man Sie verwirrt anblicken und denken: »Was will dieser *farang* nun eigentlich? Eine Pepsi oder eine Cola?« In Thailand heißt Pepsi-Cola einfach *pepsii* und Coca-Cola immer nur *colaa*.

Erraten der Wortbedeutung

Liebhaber der **Lautmalerei**, die gern vom Klang auf Wortbedeutungen schließen, werden sich an der unergründlichen Thai Sprache ergötzen.
Ein frommer Moslem aus Malaysia, der das Verbot des Genusses von Schweinefleisch streng einhielt, reiste mit dem Zug nach Bangkok. Während der zweitägigen Fahrt aß er nichts als gebratenen Reis. Vor den Mahlzeiten deutete er stets auf die kleinen Fleischstücke im Reis, schüttelte den Kopf und rief: »Kein Schweinefleisch! Kein Schwein!« Worauf die Bedienung bestätigte: »Kein Schwein!« und hinzufügte: »Mu!« Da meinte der Malaie ein Thai Wort gelernt zu haben, denn *mu* mußte offenkundig »Kuh, Rindfleisch« bedeuten. Irrtum, wie unser malaiischer Freund später in Bangkok herausfand. *Mu* ist das thailändische Wort für Schwein. Nicht allein die *farang* leiden also in Thailand unter dem Kulturschock.

Uhrzeit und Tageszeit

Eine weitere Ursache für Mißverständnisse rührt daher, daß ein Thai, wenn er Gedanken und Worte westlicher Sprachen ins Thai überträgt, dabei durchaus in sehr siamesischen Sprachgepflogenheiten verharren kann. Wenn er sich mit Ihnen zum Beispiel um »vier Uhr morgens« verabredet, dann wird er höchstwahrscheinlich zehn Uhr meinen.
Ein einfaches kulturelles Mißverständnis kann somit sehr ärgerliche Folgen nach sich ziehen. Die Thai **teilen den Tag in vier Abschnitte** zu jeweils sechs Stunden, nicht in zwei Abschnitte zu je zwölf Stunden. So wird sieben Uhr zu »ein Uhr morgens« und elf Uhr zu »fünf Uhr morgens«. Da im Thailändischen jeder der vier Tagesabschnitte einen besonderen Namen trägt, sind Irrtümer unwahrscheinlich. Glücklicherweise sind die Thai aber auch mit dem 24-Stunden-Zeitplan vetraut, der ohnehin im Radio und bei Fahrplänen gilt.

Bitte!

Es mag den Besucher verwundern, daß die Thai, die der Höflichkeit hohen Wert beimessen, selten »bitte« oder »danke« sagen. Beim genauen Beobachten entdecken wir jedoch eine Vielzahl **abgestufter Bittformen**, die je nach Maß der Behelligung des Gebetenen Anwendung finden. Es gibt auch mehr oder weniger höfliche Ausdrucksformen für »gib mir« und andere Wünsche oder Anordnungen. Höfliche Wortwahl schließt das Wort »bitte« stets schon ein.
Deshalb mag dem Besucher ein Thai, wenn dieser in einer europäischen Sprache spricht, nicht bittend, sondern eher fordernd oder gar befehlend erscheinen, während der Thai sich höflich wähnt. Auch wenn Thai durchaus

Mehr als andernorts ersetzt in Thailand ein Lächeln das »Bitte« und »Danke«.

sprachgewandt genug sind, um zu fragen: »Würde es Ihnen etwas ausmachen, mir das Papier herüberzureichen?«, werden sie sich vermutlich mit der bündigen Bitte »Reichen Sie mir das Papier« begnügen.

Danke!

»Bitte« und »danke« kommen im Thai deshalb weniger häufig vor als in europäischen Sprachen, weil es **Alternativen** kennt. Die offenbarste und einfachste ist das **Lächeln**. Es genügt in den meisten Situationen. »Danke« ist im Thai jenen Gelegenheiten vorbehalten, bei denen man wörtlich und wirklich ausdrücken will, wie wertvoll ein Entgegenkommen oder eine Hilfeleistung war. Es wird üblicherweise **nicht bei kleineren Gefälligkeiten** ausgesprochen, etwa wenn Ihnen jemand beim Essen die Soße reicht oder eine berufliche Dienstleistung ausführt. Ein Thai würde niemals einem Busschaffner danken, der ihm ein Billet übergibt.

Hallo! Guten Tag!

Beinahe ebenso selten ist ein ausgesprochener Gruß, wenn Sie Bekannte oder Freunde treffen. »Hallo, guten Tag, wie geht es Ihnen?« ist nur dann angebracht, wenn Sie jemanden wirklich längere Zeit nicht gesehen haben. Das europäische »Guten Morgen!« besitzt im Thai seine angemessene Entsprechung: das Lächeln. Und ebenso unkompliziert wird beim Abschied verfahren.

Wenn Sie aufs Land fahren, also *upcountry* reisen (dies soll Englisch sein, zumindest sind die Thai in dem Glauben; es bedeutet soviel wie »irgendwo außerhalb Bangkoks«), werden Sie erstaunt feststellen, wie überaus interessiert sich jedermann daran zeigt, wohin Sie sich begeben, aber niemand Sie grüßt. »Where you go?« ist nämlich lediglich die unmittelbare Übersetzung der gebräuchlichsten Grußform in Thai. Stellen Sie sich einfach vor, es bedeute: »Wie geht's, wie steht's?« Und erläutern Sie **keinesfalls** Ihren geplanten Tagesablauf!

Redegewohnheiten

Redegewohnheiten haben selbstverständlich wenig mit Aufrichtigkeit zu tun. Der Fremde, der jeden grüßend durchs Land zieht, sich bei Kellnern, Liftboys und Busschaffnern bedankt und sich selbst dann entschuldigt, wenn er niemanden behelligt hat, mag Regeln entsprechen, die in seiner eigenen Kultur als höflich gelten. In Thailand aber wird er vermutlich bloß Verwirrung stiften, Untergebene verlegen machen, sich selbst gar der Lächerlichkeit preisgeben und dabei Respekt und Ansehen verlieren. Wenn Sie wirklich jemandem von niederem Rang (nach thailändischer Auffassung) Ihren **Dank aussprechen** wollen, dann zeigen Sie dies **besser mit Geld als mit Worten.** Auch wenige Baht Trinkgeld erfreuen. (Ein einzelner Baht als »Trinkgeld« hingegen kommt einer gezielten Beleidigung gleich.)

Verletzen und Beleidigen

Wenn Sie Thai treffen, die eine europäische Sprache beherrschen, werden Sie als Besucher leicht in den international üblichen »Smalltalk« verwickelt. Man wird Sie fragen, ob Ihnen Thailand, die Leute und das Essen gefallen. Hier sind wie in jedem Lande höfliche Antworten angebracht. Aber Sie müssen in Thailand nicht befürchten, jemanden zu beleidigen, wenn Sie bemerken, das Wetter sei Ihnen zu heiß und das Essen zu scharf. Oder wenn Sie über den Verkehr in Bangkok klagen, die vielen Diebe, die Moskitos und den Schmutz – dies tun die Thai ebenso gern. Sie bewegen sich immer noch auf sicherem Parkett, wenn Sie sich über die Polizei beschweren – es sei denn, Sie hätten einen Polizisten vor sich. Jedoch kann die Art, **frank und frei** zu sprechen, wie sie bei uns häufig geschätzt wird, in Thailand durchaus als **unhöflich** gelten.

Wenn Sie es nun überdrüssig sind, stets zu wiederholen, wie prima Sie alles finden, dann mögen Sie sich den risikofreien Spaß bereiten, ganz offenkundig zu lügen und zu übertreiben. Niemand würde ernsthaft annehmen, Sie glaubten tatsächlich, alle Thai Mädchen seien fett und häßlich! Verstricken Sie sich aber in eine tiefergehende Unterhaltung und gleiten dabei auf die rutschige Ebene der **Kritik**, dann machen Sie unmißverständlich klar, daß Ihre Bemerkungen **nicht persönlich gemeint** sind. Dies ist nicht immer

leicht. Einem Thai gelingt es zum Beispiel immerhin (wenngleich mit Nöten), mit jemandem im abstrakten Sinne über das Problem sozialer Ungleichheit zu lamentieren, währenddem sein Hausmädchen auf Knien herbeirutscht, um das Bier auf einem Silbertablett zu servieren.
Wenn Sie Wertschätzung für den **Buddhismus** und das **Königtum** in Thailand empfinden, dann zeigen Sie dies unbedingt. Falls nicht, versiegeln Sie Ihren Mund. Denken Sie daran, daß sich auch der ärmste Thai, selbst wenn er sich als Leiharbeiter nach Saudi-Arabien verdingen muß, glücklich schätzt, in Thailand geboren zu sein.

Tiefgehende Gespräche

Ein »tiefergehendes« Gespräch ist nur dann wirklich möglich, wenn Sie mit einem Thai **vertraut** sind. Selbst dann wird ein solches Gespräch vielfach anders verlaufen als zu Hause. In Thailand belasten Freunde einander nicht mit ihren **persönlichen Problemen**. Deshalb mag es Ihnen vorkommen, als verliefen viele Begegnungen mit Thai sehr oberflächlich und »im Sande«, ehe eine feste gemeinsame Ebene gefunden ist. Und doch sind diese Begegnungen nicht von Zwängen der Form erstickt. Die Thai sind sogar Meister darin, sich locker zu geben – allerdings im Rahmen der sozialen Regeln.

Rangeinordnung

Ein Thai kann sich erst dann sicher und sozial korrekt verhalten, wenn die **hierarchische Stellung des Gesprächspartners** erkenntlich ist. Diese Einordnung ausfindig zu machen, ist eine wesentliche Aufgabe des »Smalltalk«. Den Besucher mag es anfänglich ein wenig befremden, wenn man ihn unverblümt fragt: »Wie alt sind Sie?« oder »Wieviel verdienen Sie?« Im sozialkulturellen Zusammenhang der Thai gelten solche Fragen nicht als unhöflich. Sie bieten eine schnelle, sichere Methode der Rangeinordnung des anderen. Möglicherweise werden Sie nun ausweichend antworten: »Mein Einkommen reicht, um damit auszukommen.« Aber diese Antwort wird man voraussichtlich als liebenswerte Bescheidenheit auslegen und daher nachbohren: »Wieviel genau verdienen Sie?« Es steht selbstverständlich auch Ihnen frei, solche Fragen zu stellen. Sollten Sie allerdings wirklich nicht antworten wollen, dann lächeln Sie einfach und sagen: »Das verrate ich nicht«, und Sie werden damit kaum jemanden verletzen.

Schmeichelei

Eine der angenehmsten Eigenheiten des *Smalltalk à la Thai* ist der Hang zur Schmeichelei. Aber versuchen Sie Ihr Selbstbewußtsein zu zügeln, wenn alles an Ihnen hymnisch gepriesen wird. Größe, Haar, Augenfarbe und Teint – all dies kann Anlaß zum Schmeicheln geben. Nachdem Sie sich gerade das

Vermutlich wird diese grazile junge Dame von Freunden und Bekannten mit ihrem Spitznamen angesprochen, der etwa »Frosch«, »Ratte«, »Schwein«, »Fettsack« oder »Kümmerling« lauten dürfte.

Geständnis abgerungen haben, schon älter als vierzig Jahre zu sein, wird man Ihnen versichern, Sie sähen nicht älter aus als dreißig. Ein solches Schmeichel-Pingpong kann auch zwischen den Geschlechtern stattfinden – doch spielen Sie elegant, und landen Sie keine Schmetterbälle!

Namen und Titel

In jedem Gespräch mit Thai werden Sie notwendigerweise eine **Anrede** verwenden. Denn eine freundliche und höfliche Unterhaltung schließt in Thailand (wie wohl überall) Namens- und Titelanrede ein.
Alle Thai tragen **zwei amtlich verzeichnete Namen**; der Vorname steht voran, der Familienname folgt. Hier enden aber auch schon die Ähnlichkeiten mit europäischen Gegebenheiten. Sie werden entdecken, daß Ihnen alle

Personen (gleich welchen Ranges) ausschließlich mit dem **Vornamen** vorgestellt werden. Diesem Vornamen wird üblicherweise ein *khun* (Frau, Fräulein, Herr) vorangestellt, es sei denn, die Person besitzt Anspruch auf einen höheren Titel. Selbst wenn sie in einer europäischen Sprache reden, werden Thai die Höflichkeitsformel **Titel und Vorname** bei der Anrede benutzen. Sie werden also mit *khun* Petra oder *khun* Peter, *misater* (Mister) Robert oder gegebenenfalls als Doktor Friederike oder Friedrich angesprochen werden.

Es sollte dem Besucher jedoch stets bewußt sein, daß die Anrede mit dem Vornamen nicht zwangsläufig Freundlichkeit und Vertrautheit mitklingen läßt. Und es sollte weiter klar sein, daß die Ehefrau des *khun* Sombun nicht gleichfalls *khun* Sombun, Frau Sombun, heißt. **Verheiratete Frauen** werden (wie Ehemänner auch) nur mit ihrem Vornamen angesprochen.

Kein Besucher wird sich sämtliche Thai Vornamen in seiner Bekanntschaft einprägen können. Es gibt einfach zu viele davon. Glücklicherweise reicht es aber vollkommen aus, jemanden nur mit *khun* (also du/Sie) oder gar seinem **Spitznamen** anzusprechen. Spitznamen besitzen den angenehmen Vorteil, meist einsilbig zu sein, wohingegen die eigentlichen Vornamen häufig aus mehreren Silben bestehen.

Spitznamen als Anrede

Die Spitznamen sind einfacher, kürzer, leichter auszusprechen und von geringerer Vielzahl. Die meisten Thai tragen einen Spitznamen und benützen ihn für alle, jedoch nicht die sehr formellen Anlässe. Diese Spitznamen bedeuten »Frosch«, »Ratte«, »Schwein«, »fett« und »winzig«, aber **stets wird ihnen *khun* vorangestellt**. Sie werden sich bald daran gewöhnt haben, jemanden *khun mu*, Fräulein Schwein (»Miß Piggy«), zu nennen. Wichtig ist, die Anrede Erwachsener immer, selbst wenn Sie in einer europäischen Sprache reden, mit *khun* einzuleiten, und zwar sowohl wenn Sie **über** jemanden wie **zu** jemandem sprechen.

Vorstellen

Wenn Sie den Freunden Ihrer Freunde am gleichen Tisch oder den anderen Personen im Raum nicht vorgestellt werden – machen Sie sich nichts daraus. **Wechselseitiges Vorstellen** gehört nicht zum traditionellen Thai Knigge. Kein Protokoll untersagt in Thailand, jemanden einfach nach dem Namen zu fragen oder seinen eigenen zu nennen. Die **formelle Vorstellung durch Dritte** geschieht nur dann, wenn ein triftiger (etwa geschäftlicher) Grund es erfordert, sich zu kennen. Natürlich werden solche Förmlichkeiten immer von der **Rangordnung** überlagert. Wenn also ein junger Mensch erstmals das Haus eines Freundes betritt, wird ihm mitgeteilt: »Dies sind meine Eltern«, und er wird in Zukunft wissen, wem er den *wai* entbieten muß. Die

Als Gast müssen Sie die Schuhe vor der Schwelle ausziehen. Dem Geist der Türschwelle (einem von neun Hausgeistern) sollten Sie nicht aufs Haupt treten, um seine Rachsucht nicht zu wecken.

Rangordnung wird stets sofort erkenntlich, denn der Name des Niedrigergestellten fällt zuerst. (»Somsak, das ist meine Mutter.«) Dies ermöglicht ihm, der höheren Person den *wai* in der gebührenden Form zu entbieten. In den westlichen Kulturen verhält es sich genau umgekehrt – dort gilt es als höflich, die wichtigere Person zuerst zu grüßen. Halten Sie sich an die Thai Regel, auch wenn Sie nicht in Thai sprechen. In einem Fall können Sie allerdings zwei Fliegen mit einer Klappe schlagen: Wenn Sie einem hochgestellten Thai Ihre Frau vorstellen, wird ihr Name zuerst genannt. So können Sie Ihrer *Farang*-Gattin ebenso schmeicheln wie dem Thai.

Einladung

Formen der »Einladung«

Es geschieht recht selten, daß Thai nur ein oder zwei Personen zum Essen nach Hause einladen. (Ein etwas anderer Fall ist es, wenn Sie zur Essenszeit zufällig anwesend sind.) Meistens erscheinen **viele Gäste**, die sich das Buffet nach Kommen und Gehen und Lust und Laune schmecken lassen. Daher spielt es kaum eine Rolle, ob jemand spät oder gar nicht eintrifft. Wenn Sie eine kleine Gruppe von Personen zu einer gedeckten Tafel bei festgelegter Uhrzeit einladen, müssen Sie eindringlich betonen, daß Sie mit der Teilnahme und Pünktlichkeit der Gäste fest rechnen.

Der Ausländer mag sich scheuen, jemanden **ohne Einladung** zu Hause zu besuchen, besonders wenn es sich um eine sozial höhergestellte Person handelt – der Thai jedoch nicht. Allerdings unterscheiden die Thai sprachlich und sozial zwischen »förmlichen« und »informellen« Besuchen. Bei den **förmlichen Besuchen** sind die Beteiligten von gesellschaftlich unterschiedlichem oder auch gleichem Rang, ohne sich näher zu kennen. Es kann durchaus vorkommen, daß Untergebene ihren Chef ohne vorherige Einladung besuchen und Früchte oder andere kleine Geschenke mitbringen. Dies gilt als Bezeugung von Respekt, und die Gäste werden wohlwollend empfangen, wenngleich man sie nicht vom »Gästezimmer« weiterbitten wird. Der **informelle Besuch** findet zwischen Freunden statt. Beide Arten von Besuchen können mit oder ohne Einladung erfolgen. **Gezielte Einladungen** sind ohnehin selten, es sei denn, es bestünde ein wichtiger Anlaß. Weit häufiger ist das unverbindliche »Schau doch mal vorbei!« zu hören. Gewöhnlich lautet die Antwort dann: »Ja, gerne mal!« und nicht: »Wie wär's mit Mittwochabend um halb acht?«

Zu **besonderen Anlässen** wird oft in ein Speiselokal eingeladen. Solche Einladungen schließen keineswegs immer die Ehefrauen ein. Wer herausfinden will, wen die Einladung einbezieht und welche Kleidung erwünscht wird, fragt am besten einen anderen Gast, nicht aber den Gastgeber. Erkundigen Sie sich beim Gastgeber nach der Kleiderordnung, wird er unweigerlich erwidern: »Wie es Ihnen beliebt«, und so könnte geschehen, daß Ihr offenes Hawaii-Hemd inmitten all der versammelten Krawatten und Fliegen eine Sonderstellung einnimmt.

Schwarze Kleidung

Ein **Tabu** müssen Sie sich einprägen: Tragen Sie bei party-ähnlichen Zusammenkünften niemals schwarze Kleidung. Schwarz wird immer mit dem **Tod** in Verbindung gebracht. Wenn ein Thai sich in Trauer befindet und dennoch der Einladung zu einer Party folgen will, wird er seine Kleidung zu diesem Anlaß wechseln. Sie werden deshalb kaum Freunde gewinnen, wenn Sie sich zu einer Hausparty kleiden, als nähmen Sie an einem Begräbnis teil.

Im Haus

Wenn Sie das Haus eines Thai betreten, befinden Sie sich sehr wahrscheinlich gleich im »Gäste-Empfangszimmer«. Natürlich sind Sie nicht verpflichtet, die gesamte Zeit darin zu verbringen; es ist auch üblich, sich

draußen aufzuhalten. Während viele Amerikaner (und manche Deutsche) Besuchern gern ihr ganzes Haus, sogar die Schlafzimmer, zeigen, sind Thai in diesem Punkt verschlossen. Wenn Sie jedoch die »wahre« Freundschaft eines Thai gewinnen, können Sie sein Haus und seine Familie wie Ihre eigene betrachten. Er sieht dies selbstverständlich umgekehrt genauso.
Wie groß oder bescheiden das Heim Ihres Gastgebers auch immer sein mag – **Schuhe werden an der Türschwelle ausgezogen**, sofern man Sie nicht ausdrücklich gebeten hat, es zu lassen. Jemandes Wohnung vorsätzlich mit Schuhen zu betreten, dies würde als gröbste Überheblichkeit und Beleidigung aufgefaßt.
Als rationale Erklärung dieses Tabus mögen Sie dies, wie viele andere vor Ihnen, schlicht auf eine Hygiene- und Sauberkeitsvorschrift zurückführen, die das Haus auch vor ansteckenden Krankheiten schützt. (Es ist durchaus möglich, daß die Furcht vor Seuchen Ursache dieser Regel war.) Nachdem Sie nun von der makellosen Reinlichkeit in thailändischen Häusern überzeugt sind, könnte es Sie ein wenig verwundern, wie die Thai reagieren (oder eben nicht reagieren), wenn ein Kind ungeniert seine Notdurft auf dem blanken Boden verrichtet. Während wohlhabende Thai mit knöcheltiefen Teppichen in ihrer Wohnung vermutlich eher die *Farang*-Auffassung von Stubenreinheit teilen, käme es dem durchschnittlichen Thai niemals in den Sinn, ein Kind wegen eines solch natürlichen Verhaltens zu tadeln. Und er wäre wohl auch überrascht, wenn ein Ausländer dies täte. In Thailand handelt man ganz unkompliziert: ein Tuch zur Hand und damit Boden und Hintern gewischt. Hüten Sie sich also, die thailändische Verhaltensweise mit allzu logischen Regeln bewerten zu wollen: Ihr Kind darf sich glückselig auf dem Fußboden Ihres Gastgebers (sogar auf seinem Schoß!) erleichtern, ohne Mißmut zu erregen; aber wenn Sie die Schwelle des Hauses mit Schuhen (wie sauber auch immer) überschreiten, dann haben Sie Ihren Gastgeber beleidigt.

Türschwelle

Das Gebot, die Schuhe auszuziehen, gilt absolut, wohingegen andere Gebräuche und Tabus nicht mehr allzu streng befolgt werden. Dennoch ist es immerhin hilfreich zu wissen, daß im Haus und um das Haus herum **neun Geister** hausen – einer davon in der Türschwelle. Wenn also der Haupteingang des Hauses, das Sie besuchen, mit einer Türschwelle versehen ist, verhalten Sie sich höflich, indem Sie sie **übersteigen** und nicht den Fuß darauf setzen.

Hausgeister

Früher entsprach es dem Brauch, daß ein Übernachtungsgast *phra phum*, den Geist des Landstücks, auf dem das Haus steht, um Erlaubnis fragte. *Phra phum* haust in dem Geisterhäuschen der Bodenparzelle. Beim Abschied galt

es ihm zu danken. An manchen Orten wird dieser Brauch heute noch gepflegt, obgleich man nicht erwarten würde, daß sich ihm Fremde anschließen.
Wenn Sie die Nacht in einem Haus von bescheidenem Wohlstand verbringen, ob auf dem Lande oder in der Stadt, wird man Sie gewiß sehr gastfreundlich bewirten. Sie müssen sich aber darauf einstellen, auf dem Boden zu schlafen und nur notdürftigen Moskitoschutz und schlichte Hygieneeinrichtungen vorzufinden.

Freundschaft

Niels Mulder, ein holländischer Sozialwissenschaftler, der Thai in Schrift und Sprache beherrscht und sechs Jahre in täglichem Kontakt mit Thai im Lande verbrachte, beendet sein Buch *Everyday Life in Thailand* mit den Worten: »Ich scheide, ohne auch nur eine einzige Freundschaft geschlossen zu haben.« Die meisten Fremden werden, wenn sie ebenso ehrlich sind, am Ende ihres Aufenthalts zur gleichen Feststellung gelangen.
Auch unter Thai ist es nicht leicht, **tiefe Freundschaften** zu finden. Jeder Thai besäße zwar gern einen Freund »bis zum Tode« (wie es in Thai heißt), aber allen ist zugleich das treffende Sprichwort bewußt: »Ein Freund, der sich an die gedeckte Tafel setzt, findet sich leicht; viel schwerer jedoch ein Freund, der bis zum Tode Mühsal teilt.«

Möglichkeiten, Freundschaft zu schließen

Die thailändische Gesellschaft ist so strukturiert, daß in ihr nahezu jeder einem anderen über- oder untergeordnet ist. Dies beschränkt die Möglichkeiten der Entwicklung von Freundschaften, wie sie sich nur zwischen Gleichen ergeben können. Auch die Regeln des Sozialverhaltens schränken die Möglichkeiten ein, Freundschaften entstehen zu lassen, die sich aus *Farang*-Sicht als »tief« bezeichnen ließen. Es kommt selten vor, daß ein Thai einen anderen mit seinen **persönlichen Problemen** behelligt, mag er auch tief im Inneren nach Hilfe rufen. Der Imperativ allen sozialen Verhaltens – Erhaltung einer sozialen **Oberflächenharmonie** und Vermeidung jeden Wortes und jeder Tat, die einen Konflikt hervorrufen könnten – macht die Thai höflich, gefällig, schmeichelnd und freundlich, fördert jedoch keineswegs tiefe und dauerhafte Freundschaften.

Unaufrichtigkeit und Unverläßlichkeit

Beide Seiten, Thai wie *farang*, neigen dazu, einander in Freundschaften als unaufrichtig und unzuverlässig zu empfinden. Der freundschaftsbeseelte

Ein wirklicher Freund wird Teil der Familie.

farang lädt einen Thai zu sich nach Hause ein, zeigt ihm dort einen jeden Winkel, spricht über sehr persönliche Dinge, kehrt das Innerste seiner Seele nach außen – all dies muß dem Thai wie eine Einladung zu innigster Freundschaft erscheinen. Kommt der gleiche Thai dann aber zu einem »unpassenden« Zeitpunkt wieder, komplimentiert man ihn hinaus.
Andererseits hört man ebensolche Klagen von den *farang*, die den Thai vorwerfen, sie veruntreuten Eigentum (geliehen und niemals zurückgegeben) oder mißbrauchten Großzügigkeit und Intimität.

Verhaltener Beginn von Freundschaften

Den Thai ist ein **höflich-reservierter** und **kühler Beginn einer Beziehung** lieb. Denn so kann sich eine tiefere Freundschaft erst entfalten, wenn die Rahmenbedingungen angemessen sind. Hat sich aber eine solche Freundschaft einmal entwickelt, zögert ein Thai nicht, seinen Freund um einen Gefallen, sogar einen sehr großen, zu bitten. Und ein wirklicher Freund würde der Bitte entsprechen. Ein wirklicher Freund wird **Teil der Familie**.
Die westlichen Einflüsse halten sich in Thailand immer noch in Grenzen. Die Verhaltensmuster und kulturellen Werte seines Volkes unterscheiden

sich somit sehr von jenen des Westens. Es ist also sowohl dem Thai wie dem Fremden anzuraten, die Dinge **langsam** anzugehen, jegliche Werturteile zu vermeiden und die persönlichen Beziehungen eher unter dem Vorzeichen **Freundlichkeit** zu belassen, als sich kopfüber in eine »Freundschaft« mit ungewissem Ausgang zu stürzen.

2 Die Lebensphilosophie der Thai

Wenn es uns gelänge, Thailands Besonder- und Eigenheiten kurz und bündig zwischen zwei Buchdeckeln einzufangen, dann wäre diese thailändische Welt sicher nicht die Mühe des Kennenlernens wert. In diesem Teil des Buches wollen wir keinen großen Rahmen erstellen, in den das gesamte und faszinierende Mosaikbild Thailand eingefügt ist. Dies wäre zu vermessen, zumal die Mosaiksteinchen ständig Form und Farbe verändern. Wir werden uns also auf jene Mosaikteile beschränken, die am schillerndsten, fesselndsten, befremdendsten und gefälligsten einem Besucher erscheinen, der die thailändische **Sicht- und Handlungsweise** noch nicht kennt. Selbst wenn der Fremde nur ein wenig von der Thai Lebensphilosophie verstanden hat, wird er viel über Thailand und auch sich selbst erfahren haben.

König und Bauer

Bei unserem vergeblichen Versuch, Thailand in eine Kiste mit Deckel zu packen, stoßen wir auf eine Volkserzählung, die immerhin einen Ausschnitt der thailändischen Lebensphilosophie und Sicht der Dinge zusammenfaßt. In dieser Erzählung trifft der König auf einen Bauern und fragt diesen, was er mit seinem Ernteüberschuß zu tun gedenke. Der Bauer entgegnet:

»Eure Majestät, alles Geld, das ich zu sparen vermag, nachdem ich die Kosten für unseren genügsamen Haushalt beiseite gelegt habe, teile ich durch vier: Den ersten Teil vergrabe ich im Boden. Den zweiten nutze ich dazu, meine Gläubiger zu befriedigen. Den dritten werfe ich in den Fluß. Und den vierten und letzten Teil gebe ich meinem Feind.«

Alsdann bittet der König den Bauern, sein seltsames Verhaltens zu erklären.

»Das vergrabene Geld entspricht dem Geld, das ich für Almosen und den Erwerb religiöser Verdienste verwende. Das Geld für die Gläubiger ist das Geld, das meinen Eltern zusteht, denn ihnen schulde ich alles, was ich besitze. Das in den Fluß geworfene Geld ist gleich dem, das ich durch Trinken, Glücksspiel und Opium verliere. Und das Geld für meinen Feind ist das Geld, das ich meiner Frau gebe.«

Der Bauer verwendet sein Geld also für vier Dinge: **Religion – Eltern – Vergnügen – Ehefrau**. Seine Wertschätzung der Unterstützung der Eltern und der Ehefrau laufen einander vollkommen zuwider. Das übrige Geld dient zu einem Teil den vergänglichen Annehmlichkeiten des Lebens und zum anderen der ewigen Religion. Die religiöse Investition ist die einzige Zukunftssicherung, die der Bauer vornimmt.
Diese alte Erzählung ist heute noch bei den Thai sehr beliebt. Denn die Umstände haben sich nicht allzusehr geändert.

Leben

Wir baten eine Gruppe von Mönchen, uns die **wesentliche Erkenntnis** des Buddhismus in einem Satz mitzuteilen. Sie einigten sich einhellig auf die Losung: »Alles Leben ist Leiden.« Diese Mönche saßen vor einer hölzernen Wand, auf die jemand in englischer Sprache gekritzelt hatte: »Das Leben ist eine Lust – wozu die Eile?« Alle Thai wissen, daß Leben Leiden bedeutet. Und nahezu alle Thai scheinen das Leben in vollen Zügen zu genießen. Wenn hierin ein Widerspruch liegt, dann kümmert er die Thai einfach nicht.

Die fünf grundlegenden Gebote

Die fünf wichtigsten **Gebote des Buddhismus** lauten:

- *Töte nicht.*
- *Stehle nicht.*
- *Begehe keinen Ehebruch.*
- *Sage niemals die Unwahrheit.*
- *Nehme keine Rauschmittel.*

Alle Thai kennen diese Gebote. Fast alle Thai sind Buddhisten. Thailand ist eines der am stärksten buddhistisch geprägten Länder der Welt. Und dennoch bricht eine große Zahl von Thai nahezu jeden Tag die meisten oder gar alle dieser Gebote.

Töten

Selbstverständlich töten nur wenige Thai mit Vorsatz, aber alle lieben zu essen. Nahezu alle ihrer Mahlzeiten enthalten Fleischstücke, meist Schweine-, Hühnerfleisch oder Fisch. Sogar die Mönche verzehren Fleisch. Dem **Fleischgenuß** geht das Töten von Tieren voran. Um diesem Genuß weiterhin frönen zu können und das Gebot dennoch einzuhalten, setzen die Thai sehr trickreiche Argumente ein. Die Mönche erklären, deshalb Fleisch zu

Für Buddhisten bedeutet Leben Leiden. Doch als gläubige Buddhisten genießen die Thai das Leben in vollen Zügen. Wen kümmert der Widerspruch! (Hier:* Songkran-*Wasserfest)

essen, weil sie von sämtlichen gespendeten Speisen kosten müßten, ohne dabei Lust oder Widerwillen zu verspüren. Laut Überlieferung habe einst sogar ein berühmter Mönch den Daumen eines Leprösen verspeist, der in seine Bettelschüssel gefallen war! Laien entschuldigen sich weniger überzeugend: »Ich habe den Fisch nur aus dem Wasser genommen, und er verschied, ohne daß ich ihn tötete.« »Das Huhn war bereits tot, als ich es kaufte.« »Das Schwein hat seine Bestimmung erfüllt, denn nur zu diesem Zweck wurde es als Schwein geboren.« Zu ihrem Glück geraten Thai Buddhisten kaum in die Lage, töten zu müssen, da sie überwiegend Reisbauern sind und die Schlachter meist keine Buddhisten.

Diebstahl

Die meisten Thai stehlen nicht. Eine Minderheit tut es. Leider ist diese Minderheit recht aktiv. Thailand besitzt eine der **weltweit höchsten Kriminalitätsraten**. Jedem Bus, selbst mitten im Zentrum Bangkoks, kann der Anschlag eines *khamoy* (Diebes) gelten, der mit Messer oder Pistole bewaffnet hinten einsteigt, flugs alle erreichbaren Brieftaschen und Goldketten an sich reißt, um dann durch den Vorderausstieg auf das Motorrad seines Kum-

panen zu springen, mit dem er den Schauplatz verläßt. Auch Fußgänger und Häuser sind Freiwild.
Von den *khamoy* einmal abgesehen, legen viele Thai eine etwas leichtfertige **Finder-Mentalität** an den Tag: »Es fiel von der Ladefläche eines Lastwagens herab.« Zieht man allerdings in Betracht, wieviele Dinge tatsächlich von Lastwagen fallen, so leuchtet diese Erklärung durchaus ein; und vielleicht stellt die Einstellung zu Fundsachen in gewissem Sinne einen gerechten Ausgleich für die tagtägliche Angst der Bevölkerung dar, Heim und Familie könnten von einem Zehn-Tonnen-Laster in Stücke gerissen werden.

Betrug

Einer versteckteren Form der *Khamoy*-Aktivität fällt der unkundige Besucher häufig bei Schmuckhändlern zum Opfer, deren Ware nur etwa fünfzig Prozent des eingravierten Gold- und Silberwertes enthält und in Europa soviel billiger zu erwerben wäre. Wenn Sie sich bereits geraume Weile im Lande aufhalten, geben Sie dies zu erkennen – möglicherweise machen Sie dann ein besseres Geschäft. Und zwar deshalb, weil jeder ehrenwert-unehrliche Juwelier eine Ersatzgarantie für den Fall bestätigt, daß seine Ware dem angegebenen Wert nicht entspricht. Diese Garantie ist mithin kaum mehr wert als das Papier, auf dem sie steht, es sei denn, Sie verschwenden Monate für einen fast aussichtslosen Rechtsstreit. Natürlich sind nicht alle Juweliere unehrlich. Aber Sie sollten wissen, daß verschiedene Labors gegen geringe Gebühr Gold, Silber und Edelsteine prüfen – und daß diese Dienstleistung durchaus einem Bedarf nachkommt. Manche Betrügerei wirkt sogar charmant. Beim Ausgrabungsgelände von Ban Chieng bot uns eine schöne alte Dame eine »echte buddhistische Mönchsschale an, garantiert über 6.000 Jahre alt«. (Das buddhistische Zeitalter zählt knappe 2.530 Jahre.)

Sex

Das dritte Gebot (»Begehe keinen Ehebruch«) wird **öffentlich** befolgt – und **heimlich** oft verletzt. Sie werden vielleicht bemerken, daß viele mittelgroße Hotels seltsamerweise nicht nur stundenweise Zimmer vermieten, sondern auch über verwunderliche »Tiefgaragen« verfügen. Fährt ein Auto in eine dieser Zellen ein, läuft geschwind ein Hotelboy herbei und läßt im Nu einen Vorhang herab, der den Wagen von der Außenwelt abschirmt. Allerdings dient dieser alles verhüllende Vorhang mitnichten dem Zweck, das Fahrzeug vor Schmutz zu bewahren.

Bei der Wahrheit bleiben

Das vierte Gebot läßt sich im täglichen Leben nur mit Mühe einhalten. Wahrheit und Unwahrheit sind selbstverständlich relative Begriffe, über die

Das buddhistische Ideal der Meditation und Weltentsagung bildet eine Einheit des Widerspruchs mit der unbändigen Lebensfreude der Thai.

sich streiten läßt. Die Thai lügen nicht absichtlich, aber sie sprechen auch nicht mit Vorsatz die Wahrheit.

Die Regeln der Respektbezeugung und Höflichkeit verlangen **Schmeichelei** und **Übertreibung**. Die Thai sind Meister im **Vermeidungsschwindeln** – etwas Unangenehmes vermeiden, indem man das jeweils Erwünschte sagt. In manchen Situationen aber, in denen ein Europäer zu einer Notlüge greifen würde, kann die **Freimütigkeit** der Thai den Fremden in Verlegenheit bringen. Ein solches Erlebnis widerfuhr uns eines Abends in der Alliance Française in Bangkok – es lieferte zugleich ein hervorragendes Beispiel für das Aufeinandertreffen von Schmeichelei und Freimütigkeit. Der Thai, der diese abendliche Veranstaltung leitete, kündigte auf der Bühne in einer zehnminütigen Lobrede und makellosem Schulbuchfranzösisch den von der dichtgedrängten Versammlung spannungsvoll erwarteten Filmstar an. Nachdem er den Höhepunkt der Schmeichelei zu einer schier unendlichen Gipfelkette verlängert hatte, gelangte er schließlich und endlich dazu, »in zutiefster Geehrtheit das mit Stolz erfüllende Privileg wahrzunehmen, Ihnen, meine Damen und Herren, die einzigartige Frau X vorstellen zu dürfen«. Schweigen im Saale. Frau X schien sich nicht gerade zu beeilen, die ausgestreckte Hand zu ergreifen. Noch tieferes Schweigen. Schließlich raffte der Monsieur sich auf und wisperte in Thai in das erwartungsvolle Auditorium: »Wo steckt sie denn?« Der Türsteher, ein Thai, antwortete laut und vernehmlich vom hinteren Ende des Saales: »*Bai hongnam* – auf dem Lokus!«

Rauschmittel

Das fünfte Gebot wird offen gebrochen. Der **Alkoholismus** ist ein Problem. Und auch wenn der Absatz der zwei bekanntesten Whiskysorten des Landes, *Mekhong* und *Sang Som*, während der dreimonatigen buddhistischen Fastenzeit um ein Fünftel sinkt, so meinen doch nur wenige Thai, Alkoholkonsum zieme sich nicht für einen Buddhisten.
Andere Rauschmittel sind Marihuana, Opium und Heroin, die (obzwar illegal) in solchen Mengen hergestellt und genossen werden, daß Thailand bedauerlicherweise weltweit eine der höchsten Raten von **Drogenabhängigen** aufweist.

Ideal & Wirklichkeit

Die **alltäglichen Übertretungen** der fünf grundlegenden Gebote des Buddhismus verweisen diese weitgehend in das Reich des Idealen – was sein sollte, es aber nicht ist. Widersprüche zwischen Ideal und Wirklichkeit bestehen in jeder Gesellschaft. So wenig wie wir davon ausgehen können, daß in den westlichen Gesellschaften heute noch die christlichen Zehn Gebote befolgt werden, so wenig können wir annehmen, daß die traditionellen buddhistischen Gebote das Betragen und die Empfindungen der Thai ausschließlich bestimmen.

Religiöses Verdienst erwerben

Zumindest dem Anschein nach bereitet es den Thai kaum Probleme, mit derartigen Widersprüchen zu leben. Vielleicht rührt dies von einer anderen Seite der buddhistischen Philosophie her, laut der jeder Mensch sein eigenes Schicksal verantwortet und er diese **Bestimmung zum Besseren wenden** kann, indem er religiöse Verdienste erwirbt. Diese werden erwirkt durch Befolgen der Gebote – aber auch durch andere, weniger mühselige Verhaltensweisen, die mehr Spaß machen können.
Religiöser Verdiensterwerb bedeutet im alltäglichen Leben häufig kaum mehr als Gaben an das Kloster und seine Mönche. Dies erinnert uns wieder an die hintersinnig augenzwinkernde Volkserzählung zu Beginn dieses Kapitels, in der der Bauer seine Ausgaben für weltliche Vergnügungen und religiöse Verdienste abwägt. Den meisten Thai scheint es sehr zu behagen, zwischen diesen beiden Anliegen ein wohlberechnetes Gleichgewicht zu halten. Wer weiß, wie sicher dieses Gleichgewicht über der Kluft von Ideal und Wirklichkeit ist. Nichtsdestotrotz: Das Prinzip von **Balance und Harmonie** bildet die Grundlage für das Verständnis der Persönlichkeit und des Verhaltens der Thai.

Die Regeln der Respektbezeugung werden früh eingübt.

Familie

Die **ursprünglichste Welt** ist die Familie. Eine behütete Welt. Eine Welt, die sich, zumindest in den ersten Lebensjahren, sanft, freundlich und gutherzig zeigt. In dieser Welt lernt das Einzelwesen Fügung und Respekt gegenüber den Älteren und Überlegenen. Die Familie formt den Thai.

Regeln der Respektbezeugung

Schnell lernt ein Kind in Thailand, daß es sich lohnt, **Rücksicht auf die Gefühle anderer** zu nehmen, zu gehorchen, ehrerbietig, höflich und respektvoll zu sein – denn dies bewirkt Zuneigung und Fürsorge. Diese Verhaltenslogik wird am besten im Thai Begriff *krengjai* ausgedrückt.
Krengjai wird üblicherweise mit »Rücksichtnahme« übersetzt. Aber es bedeutet mehr. Es ist ein Gefühl. Einem Vater mag das Wohlergehen seiner Kinder am Herzen liegen, aber er würde sich ihnen gegenüber nicht *krengjai* fühlen. Seine Kinder hingegen, die Rücksicht auf seine Gefühle nehmen und sich so verhalten, daß sein Seelenfrieden nicht gestört wird, sind *krengjai*. In Thailand ist die »rücksichtnehmende Person« für gewöhnlich die in einer persönlichen Beziehung niedrigergestellte. Deshalb ist *krengjai* auch ein Ausdruck der **hierarchischen Ordnung von Status und Respekt**.
Die **Regeln der Achtung** sind von größter Bedeutung in der Beziehung zwischen Kindern und Eltern, gelten aber ebenso unter den Kindern. Das jüngere Kind soll dem älteren gehorchen; der ältere Geschwisterteil ist verantwortlich für das Betragen des jüngeren. **Anreden unter Familienmitgliedern** werden vielfach auf die Gesellschaft übertragen. Dies ist allerdings eher Ausdruck der hierarchischen Struktur als einer familiären nationalen

Beziehung. Ein *pie* (ältere Schwester, älterer Bruder) ist immer einem *nong* übergeordnet. Ein *nong* kann sowohl ein älterer Freund wie auch ein vollkommen Fremder sein, ein Kellner oder jemand, der einem den Benzintank auffüllt. Sogar Eheleute sprechen sich mit *pie* oder *nong* an – dabei ist ihre Beziehung selbstverständlich (oder hoffentlich) etwas anders geartet.
In verwandter Weise können die Anreden *luang poh*, *luang ta* und *luang pie* (»Vater«, »Großvater« und »Älterer Bruder« mit der Respektsvorsilbe *luang*) Mönchen gegenüber gebraucht werden. *Luang poh* wird in manchen Teilen Thailands auch als Anrede für den Dorfvorsteher verwandt. *Mae chi* (»Mutter Nonne«) ist eindeutig, *mae khrua* (»Mutter Küche« für die Köchin) wohl ebenso. Auch »Onkel«, »Tanten«, »Basen« und »Vettern« müssen keineswegs blutsverwandt sein.

Die soziale und wirtschaftliche Einheit Familie

Nach asiatischen Maßstäben ist der thailändische Dorfhaushalt recht klein. Er beschränkt sich üblicherweise auf ein Ehepaar, drei oder vier Kinder und möglicherweise einen alten Elternteil, eine Tante oder einen Onkel. Die **Häuser der Familien** reichen von den festgefügten, reichbeschnitzten Häusern der Wohlhabenden hin zu den zerbrechlichen Bambushütten der Armen. In der Stadt treten die Unterschiede am deutlichsten zutage. Nebeneinander finden sich geräumige, moderne Villen mit Dienern, die beim Hupen des Herrn hurtig das Tor öffnen, und schäbige Kisten aus Pappe und Blech.
Die **bäuerlichen Familien** vereinen auch heute noch den familiären und wirtschaftlichen Bereich. Die kleinen Kinder erledigen einfache Hausarbeiten und kümmern sich um ihre jüngeren Geschwister. Die älteren Geschwister helfen den Eltern in den Reisfeldern der eigenen Landwirtschaft.
Bei den **städtischen Familien** löst sich diese auf der Grundlage familiärgemeinschaftlichen Arbeitens bestehende Einheit auf. Jedoch zwingen die äußerst niedrigen Löhne **alle** Familienmitglieder dazu, zur Haushaltskasse beizutragen. »Hausfrauen« finden sich in Thailand nur in sehr privilegierten Haushalten. In den armen Familien müssen Frauen und auch Kinder vielerlei Aufgaben nachkommen: Teigwaren zum Verkauf backen, Abfallpapier zu Tüten wickeln, Blumen zu Girlanden binden, Zeitungen und Blumen mitten im Verkehrsstau Autofahrern feilbieten oder eine oder mehrere der unzähligen Tätigkeiten ausführen, von denen Bangkoks »informelle Ökonomie« lebt.

Sicherheit

Im Falle von Krankheit und Altersgebrechlichkeit bot die traditionelle Thai Familie dem einzelnen Sicherheit. Dies trifft auch heute noch in den meisten Fällen zu. In den Städten jedoch müssen immer mehr Menschen ihre späten

Lebensjahre im Tempel oder der fremden, unpersönlichen Umgebung einer sozialen Fürsorgeeinrichtung verbringen.

Kinder

Die unglückliche Minderheit

Die Thai stehen zu Recht in dem Ruf, kleine Kinder liebevoll zu verwöhnen. Diesen Ruf trüben jedoch Enthüllungen der Presse, die leider belegen, daß Jahr für Jahr Tausende von Kindern in Tempeln ausgesetzt werden, die alsdann in der Obhut von Mönchen und Nonnen aufwachsen. Oder sie werden einfach auf der Straße ausgesetzt und kommen danach in Waisenhäuser. Die Zeitungen berichten auch regelmäßig über den blühenden Handel mit **Kindersklaven**. Die Not treibt verarmte Eltern in den Städten und Dörfern dazu, ihre Kinder gegen einige Säcke Reis für ein oder zwei Jahre an »Vermittler« zu verkaufen. Häufig müssen diese Kinder dann 16 Stunden am Tag in Fabriken arbeiten, die streng bewacht werden, damit keines von ihnen entkommen kann. Zwar werden einige bei Polizeirazzien, die stets einen großen Presserummel auslösen, befreit. Aber die meisten Kinder können dieser überaus grausamen und deprimierenden Umgebung nicht entfliehen und enden häufig genug in Krankheit, als Diebe, Luden und Dirnen.

Die glückliche Mehrheit

Glücklicherweise landen die meisten Kinder Thailands nicht in der Halbsklaverei. Sie werden im Gegenteil während ihrer ersten Lebensjahre sehr verhätschelt. Studien über die **Kindererziehung** der Thai haben festgestellt, daß sie einerseits eine gefällige, sanfte Wesensart fördert, zugleich aber tendenziell Eigeninitiative und Entwicklung eines forschenden Geistes dämpft. Wir sind uns nicht sicher, ob diese Theorie tatsächlich zutrifft. Sicher sind wir uns jedoch darin, daß die meisten kleinen Kinder außergewöhnlich liebevoll behandelt werden. Sie werden in Bangkok erleben, daß Erwachsene ihren Sitzplatz für Kinder räumen, während wir Kinder tadeln, wenn sie ihren Platz nicht Erwachsenen anbieten.

Vermeiden von Aggression

Das Verwöhnen der Kinder dauert jedoch nur wenige Jahre. Und nur allzubald müssen Kinder hart arbeiten. Während in der ersten Lebensphase lustvolle Bedürfnisbefriedigung Lebensinhalt ist, wird die spätere Kindheit von **Selbstbescheidung** und **Verantwortlichkeit** geprägt. Die heranwachsende Persönlichkeit eines Thai befindet sich häufig im Konflikt mit diesen beiden

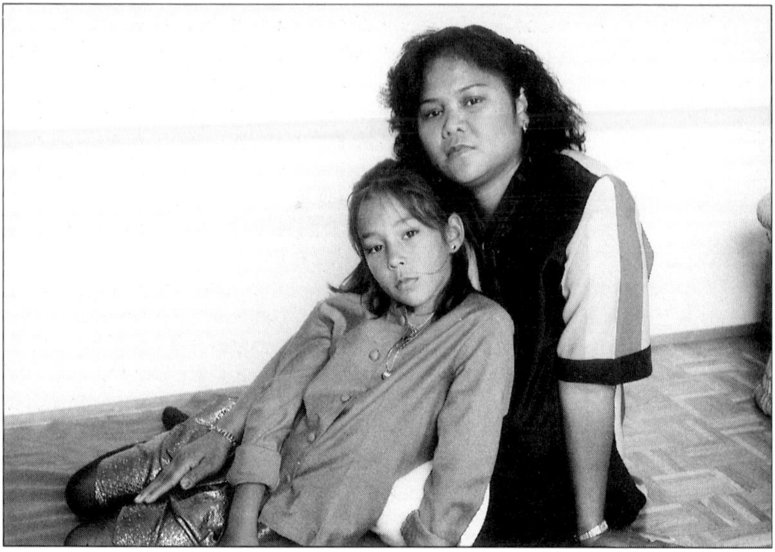

Nicht jedes Mädchen in Thailand erlebt eine geborgene Kindheit.

Sozialisationsmustern. Auch wenn ein junger Mensch für sich selbst oder gar bereits andere sorgt, wird er nie wie ein westlicher Jugendlicher ermutigt, »auf eigenen Beinen zu stehen«. Der Thai lernt eher, **Aggression zu vermeiden**, als sich gegen sie zu verteidigen. Wenn ein Kind rauft, mag es sich damit auch lediglich verteidigen, wird es üblicherweise bestraft. Es gibt nur eine Möglichkeit, Konflikt zu vermeiden: **das Weite suchen**.

Die Monster-Kinder

Einige der schrecklichsten Blagen, denen wir in Thailand begegnet sind, kommen aus westlichen Familien, die im Lande leben.
Das **westliche Kind** ist in der Regel größer, stärker, besser ernährt und psychologisch stärker auf Wettkampf, Verteidigung und Siegeswillen getrimmt als seine Thai Spielkameraden. Einige westliche Kinder entwickeln sich in Thailand zu unerträglich angeberischen und arroganten Gören. Sie wissen zwar um die Thai Respektshierarchie, aber sie stehen außerhalb derselben – und in gewisser Weise sogar über ihr. Man verlangt von ihnen nicht, die Hände zum *wai* zu falten, wenn ein erwachsener Besucher das Haus betritt. Und zudem sind die meisten Thai Erwachsenen in den Augen des westlichen Kindes Diener, die ihm jeden Wunsch gewähren, um es ruhig zu halten.
Ein thailändischer Vater erzählte uns, er bedauere seinen Boss, einen Amerikaner, weil dessen Sohn **undankbar** sei (*luk nerakhun*). Widerwillig gezwungen, uns zu erklären, wie er zu dieser Einsicht gelangt sei, berichtete

er, bei einem Besuch im Hause seines Chefs gehört zu haben, wie dieser seinen Sohn gebeten (nicht angeordnet) habe, den Wagen zu waschen. Der Sohn hatte zunächst gemeckert, schließlich aber eingewilligt, weil der Vater ihm zwanzig Baht anbot. Einige Thailand-Besucher argwöhnen, ein Thai täte für Geld einfach alles. Unser eben erwähnter Thai Vater hingegen vertrat die Ansicht, es käme einer Verleugnung der Blutsbande gleich, wenn ein Vater für eine Gefälligkeit seines Sohnes zahlt.
»Na ja«, wendet der westliche Leser ein, »meine Kinder müssen lernen, in ihrer Gesellschaft zu leben, nicht in der thailändischen.« Einverstanden. Und indem wir dieses Problem benannt haben, bieten wir keine Lösung an. Ein insulares Leben im Kreis der westlichen Ausländer wäre jedenfalls keine. Möglicherweise gäbe es dann noch arrogantere Monster-Gören. Und außerdem bliebe diesen Kindern die einmalige Gelegenheit vorenthalten, die Thai Sprache ohne Tränen zu lernen. Wir möchten in Thailand lebende westliche Eltern lediglich bitten zu erwägen, ob ihr Herzblatt tatsächlich zum Alptraum anderer Kinder geraten soll.

Autorität

Die **Welt eines thailändischen Kindes** wächst mit dem Wachsen des Kindes. Sehr bald umschließt sie weit mehr Menschen als die unmittelbaren Familienmitglieder. In einer überschaubaren ländlichen Welt wächst auch die Rücksichtnahme (*krengjai*) im Gleichmaß mit der Erkundung und Erweiterung der Welt. Alle Älteren empfangen nun einen gewissen Teil der Rücksichtnahme und des Respekts, die bisher vorwiegend Mutter und Vater galten.

Fremde Autorität

An einem Punkt in seinem Leben muß das heranwachsende Einzelwesen mit Menschen zurechtkommen, die nicht der Familie angehören, den Nachbarn, Freunden und anderen Dorfbewohnern. Es betritt die **Welt der Fremden**. In ihr gibt es den Schullehrer, Polizisten, *gamnan* (Vorsteher eines *tambon*, Unterdistrikts von zehn bis zwanzig Dörfern), *nai amphoe* (Landrat), Leute, die in Lastwagen kommen und im Tempelgelände auf einer großen Leinwand Filme zeigen und über seltsame Dinge reden, und auch solche, die die furchtsamen Kinder sich in einer Reihe aufstellen lassen, Nadeln in ihre Arme stechen, eine Holzzunge in ihren Schlund stecken und sie dann »Aaah« sagen lassen.
Diese unbekannte Welt steckt voll unbekannter Gefahren. Sie verlangt **Unterwerfung und Gehorsam**. Und deshalb ist es nur vernünftig und ratsam, wenn der einzelne sich gehorsam, demütig, höflich und respektvoll

zeigt; er sich, oberflächlich zumindest, so verhält wie gegenüber den ehrwürdigen Eltern. Und dadurch zu bewirken, daß das Fremde sich ihm wohlgewogen und freundlich erweist. Indem das *Krengjai*-Verhalten auf die fremde Umgebung übertragen wird, hofft man mögliche Gefahren, die in zeitweiligen, unbekannten und unvorhersehbaren Personen- und Autoritätsbeziehungen lauern könnten, zu neutralisieren.

Furcht

Wenn trotz der Einhaltung aller Respektsbezeugungen der Fremde (oder auch der Vater!) nicht mit Freundlichkeit, sondern sogar Ablehnung reagiert, dann wird sich das **äußere Verhalten** des Betroffenen nicht ändern, die Demut sich womöglich bis zur – in westlichen Augen – Erniedrigung steigern. Die **innere Einstellung** jedoch wird sich verändert haben, von *krengjai* (Rücksicht, Respekt) zu *krengklua* (wörtlich: Furcht).
In diesem Fall bleibt dem Betroffenen nur eine vernünftige Lösung: sich schnellstmöglich aus dieser Situation zu befreien, ehe noch unangenehmere Dinge geschehen. Und manchmal wird der Unglückliche sich wahrhaft »aus dem Staube machen«. Üblicher ist jedoch, dieser unberechenbaren Gewaltfigur Begütigendes zu sagen oder zu versprechen und möglichst rasch den **sozialen Kontakt abzubrechen**, um ihn nie wieder zu erneuern.

Demütigung

Fühlt sich der Thai in einer ausweglosen *Krengklua*-Lage gefangen, wird er die **Selbsterniedrigung** bis zu dem Punkt fortsetzen, an dem sie in **Gewalt** umschlägt. Eine häufig mißhandelte Ehefrau, ein Regierungsangestellter, der einmal zu oft gedemütigt wurde, oder ein Diener, der sich allzu verächtlich behandelt fühlt – sie alle könnten bei ungeahnter Gelegenheit aufbegehren, etwa indem sie einen dringenden Brief verzögern, in der Buchhaltung einige Nullen anfügen, Drogen an einen kompromittierenden Ort »pflanzen«, womöglich sogar mit einem Fleischerbeil Amok laufen oder einen Gangster heuern, der den Verursacher tötet oder zum Krüppel schlägt.

Gleichheit

Wenige Thai sind gleich, und viele sind ungleicher als andere. Zwillinge, die Minuten nacheinander zur Welt kamen, werden sich stets mit *pie* und *nong* ansprechen. Ein 34 Jahre, 29 Tage, 5 Stunden und 3 Sekunden alter Mann gilt als Senior gegenüber jenem, der 34 Jahre, 29 Tage, 5 Stunden und 2,9 Sekunden alt ist. Alles andere mag sich auf gleichem Standard bewegen, **der *pie* (Ältere) ist stets höhergestellt**. Natürlich gibt das Alter selten den allei-

nigen Ausschlag, weil alles andere ebenso wichtig ist. Dennoch können überraschend viele Thai auf die Minute genau angeben (selbstverständlich nur so verläßlich, wie die Mechanik der väterlichen Uhr war), wann sie geboren wurden.
Wäre jede Thai Hebamme mit einer Stoppuhr ausgerüstet, ließe sich die gesamte Bevölkerung nach der **Altersrangordnung** gliedern. Wenn es zudem gelänge, auch alle anderen **Statusmerkmale** numerisch zu berechnen, bei jeder Person die Totalsumme und aus all dem die perfekte Hackordnung zu ermitteln – dann wäre das Sozialverhalten in jeglicher Situation vorhersehbar. Traum und Alptraum jedes Anthropologen.

Rangordnung

Stellung und Rang sind dem Bewußtsein des Thai so eingefleischt, daß kaum mehr ein Gedanke darauf verwandt wird. Die Mönche im Gänsemarsch bei ihrem morgendlichen Almosenrundgang stehen abstrakt betrachtet weltlichen Werten wie Status und Prestige fern – aber der ranghöchste Mönch geht voran, der jüngste am Ende der Reihe. Die Gäste bei feierlichen Anlässen wie Hochzeit, Pensionierung, Begräbnis und anderen Festlichkeiten sind liebenswürdig, höflich, grüßen sich (fast) gleichzeitig in (fast) gleicher Höhe mit dem *wai* – um dann in der Reihenfolge ihrer Rangordnung dem Mittelpunkt der Aufmerksamkeit Segenswünsche auszusprechen. Dies scheint vollkommen **natürlich** zu geschehen. Es gibt keine Kastenmerkmale, keine versteckten Zeichen, alle sind nahezu gleich gekleidet. Die Hierarchie ist nicht vollkommen, und es gibt Überschneidungen, aber überraschend wenige. Woher also wissen also Bescheid; wissen sie, was zu tun und warum? Nur wenige Thai wüßten darauf eine Antwort. Ein Historiker jedoch könnte mit einigen Hinweisen dienen.

König Trailok

Alles begann zu einer Zeit, als die westlichen Völker außerhalb des »Heiligen Römischen Reiches« noch in Höhlen hausten. Wir werden den Leser jedoch nur in die Mitte des 15. Jahrhunderts verschleppen, als König Phramatrailokanatha herrschte, dessen Namen die Thai gewöhnlich aus einsichtigen Gründen zu Trailok verkürzen.
König Trailok suchte nach einer soliden **Grundlage für ein friedliches Königreich**. Deshalb verwob er hinduistische und konfuzianische Ideen, fügte siamesische Auslegungen hinzu und vermischte all dies zum *Sakdina*-System. Dieses politische, soziale und religiöse Hierarchiesystem sollte mit nur geringfügigen Veränderungen bis zu den umwälzenden Reformen gelten, die König Chulalongkon (1868–1910) einführte und denen die Abschaffung des Gottkönigtums nach der Revolution von 1932 folgte. Jahrhundertelange intensive soziale Starre ist jedoch nicht leicht zu reformieren, und der

Sakdina-Geist beeinflußt heute noch die alltäglichen Sozialbeziehungen in Thailand.
König Trailok fehlten selbstverständlich Computer und andere Hilfsmittel eines eines modernen totalitären Staates, und so suchte er die widerstreitenden Feudalherren zu kontrollieren, indem er sie friedvoll untereinander um königliche Gunstbeweise konkurrieren ließ. In der Erkenntnis, daß **Landbesitz** den Schlüssel zu Wohlstand, Status und Macht lieferte, verteilte er die einzelnen Landbesitzeinheiten so, daß kein Grundbesitzer dem König gefährlich werden, wohl aber seinen Landreichtum durch königliche Huld vergrößern konnte.

Sakdina-Hierarchie

Jeder Landeigentümer wurde mit einem **Nummerntitel** versehen, der der Landmenge seines Besitzes entsprach. Diese Nummer hieß *sakdina*, wörtlich: Macht der Felder.
Die ranghöchsten **Beamten**, die *chao phraya*, erhielten die Rangzahl 10.000 und durften bis zu 4.000 Morgen Land besitzen. **Gemeine** hingegen hielten, wenn sie keine besonderen Verdienste erworben hatten, die *Sakdina*-Rangzahl 20 und konnten bis zu 10 Morgen Land besitzen. (8 Morgen Reisland vermögen eine Familie von 4 bis 6 Mitgliedern ohne Not zu ernähren.)
Die **Erste oder Hauptfrau** (*mia luang*) eines Mannes hielt dessen halben *Sakdina*-Rang, die **Nebenfrau** (*mia noi*) ein Viertel, sobald sie schwanger wurde. Die **Frau eines Slaven** besaß keine Rangzahl, stieg aber im Falle ehelicher Schwangerschaft zur *mia noi* auf. Zwar ist die Zahlzuteilung heute verschwunden, aber (so mag eingewandt werden) an der Lage der Frauen hat sich seit den Tagen des Königs Trailok wenig geändert.
Die Bestrafung eine Person richtete sich nach ihrem ***Sakdina*-Rang**. Auch die Höhe von Entschädigungen stand im Verhältnis zum *Sakdina*-Rang. Das *Sakdina*-System durchdrang alles ökonomische, gesetzliche und soziale Leben und bestimmte das Rangordnungsverhalten: Ein *Sakdina*-Träger von 1.000, der auf einen anderen von 1.500 traf, erhob als erster die Hände zum *wai*.
In seiner Einfachheit glänzend, war dieses System doch nicht so recht geeignet, um sich auf Bankmanager, Nudelverkäufer und langnasige, rotgesichtige Kaufleute aus fernen Ländern anwenden zu lassen. Auch war es dem weltweiten Image Thailands als »Land der Freien« wenig zuträglich. So schaffte König Chulalongkon es 1905 zusammen mit der Sklaverei offiziell ab.

Könige Chulalongkon und Bhumiphon

König Chulalongkon war möglicherweise der seinerzeit revolutionärste aller Thai. Zu Beginn seiner ungewöhnlichen Regentschaft schaffte er die

Trotz der antiautoritären Reformen des Königs Chulalongkon werfen sich die Thai bei manchen Anlässen zum ehrerbietenden »Kotau« nieder.

Huldigungsgesetze ab, wonach sich zum Beispiel die Köpfe des gemeinen Volkes stets unterhalb der königlichen Füße befinden mußten. Zugleich führte er im Großen Palast Thailands erste westliche (und weltliche) Schule ein. Er förderte die Verbreitung säkularer Bildung weiterhin und wurde so zum »Vater der modernen Erziehung« und **Begründer des modernen Thailand**.

Dieser König, der selbst am meisten zur **Entheiligung des Königtums** beitrug, ist heute einer der verehrtesten siamesischen Könige. Sein Todestag ist nationaler Feiertag. Und an jenem Tag kann der erstaunte Fremde beobachten, wie Studenten und Angestellte des Öffentlichen Dienstes sich achtungsvoll vor der Königsstatue in der Rajdamnoen Nok Avenue zu Boden werfen.

Es wird üblicherweise König Chulalongkon zugeschrieben, daß Thailand ein **freies Land** blieb, während jedes andere südostasiatische Land vor der Macht des **Kolonialismus** kapitulieren mußte. Die Bedrohung von außen erforderte eine zügige Modernisierung von Armee und Verwaltung, und König Chulalongkon besaß die Weitsicht und Fähigkeit, dies durchzusetzen. Auch persönliche Gründe sprachen für die **Modernisierung des Königtums**. Der Tod seiner Gattiin und Tochter sind eine traurige Ironie der Geschichte Thailands. Er war unmittelbare Folge von Regeln, die die königliche Familie abschirmen und schützen sollten. Die Königsgemahlin Sunand Kumarirat starb in einem stillen Kanal nur wenige Meter entfernt von zahlreichen ergebenen Untertanen. Zum Verständnis dieses Geschehens zitieren wir aus den *Siamesischen Staatszeremonien*, die auch die Regeln der Beziehung zwischen der Königsfamilie und dem gemeinen Volk verzeichnen:

»Wenn ein Boot (mit einem Mitglied der königlichen Familie an Bord, Anm. d. Üb.) sinkt oder kentert, müssen die Bootsleute davonschwimmen; bleiben sie in der Nähe des Bootes, sind sie hinzurichten. Kentert das Boot und die königliche Person fällt ins Wasser und ist dabei zu ertrinken, sollen die Bootsleute den Signalstock ausstrecken und die Kokosnüsse werfen, so daß die königliche Person danach zu greifen versuchen kann. Gelingt dies nicht, sollen die Bootsleute den Signalstock reichen dürfen. Wenn sie jedoch die königliche Person anrühren, um sie zu retten, müssen sie hingerichtet werden. Wer die Kokosnüsse wirft, soll mit 40 tical *in Silber und einem Goldstück belohnt werden. Wenn die Barke sinkt und jemand sieht, daß die Kokosnüsse geworfen werden, aber zur Rettung der königlichen Person eilt, dann wird er doppelt bestraft und auch seine gesamte Familie ausgelöscht. Wenn die Barke kentert und wirft die Kokosnüsse so, daß sie ans Ufer treiben (: weg von der königlichen Person, Anm. d. Üb.), dann soll seine Kehle durchschnitten und sein Hab und Gut beschlagnahmt werden.«*

Chulalongkons Modernisierungen griffen so tief, daß einige europäische Beobachter Thailand als dasjenige Land Asiens wähnten, das sich am ehesten industrialisieren werde. (Die gleichen Beobachter hielten für unwahrscheinlich, daß Japan zum Industriestaat aufsteigen würde.)
Heute darf das Volk in der Gegenwart des Königs stehen und vielleicht sogar einen Schnappschuß von ihm machen. König Bhumipon versteht sich als Erbe des Königs Chulalongkon.

Jahrhundertealte Tradition der Respektsformen

Auch Thailand ist im Wandel. Aber die alten Bräuche ändern sich in einer vorwiegend ländlichen Gesellschaft nur langsam. Die meisten Thai sehen in der Königsfamilie heute noch mehr als lediglich Menschen von Fleisch und Blut. Und **Bodenbesitz** bildet weiterhin die Hauptgrundlage für Wohlergehen, Macht und Rang. Gleichheit in Besitz und Ansehen ist im Osten wie im Westen bestenfalls ein Ideal. Die Thai empfinden Respekt für dieses Ideal und erstreben es – wobei sie allerdings sinnloses Blutvergießen und Leiden als Folge zwanghafter Durchsetzung dieses Ideals zu vermeiden versuchen. Ein Gutteil des Charmes der Thai (der *wai*, das Lächeln, die Sorge um das Wohlergehen anderer) ist Folge einer jahrhundertealten Beziehung des **Respekts zwischen Ungleichen**. Der Besucher sollte stets bedenken, daß in Thailand diejenigen Menschen das höchste Ansehen genießen, die ihr Leben dem geistigen und materiellen **Ideal der Überwindung allen Leidens** verschrieben haben. Thai streben nicht danach, die Welt zu gewinnen, wohl aber ihre Seele zu bewahren.

Stellung

Der Zusammenhalt der Thai besteht darin, daß sie so verschieden sind. Das Thai **Statussystem** beruht darauf, daß es dem einzelnen ermöglicht, seine eigene Entwicklung zu verfolgen und zugleich den **sozialen Rahmen für nationale Identität** und Wohlstand zu sichern.

Aufbau der Gesellschaft

Die thailändische Gesellschaft ist auf ganz besondere Weise gegliedert. Dies mag den westlichen Besucher verwirren, der an das simple Ober-, Mittel-, Arbeiterklasse-Schema gewöhnt ist. Die Vielschichtigkeit und Eigenartigkeit des thailändischen Systems offenbart sich, wenn Sie sich der anstrengenden Aufgabe unterziehen, Thai zu lernen. Dann werden Sie gefesselt sein, wie behende ein Thai **Sprach- und Verhaltensmuster** ändert, während er jeweils wechselnd die Rollen des Höher-, Niedriger- und Gleichgestellten einnimmt.

Europäern aus den nicht-englischsprachigen Ländern ist der zwiespältige Gebrauch des englischen *you* vertraut. Jedoch ist in Europa **das herablassende** *du* kaum mehr zu hören, weil es beleidigend wirken kann. Anders in Thailand. Der Thai paßt die Sprache strikt den sozialen Gegebenheiten an. Wir bauen das folgende **Status-Schaubild** für die persönlichen Fürworte *ich* und *du* lediglich auf, um kurz die **Vielschichtigkeit des thailändischen Hierarchiesystems** vorzustellen. Auf diesem Schaubild tauchen allein elf verschiedene Worte für *du/Sie* auf. (Einige Thai empfinden dies als übermäßige Vereinfachung!)

An der **Spitze der Hierarchie** stehen selbstverständlich der König, die königliche Familie und die Mönche (sowie Buddha-Ebenbilder) – sie alle sind *phra* (Exzellenzen). Sie sind »exzellent« in jeder Hinsicht und gelten als moralische Wächter der Thai Welt. Nahezu jeder Thai Haushalt verfügt über Buddha-Ebenbilder, Abbildungen von Mönchen und dem Königspaar. Ohne diese Komponenten bleibt die Welt der Thai unbegreiflich. Ein **individuelles Statussystem** benötigt als Krönung nun einmal eine gemeinhin anerkannte Erhabenheits-Spitze.

Erkennen des Ranges

Wenn Ihr Äußeres nicht getreues Spiegelbild Ihrer Bedeutsamkeit und somit Ihr Status nicht sofort erkenntlich ist, dann dient der täuschend einfache Thai »Smalltalk« dem **Erkunden Ihrer Stellung**. So wird jenseits der Situationen mit »starrem« Status (wie im Restaurant, Geschäft oder Taxi usw., wo der Kunde höheren Status kauft) schon bei der ersten Begegnung so schnell wie möglich das **soziale Beziehungsverhältnis der Beteiligten** ermittelt. Wer die **folgenden sieben Punkte** im Auge behält, dem können sie beim subtilen Stellungs-Ratespiel behilflich sein. Ein Thai wird Sie vermutlich nach diesen Gesichtspunkten beurteilen:

- *Äußeres Erscheinen*
- *Alter*
- *Beruf*
- *Einkommen und Stellung in der Firma*
- *Bildungshintergrund*
- *Familienhintergrund*
- *Soziale Beziehungen*

Die beiden letztgenannten Punkte sind die bedeutsamsten und beeinflussen meist auch Erscheinung, Beruf, Einkommen und Bildung.
Wirklich einflußreiche Thai sind zumeist an ihren **Nachnamen** erkennbar. Da Nachnamen gesetzlich erst in den 1920er Jahren eingeführt wurden (jede Familie mußte einen Namen wählen, der sich von jedem anderen im Königreich unterschied), können Sie – bis auf ein oder zwei Ausnahmen – sicher sein, daß Personen mit gleichem Nachnamen auf die eine oder andere Weise miteinander verwandt sind.

Titel

Hochrangige Familien erhielten in den 1920er Jahren ihre Nachnamen vom König. Und die meisten dieser »Top«-Familien jener Zeit stehen heute noch an der Spitze. Es wäre eine einfache Übung, die »Oberen Hundert« aufzulisten. Aber darauf verzichten wir. Immerhin wollen wir den Besucher darauf hinweisen, daß eine große Zahl einflußreicher Personen Titel trägt: Königs-, Beamten- oder Militärtitel.
Eine überraschend hohe Anzahl von Leuten in Spitzenstellungen verfügt über **königliche Titel**; diese Titel verloren, einer Fünf-Generationen-Regel folgend, an Status und Häufigkeit. Der Besucher sollte jedoch von dieser Regel wissen, da **Visitenkarten** und **Einladungen** unweigerlich die Titel in Abkürzung aufführen und so ein schnelles Erkennen des Status ermöglichen. Diese Titel und ihre Abkürzungen lauten:

- P.O.C. = *Phra ong chao*, Enkelkind eines Königs
- M.C. = *Mom chao*, Kind eines P.O.C.
- M.R. = *Mom rajawong*, Kind eines M.C.
- M.L. = *Mom luang*, Kind oder Frau eines M.R., auch Frau eines M.C.

In der fünften Generation verfällt der Titel. König und Königin, Kronprinz (Kronprinzessin) und Prinzen stehen als Kategorie über diesen Rängen. (Sie verteilen allerdings auch keine Visitenkarten.) Abgesehen von diesen Adelstiteln können Ihnen auch Titel begegnen, die keine königliche Herkunft

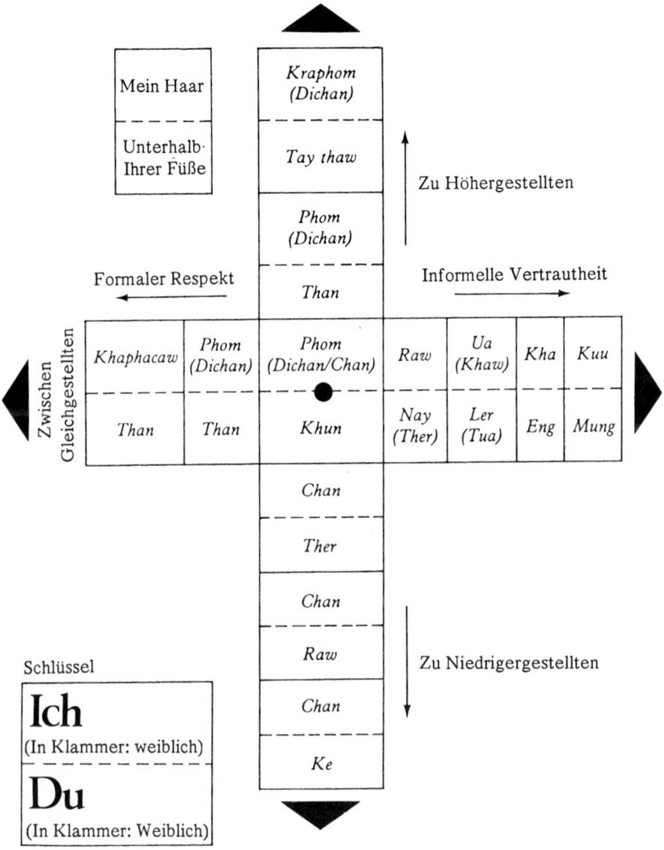

Die vielfältigen Formen der Anrede

bezeugen. Dies sind **Beamtentitel**, die seit 1932 nicht mehr verliehen wurden, bei älteren Mitgliedern der »Gesellschaft« aber noch auftauchen. Dies sind in absteigender Linie:

- *Chao phaya* (Ehefrau: *khun ying*)
- *Phaya*
- *Phra*
- *Luang*
- *Khun* (in Thai anders geschrieben und ausgesprochen als das »du/Herr« bedeutende *khun*).

Trägt eine Person einen Titel, so verwenden Sie diesen anstelle von »Sie«, »er« oder »sie« (»sein« oder »ihr«), wenn Sie zu oder über sie sprechen. Sie können diese Methode auch auf hohe Militärränge anwenden, die in Thailand vermutlich größere Bedeutung genießen als zu Hause, denn häufig kommen die Premierminister und andere *V.I.P.* aus der Kaserne. Diese **Militärtitel** werden auf Visitenkarten stets in annähernd vergleichbare amerikanische Militärränge übersetzt genannt und deshalb hier nicht aufgeführt.

Die eigene Stellung kennen

Sie werden feststellen, daß das ***Wen-kennst-du*-Spiel** beileibe nicht auf die Oberschicht der Thai begrenzt ist. Soziale Kontakte mit namhaften Leuten aufzunehmen, dies ist Ziel aller Mittelschicht-Thai, die sich den Mächtigen ebenso anzudienen versuchen, wie dies in der *Sakdina*-Zeit üblich war.
Völkerkundler haben festgestellt, daß die australischen Ureinwohner, wenn sie sich bei ihren *walkabouts* begegnen, sich zusammenhocken und ihre Familienstammbäume so lange durchforsten, bis sie auf einen gemeinsamen Vorfahren stoßen. Diese Gemeinsamkeit in der Vergangenheit bildet die Grundlage für Zusammenarbeit und Austausch in der Gegenwart. In allen Kulturen finden sich solche Formen der **Zugliederung von Fremden**, vor allem in Asien, besonders in Thailand.
Die meisten Thai sehen den Sinn des Status-Spiels nicht in einer Selbsterhöhung oder sozialem Aufstieg. Es dient im Gegenteil dazu, die **eigene Stellung zu erkennen und entsprechend zu handeln**. Jedoch verlaufen auch Gespräche zwischen Fremden, selbst wenn die Rangverhältnisse klar sind, nach dem Vorbild des Status-Spiels. Der Mann, der Ihr Haar schneidet, das Mädchen, das Ihnen Aspirin verkauft, der Kellner, der Ihnen ein Getränk bringt – sie alle sind niedriger gestellt; sie wissen es, und Sie selbst wissen es auch. Trotzdem stellen sie alle die gleichen persönlichen Fragen. In diesem Fall liegt der Sinn des Gespräches weniger im **Erkunden des Statusverhältnisses** als darin, Ihnen zu **schmeicheln**. Der Fremde, der Thai zu lernen beginnt, wird dieses Verhaltensmuster sehr schnell begreifen, da für ihn zunächst ja jeder ein Fremder ist. Selbst wenn Sie sich noch nicht verständigen können, werden Sie sehr bald Namen, Alter, Familienstand, Beruf, Einkommen, Grund Ihres Aufenthalts in Thailand und den Preis Ihrer neuen Bluejeans in halbwegs korrektem Thai auszudrücken wissen.

Erfolg

Als wir der gemeinen Spezies Thai (also nicht jenen, die am Flughafen in die *V.I.P.-Lounge* geleitet werden) die Frage stellten: »Was ist für Sie Erfolg?«, erhielten wir eine Vielzahl von Antworten:

Auch unter den äußerlich gleichen Mönchen gibt es »gleichere«: Der Ranghöchste geht voran.

- »Wenn ich am Abend noch lebe« (grinsender *Tuk-tuk*-Fahrer).
- »900 Baht Umsatz täglich« (Lotterielos-Verkäufer).
- »Geld, ein Haufen davon« (Ladeninhaber, Büroangestellter, Polizist).
- »Ein Polizist zu sein« (Schuljunge).
- »Viele Freunde zu haben« (Schulmädchen).
- »Einen reichen *farang* heiraten und nach Amerika gehen« (Barkellnerin).
- »Von allem ein bißchen mehr« (Reisbauer).

Die meisten Antworten waren persönlich, subjektiv, bezogen sich auf **Geld**, lagen im **Bereich des Möglichen** und hofften auf **Unmittelbarkeit** und **Glück**.
Für die meisten ist Erfolg eine wunschvolle Hoffnung, die sie von einem auf den anderen Tag hegen. Sehr wenige nur können sich vorstellen, die soziale Stufenleiter hochzusteigen. Und überraschend wenige der Befragten bezogen Erfolg auf das religiöse Leben, obgleich in der Folge nahezu jeder in Mönchen und Mitgliedern der Königsfamilie die verehrungswürdigsten Personen erblickte. Während selbstverständlich nur äußerst wenige Menschen einen Königstitel erwerben können, läßt sich immerhin leicht das Mönchsgelübde ablegen und während der klösterlichen Zeit auf dem Gipfel des sozialen Respekts thronen. Ungefähr fünfzig Prozent (oder mehr) der männlichen Thai werden Mönche, aber die meisten verweilen nur für die Dauer der dreimonatigen buddhistischen Fastenzeit im Kloster. Über der Vielzahl der »gewöhnlichen« Leute steht eine vergleichsweise kleine, jedoch äußerst

wohlgebildete und sehr »erfolgreiche« **Elite**, deren Mitglieder die Chefetagen des Beamten- und Militärapparates besetzen.

Wege zum Erfolg

Der typische hohe Regierungsbeamte stammt aus einer angesehenen Familie. Er erwirbt seinen ersten **akademischen Grad** in einem geisteswissenschaftlichen Fach an der Chulalongkon- oder Thammasat-Universität in Bangkok und legt seinen Master/Diplom in Übersee ab.
Bei seiner Rückkehr nach Thailand widmet er sich zunächst für drei Monate dem **Mönchsdasein**, heiratet mit Bedacht, tritt in den **Regierungsdienst** ein und stellt sich einem »Patron« anheim, oftmals ein Freund der Familie, der seinen Schützling unter die Fittiche nimmt und Gehorsamkeit und Loyalität vergilt, indem er das Aufsteigen des Schützlings innerhalb der Regierungsbürokratie fördert.
Heutzutage kann jedoch nicht ein jeder, der eine gute Ausbildung genossen hat, gewiß sein, eine **Spitzenstellung** in der Regierungsverwaltung zu erhalten. Die Verwaltung ist erkennbar kopflastig, und viele Graduierte bewerben sich auf Anzeigen in der englischsprachigen Presse hin, wo Managerpositionen in großen multinationalen Firmen angeboten werden. Diese Ausschreibungen setzen häufig den Chulalongkon- oder Thammasat- **und** Übersee-Universitätsabschluß voraus, bedingen sich meist erstklassige englische Sprachkenntnisse aus – und erwarten von Bewerbern auf Spitzenpositionen oft auch **gute soziale Kontakte**. Der Grund für diese letzte Qualifikationsanforderung liegt darin: Will ein Thai Manager seiner ausländischen Firma Vorteile verschaffen, so muß sein gesellschaftlicher Status anerkannt sein und er sich innerhalb des traditionellen Thai Verhaltenssystems zu bewegen wissen. Auf diese Weise verstärkt der moderne Thai Manager, auch wenn er bei einer ausländischen Firma angestellt ist, die traditionelle Thai Sozialstruktur.
In der gesamten vertikalen Hierarchie versagen sich alle Thai den **Traum vom Unerreichbaren** und neigen vielmehr dazu, Hoffnungen auf Erfolg zu hegen, die sich von einem Tag auf den anderen erfüllen können (»Koche nur für den heutigen Tag!«). Oder sie halten Erfolg für das Ergebnis ständiger Problemvermeidung, die jedem gefällig entgegenkommt. Aber alle sind sich darin einig, daß Erfolg etwas bedeutet, wovon sie zuwenig besitzen: Geld.

Beeinflussung des Glücks

Die **Philosophie des *karma***, nach der dem Einzelwesen Gutes und Böses als Vergeltung für gute und böse Taten in diesem und vergangenen Leben widerfährt, der **Mangel an wirtschaftlichen Möglichkeiten** und die Neigung der Thai zu eher **augenblicksbezogener Genußsucht** als langfristiger Investition – all dies bildet die sozio-ökonomische Grundlage für die beiden bedeutsamen thailändischen »Industrien« Glücksspiel und Weissagung.

Glücksspiel

In Thailand fällt es schwer, der Versuchung zum Glücksspiel zu widerstehen. An jeder Straßenecke werden Lose der **nationalen Lotterie** angeboten. Jedes Busticket enthält eine Lotterienummer, und selbst den Einzug zum Wehrdienst entscheidet das Glück: ein schwarzes Los = Schwein gehabt; ein rotes Los = ab, marsch marsch.
Sogar die unterbezahlten Arbeiter finden sich von Zeit zu Zeit (meist nach Zahltagen) zusammen, um einige kümmerliche Baht in eine gemeinsame »Bank« einzuzahlen, mit denen sie dann ein Glücksspiel wagen , das einem oder zweien von ihnen anschließend einen kurzen, aber weinseligen »Zug durch die Gemeinde« erlaubt. Sich an solchen Spielen nicht zu beteiligen, dies könnte als unsozial angesehen werden.
Spielen ist für die meisten Leute eine verhältnismäßig billiges Amusement. Es ist eine unterhaltsame Lieblingsbeschäftigung. Und da die Gewinner stets ihre Freunde freihalten, bietet es eine unendliche Folge von **geselligen Zusammenkünften und Spaß**. Einige Formen des Glücksspiels, Raubfisch-Kampf und **Wetten** auf den Ausgang von Runden beim Thai-Boxen, dienen nicht nur der Unterhaltung, sondern erfordern auch hohe Geschicklichkeit und können gar zu aufwendigen Hauptbeschäftigungen werden.
Der durchschnittliche Thai gibt für das Glücksspiel ebensoviel aus wie für religiöse Zwecke, und die zweiten Ausgaben hängen oft unmittelbar mit den ersten zusammen. Manche Leute erwerben *tambun* (indem sie den Mönchen Speisen oder Dinge des täglichen Bedarfs schenken) und bitten dabei einen Mönch, zwei Zahlen zu nennen. Diese Zahlen vergleichen sie vor dem Kauf eines Lotterieloses mit dessen beiden Endziffern. Andere ziehen einen weniger offenkundigen, indes direkteren Bittgang zur Quelle aller Weisheit vor: Dem ruhigen Augenblick beim Vollziehen des *wai phra* (Opfern von Blumen und Räucherstäbchen, Gebet zu Buddha) und der vorgegebenen Rezitation folgt die Bitte um einen bescheidenen Gewinn in der nächsten Lotterie.

Beeinflussung der Zukunft

Die Thai versuchen **Götter und Geister** fortwährend zu bestechen, indem sie deren übermenschlichen Beistand bei Wetten, Prüfungen, Beförderungen, Stellenbewerbungen, Genesung oder Liebeswerben zu belohnen versprechen. Der größere Teil des **Bestechungsgeschenks an die spirituelle Welt** wird jedoch nur im Falle des Erfolgs dargebracht – ganz wie in der materiellen Welt! Allerdings wäre es gefährlich, solche Versprechungen dann nicht einzuhalten.

Um die Gunst der Zaubergöttin buhlen diese Männer chinesischer Herkunft, die die Glut barfüßig durchlaufen (Pattani).

Ein äußerst beliebter »Wallfahrtsort« Bangkoks ist der Elefantengott an der Erawan-Kreuzung. Diesen Schrein bedecken ständig Berge von Blumen. Eine Gruppe von Berufsmusikern und Tänzern in klassischen Kostümen lebt recht gut vom Strom der Menschen, die Gelübde erfüllen, indem sie die Musiker und Tänzer zu Ehren des Gottes mieten.

In nahezu jedem *wat* findet sich ein wahrsagender Mönch. Aber auch viele Laien, Männer wie Frauen, sind **Wahrsager**. Bei manchen beschränkt sich dies auf Karten- und Handlesen, und ihre Entlohnung ist gering. Für andere hingegen kann das Wahrsagen und die Beeinflussung des Schicksals einen sehr einträglichen, obgleich gefährlichen Beruf darstellen.

Um seine echte Verbindung mit der Geisterwelt unter Beweis zu stellen, muß ein *khon song* mehr zeigen, als lediglich in Trance zu fallen. Jene mit dem höchsten Einkommen werden ihre **übersinnlichen Kräfte** von Zeit zu Zeit vorführen, indem sie durch Feuer gehen, ihre Zungen zerschneiden oder Messer und Spieße durch verschiedene Körperteile stoßen. Nachdem das weibliche oder männliche **Geistermedium** sinnfällig bewiesen hat, daß es in der Gunst eines wichtigen Schutzgeistes steht, wird es nicht nur Ihr Schicksal weissagen, sondern gegebenenfalls auch aktiv eingreifen und höhere Verbindungen dazu nutzen, Ihre persönlichen Probleme zu lösen oder Ihre Wünsche zu erfüllen. All dies natürlich gegen eine angemessene Entlohnung.

Das Eingreifen eines Geistermediums oder eines Geisterdoktors in das individuelle Schicksal ist meist spezifisch und kurzfristig. Es sollte immer von einem längerfristigeren Ausgleich des persönlichen *karma* durch **religiöse Verdienste** begleitet werden, dem einzig sicheren Pfad in eine hellere Zukunft.

Zeit

Wenn Sie bei der Einreise eine geschlagene Stunde auf das Stempeln Ihres Passes warten oder für eine Visumsverlängerung einen ganzen Tag bei der Einwanderungsbehörde verbringen (während Sie beobachten, wie müde Hände langsam »stempel-stempel / Rauchpause / stempel-stempel« ein bloßes Dutzend Formulare bearbeiten) oder darauf harren, daß die Sekretärin endlich von ihrer zweistündigen Mittagspause zurückkehrt – dann mögen Sie über die erstaunliche Tatsache nachzudenken beginnen, daß die Thai und die Europäer ein gemeinsames Sprichwort kennen: »Zeit ist Geld.«

Pünktlichkeit

Wenn es (nach Thai Wertvorstellungen) notwendig ist, können die Thai überaus pünktlich sein:
- Sie werden auf die Minute genau zu der Zeit **heiraten**, die der Astrologe als glückverheißend festgelegt hat.
- Sie halten den exakten **Zeitpunkt der Geburt** eines Säuglings fest, um anhand dieser Angaben dessen Zukunft astrologisch vorhersagen lassen zu können.
- Sie können sich auch äußerst schnell (und damit »pünktlich«) **fortbewegen**, wie jeder bestätigen wird, der je mit dem Bus von Bangkok nach Chiangmai gefahren ist.

Meistens ist solche Pünktlichkeit aber unnötig, besonders im ländlichen Leben, wo die Menschen im Morgengrauen aufstehen, um sich auf die Felder zu begeben und dort zu bleiben, bis die Arbeit erledigt ist. Dies mag, abhängig vom saisonalen Arbeitsanfall des Reisbaues, zwei oder zehn Stunden in Anspruch nehmen. Für diese Leute reichen die **traditionellen Zeiteinteilungen der Thai Sprache** vollkommen hin: Morgengrauen, Morgen, Spätmorgen, Mittag, Nachmittag (bis etwa 16 Uhr), früher Abend (16 bis 18 Uhr), Abend (18 bis 21 Uhr), Nacht (21 bis 24 Uhr) und Nachtwache (Mitternacht bis Morgengrauen).
Der **Thai Zeitbegriff** ist weniger strikt in Abschnitte geteilt als in der industrialisierten Welt. Essen, Schlafen, Arbeiten und Spielen gehen ineinander über. Unser »Alles zu seiner Zeit und an seinem Ort« wird in Thailand nur locker in die Tat umgesetzt.

Was soll an welchem Tag getan werden?

Auch wenn »alles zu seiner Zeit und an seinem Ort« nur sehr bedingt gilt, so gibt es doch (oder gab es zumindest, denn solche Bräuche sterben heutzutage aus) Tage, an denen bestimmte Dinge unternommen werden sollten. **Jedem dieser Tage ist eine Farbe zugeordnet** (siehe unten das Schema). Die Tage sind in Thailand, wie auch meist in Europa, nach Planeten benannt. Die Thai verbinden mit jedem dieser Planeten eine Farbe. Und es soll **Glück** bringen, wenn die jeweilige Tagesfarbe in der Kleidung auftaucht. Die modebewußten Damen von Bangkok halten sich jedoch kaum an diese Empfehlung. Und obgleich es unserem Postboten gefiele, hat die Regierung ihre Bediensteten bislang nicht mit sieben Uniformen in den Farben der Wochentage ausgestattet. Zahlreiche Thai **Aberglauben** schreiben vor, was an welchem Tage zu tun oder zu lassen ist. Wir führen hier nur jene auf, die sich auf die gefährliche Unternehmung des Haareschneidens beziehen. Um es zu wiederholen: Kaum jemand hält sich noch an diese Ratschläge. Doch die meisten Friseurläden halten mittwochs geschlossen (siehe unten)!

Tag	Farbe der Kleidung	Haarschnitt an jenem Tag heißt:
Sonntag	Rot	Langes Leben
Montag	Cremefarben	Glück und Gesundheit
Dienstag	Rosa, Lila	Macht
Mittwoch	Grün	Großes Unglück
Donnerstag	Orange	Schutz der Engel
Freitag	Blau	Das Glück umarmt Sie
Samstag	Schwarz	Erfolg bei wichtigen Vorhaben

Kalender

Die Thai wissen durchaus, daß ihre Zeit nicht ganz jener der *farang* entspricht. Dieses Wissen beschränkt sich aber nicht nur auf die Vorstellungen von Pünktlichkeit. Sollten Sie aber eine wichtige Verabredung treffen wollen, so ist es ratsam, – natürlich mit einem Lächeln – zu betonen, daß Sie *nat farang* und nicht *nat thai* meinen.

Die Thai kennen **drei Kalender**: den **Gregorianischen Kalender** (wie im Westen), die **Buddhistische Zeitrechnung** und den **Mondkalender**, der heute allerdings nur mehr der Festsetzung von Terminen für religiöse Zeremonien dient.
Nach dem ursprünglichen siamesischen Brauch wurde der Neujahrstag des Gregorianischen Kalenders (1899 eingeführt) bis zum Jahre 1941 jeweils am 1. April gefeiert. Das **thailändische Neujahr,** das *Songkran*-Fest, wird weiterhin jährlich am 13. April begangen, obgleich der erste Monat des Mondjahres (dessen Beginn *Songkran* sein soll) eigentlich der Dezember ist!
Um die chronologische Verwirrung ohne Mutwilligkeit noch zu vergrößern, fügen wir zaghaft an, daß die Buddhistische Zeitrechnung (: Buddhist Era = B.E.) ein Jahr hinter jenen Indiens, Burmas und Sri Lankas – ebenfalls Kernländern dieser Glaubensrichtung – liegt. Der verwirrte Leser wird aber erleichtert zur Kenntnis nehmen, daß sowohl die B.E. als auch der Gregorianische Kalender (also die einzig offiziell genutzten) am vertrauten Datum 1. Januar beginnen.
Bücher und Artikel (selbst englisch- oder deutschsprachige) geben als Erscheinungsdatum das B.E.-Jahr an. Als Schlüssel für die Umrechnung in unsere westliche Zeitrechnung können Sie sich merken: A.D. 1994 = B.E. 2537.

Geld

Die Thai betrachten sich selbst als ein großzügiges, weitherziges, tolerantes und im Grunde zufriedenes Volk, frei von schnödem weltlichen Streben und unglücklich darüber, **unfreiwillig in harte Konkurrenz** zueinander zu geraten.
Ausländische Besucher neigen in freundlicher Smpathie ebenfalls zu dieser Sichtweise: Ein glückliches Volk, dessen materielle Bescheidung durch **geistigen Reichtum** mehr als ausgeglichen wird. Auch wir stimmen dem gerne zu.
Die Thai sind sicherlich **großzügig** und lieben es, ihre Freunde (und sich selbst) zu verwöhnen. Dieses anscheinend selbstlose Verhalten ist jedoch nicht frei von einem gewissen Eigeninteresse. Es trägt zur Statusbildung bei, schafft einen Umkreis wohlgesonnener Freunde und gewinnt dem einzelnen, der fortwährend freigebig sein kann, einen Ruf, der zu Vertrauensstellungen und Zugang zu Geld führt.
Ein solches Verhalten ist von jenem, das Völkerkundler »sympathische Magie« nennen, nicht sehr entfernt. Bei den Thai finden sich genügend Beispiele. Im April, dem heißesten Monat des Jahres, wenn das Wasser am knappsten ist, wird das kostbare Naß während des ***Songkran*-Festes** in wah-

»Sympathische Magie«:
Im April, dem heißesten und trockensten Monat des Jahres,
verschwenden die Thai während des* Songkran*-Festes hemmungslos Wasser,
um den Regen herbeizuschwören.

ren Orgien von Wasserschlachten vergeudet. Dieses Fest kann sich in ländlichen Gegenden Wochen hinziehen und dient dazu, durch Verschleudern des knappen Wassers Regenfälle herbeizulocken. Ähnlich handeln die Thai oft, wenn es um Geld geht.
Songkran zieht, da es am Ende der Trockenzeit stattfindet, unweigerlich Regen nach sich. **Verschwendungssucht** führt dagegen unglücklicherweise nicht immer zu Wohlstand. Wenn dem so wäre, wären die Thai ein sehr reiches Volk.

Gewalt

Die Thai **hassen Gewalt**, gleich welcher Art, mit Worten, in Gedanken oder wie auch immer. In jedem Fall wird jeder einsichtige und kluge Thai nach

Möglichkeit eine Situation zu vermeiden versuchen, die Gewalt in sich bergen könnte. Und er verhält sich von vornherein so, daß sich derartige Situationen umgehen oder (falls unausweichlich) entschärfen lassen.

»Kühle Herzen«

Im Thai stehen die Worte *jai yen* als Begriff für **Konfliktvermeidung**, wörtlich: »Kühles Herz«. Das Gegenteil davon ist *jai ron*, »heißes Herz«, d.h. offenes Zeigen von Ärger, Mißfallen und Ungeduld. In welcher Lage auch immer: *jai yen* ist gut, *jai ron* ist schlecht. Wer in schwierigen Situationen *jai yen* zeigt, wird bewundert. Wenn Sie die **Beherrschung verlieren**, verlieren Sie auch an Respekt.

Der gesellschaftliche Druck, Konflikten auszuweichen, ist so stark, daß mitunter sogar **offene Ungerechtigkeit und Mißhandlung** äußerlich hingenommen werden. Wenn Sie genau hinhören, vernehmen Sie vielleicht, wie Ihr *Tuk-tuk*-Fahrer, von einem rüden, alle Anstandsregeln mißachtenden Polizisten an den Straßenrand gepfiffen, halb zu sich, halb zu der unvernünftigen Quelle der Gewalt murmelt: *»Jai yen nah, jai yen-yen.«*

Oberflächlichkeit

Krengjai-Haltung und *Jai-yen*-Reaktion bewirken in bester Sicht eine **harmonische Gesellschaft**. Dies mag dem Thailand-Besucher sehr anziehend erscheinen, da sich seine Erfahrungswelt meist auf die Geborgenheit der Erste-Klasse-Hotels und die geistige Erhabenheit der könglichen Tempel beschränkt. Wer lange bleibt, der wird verstehen lernen, daß diese Harmonie oberflächlich ist.

Oberflächlichkeit oder, anders ausgedrückt, **Formhandlungen in der sozialen Beziehung** werden von Thai und Menschen westlicher Länder nicht in ganz gleicher Weise eingeschätzt. Im Westen gilt, daß die »wahre Bedeutung« wohl immer irgendwo unterhalb der Oberfläche zu finden ist. Die Form ist zwar auch Inhalt, aber der Inhalt ist mehr als nur die Form. Diese Erkenntnis hat sicherlich auch in Thailand Geltung. Doch liegt der Unterschied darin, daß die Thai eher dazu neigen, die **Oberflächenrealität** hinzunehmen, ohne nach dem tieferen Sinn zu fragen. Es heißt also wieder: Form ist Inhalt, und Oberflächenharmonie, unabhängig von den wirklichen Beweggründen und Absichten der Beteiligten, ist wirkliche Harmonie.

Äußere Harmonie – Harmonie des Äußeren

Es gibt sehr vernünftige **Gründe für die Wahrung der äußeren Harmonie** und dafür, Konflikten auszuweichen, statt zu versuchen, sie auszutragen.

• Die meisten Thai leben in Dörfern, **in ständigem engen Kontakt** miteinander, der auch zeitweise Zusammenarbeit und Kollektivarbeit einschließt.

• Die **buddhistische Lehre** erhebt den »mittleren Pfad« (die **Vermeidung von Extremen**) und die aggressionsfreie Gelöstheit zur Tugend; Liebe und Haß gelten als die zwei Seiten einer Medaille und mahnen daher zur Vorsicht gegenüber Leidenschaft.
• Nach dem neben dem Buddhismus verbreiteten **Geisterglauben** beleidigt Ärger die Hausgeister und bringt Unglück.
• In einer Dorfgemeinschaft ersetzt der **soziale Anpassungsdruck**, Konflikte zu umgehen, weitgehend das geschriebene Gesetz und die Strafen.
Der letzte Grund erfordert ein wenig Erläuterung, denn man könnte einwenden, daß dieser soziale Druck, wenn auch nicht Gewalt als solche, so doch die Behauptung einschränke, die Thai seien besonders tolerant. Diese Toleranz besteht tatsächlich, aber das **Wohlergehen der Gemeinschaft** überlagert die individuelle Freiheit.

Ärger – Wut – Zorn – Konflikt

Jeder einzelne, der seinen Zorn oder seine Wut offen zeigt, gefährdet die Gemeinschaft. Bei der Erklärung dieses Ursache-Wirkungs-Verhaltens verweisen die Thai auch auf die **Welt der Geister**. Menschliche Wut ruft den Zorn der Geister hervor. Diese Geister verhalten sich dann aber ähnlich wie der Betrunkene, der unter *jai ron* leidet und eine Handgranate in eine Menge unschuldiger Menschen wirft, um so die eine Person zu erwischen, die er zu töten beabsichtigt. Die Geister überhäufen die gesamte Gemeinschaft mit ihrem Mißbehagen, indem sie Überschwemmungen, Dürren, Hungersnöte, Seuchen oder Bandenüberfälle schicken. In der thailändischen Welt sind **Gewalt und Unglück**, ob von der Natur oder dem Menschen verursacht, **Folgen menschlichen Zornes**. In einer bäuerlichen Gemeinschaft ist diese Sichtweise vollkommen logisch. Ärger und Wut stören die Gemeinschaft und beeinträchtigen die Zusammenarbeit bei so wichtigen Unternehmungen wie etwa dem Bau von Bewässerungsanlagen. (Bewässerungsanlagen können Überschwemmungen verhindern und Dürrezeiten überbrücken helfen; sie verringern die Gefahr von Hungersnot, Mangelernährung und Seuchen.) Eine zerstrittene Gemeinschaft kann sich schlechter gegen räuberische Überfälle verteidigen. Der soziale Konfliktvermeidungsdrùck in Einklang mit der Absicht, die Geister zu besänftigen, dient also recht handfesten Aufgaben.
Das anonyme städtische Leben entläßt die Menschen aus vielen dieser Verpflichtungen der öffentlichen Meinung, und neuzeitliche Erklärungen und Lösungen für Mißgeschicke und Unbilden untergraben den **Glauben an die Macht der Geisterwelt**. Und doch, auch wenn Zwietracht und Gewalt heute Teil des täglichen Lebens in jeder Großstadt ausmachen, bleibt das *Jaiyen*-Verhalten und auch der Geisterglauben noch sehr augenscheinlich, sogar inmitten des Infernos von Bangkok. Der Konsens der Dorfgemeinschaft fehlt zwar, aber der **selbstbeherrschte Mensch** verdient sich nach wie vor die Anerkennung seiner Freunde und Arbeitskollegen.

Offen gezeigte Wut erschreckt zunächst und führt dann zu **jai ron**, *dem gefährlichen »heißen Herzen«.*

Selbstbeherrschung

Jai yen verhindert, daß das Pulverfaß Bangkok in die Luft fliegt. Die ruhigen Gesichter in einem Bus, der so vollgepfercht ist, daß die Fahrgäste fast zu den Fenstern hinausgedrückt werden; die geduldige Gruppe unter dem Vordach, die seit einer Stunde auf das Nachlassen des Regens wartet; die Schulmädchen, die in einer Reihe im schmalen Schatten eines Laternenpfahls Schutz vor der sengenden Sonne suchen – *jai yen* bedeutet Selbstbeherrschung des Menschen, eine passive Weigerung, resignieren zu wollen, einen tiefsitzenden Individualismus und Existenzialismus: **menschliche Würde**.
Jai yen ist mit dem französischen *sangfroid* verglichen worden. *Sang-froid* ist aber wohl eher eine Ausnahmereaktion in einer Nation, die dafür bekannt (und vermutlich auch stolz darauf) ist, temperamentvolle Bürger zu haben, die offene, öffentliche Auseinandersetzung häufig als Tugend betrachten. Der französische Musketier könnte sich duellieren, dabei seinen Gegner töten und dennoch *sang-froid* bleiben. Für einen Thai ist Gewalt immer *jai ron*, er kann nicht kämpfen und dabei kaltblütig bleiben.
Wir erkennen in *jai yen* eher das englische *reserve*, eine befleißigte Nichteinmischung, ein **bewußtes Vermeiden des Unangenehmen** oder womöglich Unangenehmen. Beide bedeuten von eigener Hand gezäumte Zügel für **spontanes Verhalten**. Und diese Zügel werden wohl von Zeit zu Zeit einmal reißen. Vielleicht liegt der Hauptunterschied darin, daß das englische

reserve sich zu einer Freundschaft entwickeln kann, während das Thai *jai yen*, das ohnehin in Einklang mit Freundschaft zu sehen ist, sich nur zur Gewalt ausentwickeln kann.

»Heiße Herzen«

Wenn die Maske birst und die Gefühle sich bis zum Siedepunkt erhitzen, dann setzt Gewalt ein. Leider ist kaum vorherzusagen, wann dieser Punkt erreicht wird. Jedes Gefühl hat seinen eigenen Temperaturmesser. Gewöhnlich deuten jedoch einige Hinweise auf **drohende Gewalt** hin, die der Nicht-Thai vielleicht nicht sofort erkennt. Die höfliche Ausdrucksweise wird gröber, bis zum *point of no return*, wenn statt des »du« das für Tiere und Sachen gebräuchliche Fürwort *ke* verwandt wird. Es besteht auch die Möglichkeit, daß jemand zwar sehr *jai ron* fühlt, sich aber noch so beherrscht, daß er *krengklua* (Furcht) verspürt. Dann kann geschehen, daß er seine Wut an einem gerade zur Verfügung stehenden Ersatzwesen oder -gegenstand ausläßt, eine Tür zuschlägt, »zufällig« ein Glas vom Tisch wirft, den Sitz eines geparkten Motorrads aufschlitzt, ein Kind anbrüllt oder einen Hund tritt.

Offene Gewalt ist heute leider häufig. Die Zeitungen wimmeln von Berichten über Ehefrauen, die ihre Männer, und Arbeiter, die ihre Vorgesetzten angegriffen haben. Viele dieser Ereignisse sind **Folge des Durchbrennens innerer Sicherungen** nach einer langen Zeit des Schmorens, dessen sich das Opfer vielleicht völlig unbewußt war. Die Zahl der schlafenden Männern abgehackten Sexualorgane scheint in den vergangenen Jahren erheblich zugenommen zu haben. Noch häufiger, und den durchschnittlichen Besucher wohl auch etwas lebensnaher anmutend, ist der Brauch, einen professionellen Schläger anzuheuern, der für einige Baht einen Hund vergiftet, für wenige hundert Baht jemanden zum Krüppel schlägt und für wenige tausend gar tötet. Die Belastbarkeit von *jai yen* zu kennen, dies ist für jeden Fremden, der einige Zeit in Thailand leben oder sogar arbeiten will, sehr wichtig. Die **Überhitzung der »kühlen Herzen«** wird sicherlich auf die eine oder andere Weise den Zorn der Geisterwelt herabbeschwören.

Kritik

In Thailand wird **Kritik von Angesicht zu Angesicht** als eine Form von Gewaltanwendung betrachtet. Sie verletzt die Menschen und bedroht die Harmonie des Äußeren. Für die Thai ist es völlig ungebührlich, den Frieden zu stören. Offene Kritik findet deshalb sehr selten statt. Man wird sie im Extremfall nur mit der positiven Absicht äußern, eine Konfliktsituation zu lösen. Offene Kritik gilt im besten Fall als **Zeichen schlechter Manieren**, im schlimmsten Fall als **vorsätzliche Kränkung**.

»Konstruktive« Kritik

Im Westen ist es durchaus nicht ungewöhnlich, daß zwei Personen in der Öffentlichkeit geteilte Meinungen vertreten, sich bei einer Arbeitsbesprechung heftig kritisieren, schließlich darauf verständigen, trotz anderer Auffassung Freunde zu bleiben und alsdann zusammen ein Bier trinken. Erwarten Sie nicht, daß Thai sich ebenso verhalten. Thai werden kaum überlegen, ob eine Kritik »fair« oder »unfair« ist. Freunde üben nun einmal gegeneinander keine Gewalt aus. Wenn Sie einen Thai durch **Kritik in der Öffentlichkeit** beleidigen, wird er Ihnen für immer aus dem Weg gehen. Vergessen Sie in Thailand alles, was Sie über konstruktive Kritik gelernt haben. Denn nahezu **jede Kritik ist negativ**.

Es ist also eindeutig, daß Thai und *farang* Kritik anders aufnehmen, daß die Thai im Zweifelsfall der Konfliktvermeidung und die *farang* der Konfliktbereitschaft den Vorzug geben.

Im Westen werden **Meinungsverschiedenheiten** manchmal absichtlich an die Öffentlichkeit getragen. Dies wird sogar als »reinigendes Gewitter« empfunden. Wenn die kritische Opposition fehlt, kann geschehen, daß jemand den *advocatus diaboli* spielt, indem er im Interesse des *Fair Play* die Kehrseite der Medaille aufzeigt. Wurden dann alle Fakten und Standpunkte deutlich gemacht, gilt es die Synthese der gegensätzlichen Auffassungen zu finden oder sich zwischen verschiedenen Alternativen und Varianten zu entscheiden.

In Thailand bestehen selbstverständlich auch Meinungsverschiedenheiten, aber eine kritisierende Äußerung dieser Unterschiede wird sorgfältig vermieden. Die **Aussöhnung widerstreitender Ansichten** ist weniger Folge einer dialektischen Debatte als eines Spiels hinter den Kulissen.

Kritik wird verabscheut und überdies als **sozial destruktiv** erachtet. Der Vorgesetzte soll entscheiden, der Untergebene folgen. **Einen Vorgesetzten kritisieren** heißt das Prinzip in Frage stellen, daß der Vorgesetzte immer recht hat. **Kritik an einem Untergebenen** würde entweder bedeuten, man hielte ihn für entscheidungsunfähig. Oder aber der Vorgesetzte hätte unangemessene Entscheidungen getroffen oder einen Fehler begangen, indem er die Aufgabe einer unfähigen Person anvertraute. Die öffentliche Kritik eines Untergebenen zeigt somit allen Zeugen sowohl das schlechte Betragen des Vorgesetzten wie auch die Unkompetenz der Betroffenen.

Wird ein Vorgesetzter kritisiert, wird er als Reaktion höchstwahrscheinlich **den Urheber der Kritik** ausschalten. Selbst wenn die kritischen Anmerkungen des Untergebenen durchaus vernünftig sind und viel Geld oder gar Leben retten könnten, werden sie vermutlich nicht berücksichtigt. Auch in dem unwahrscheinlichen Fall, daß die Kritik tatsächlich beherzigt wird, verbleibt dem Untergebenen wohl nichts als der Rausschmiß, die Degradierung oder Versetzung.

Der von einem Vorgesetzten kritisierte Untergebene kann nicht den Auslöser seines Unbehagens entfernen, wohl aber sich selbst. Er sucht so schnell wie möglich das Weite. Tut er es nicht, muß er die **Verachtung der Öffentlichkeit hinnehmen**. Und dies bedeutete zugleich privates Ungemach.
Ein Thai kann monatelang vor sich hinbrüten und grollen. Während dieser Zeit mag es sein, daß er Anordnungen seitens des kritisierenden Vorgesetzten nur langsam und bewußt verzögert ausführt oder an Personen weiterleitet, die der Aufgabenstellung nicht gewachsen sind. (»Der Chef meint, Sie sollten das erledigen.«)
Das **Tabu der Kritik von Angesicht zu Angesicht** erstreckt sich nicht auf **versteckte Kritik** hinter dem Rücken des Betroffenen. Eine langanhaltende Klatsch- und Munkelkampagne kann durchaus die Popularität eines Vorgesetzten beeinträchtigen und die Produktivität mindern. Ein solch **passiver Widerstand** ist nur schwer zu brechen, gewiß nicht mit weiteren Dosen des »Heilmittels« Kritik.

Indirekte Kritik

Wie soll sich dann der arme ***Farang*-Manager** in Thailand verhalten? Muß er sich mit Verspätungen und Pfusch abfinden, und darf er keinerlei Klagen erheben, die sich als Kritik an einzelnen Personen auslegen ließen? Wenn möglich, ja. Denn dieses Ertragen könnte sich produktiver bewähren als ein kritisierendes Herausfinden und Herausstellen des Übels. Zumindest sollten Sie erkennen, daß Sie sich in einer **völlig anderen Arbeitssituation** befinden. Der Chef, den seine Angestellten zu Hause in Deutschland als »hart, aber fair« respektieren, würde in Thailand kaum hohe Ergebnisse erzielen. Der erfolgreiche *Farang*-Chef in Thailand ist häufig jener, der sich bei den Arbeitern beliebt macht und **sowenig wie möglich eingreift**. Jedenfalls ist es nicht der Boss, der die Ärmel hochkrempelt und vorführt, wie die Arbeit vonstatten gehen soll. Vielmehr wird jener Chef Erfolge aufweisen, der von der Methode der »weißen Elefanten« lernt und **durch Lob kritisiert**, während er **durch Freundlichkeit straft**.

»Weiße Elefanten«

Weiße Elefanten werden dem König als Zeichen der Ehrerbietung geschenkt. Als **Sinnbilder für nationalen Frieden und Wohlstand** werden sie auf festgeschriebene und aufwendige Weise gehalten.
In der Vergangenheit pflegte der König seine Adligen zu ehren, indem er ihnen die Versorgung weißer Elefanten anvertraute. Die erforderlichen Kosten warfen meist kein Problem auf, denn die so vom Hof huldvoll bedachten Adligen erhielten zugleich eine Landgabe. (Es sei denn, ein wenig begüterter, aber ehrgeiziger adliger »Aufsteiger« hätte damit seine spärlichen Mittel erschöpft gesehen.)

Belehrung und Kritik sollten stets ohne Zeugen, rücksichtsvoll und »lobend« erfolgen – ganz im Gegensatz zu der hier wiedergegebenen Szene.

Einen in Ungnade gefallenen Adligen mußte der Hof nicht ausdrücklich rügen. Die Überantwortung eines weißen Elefanten (ohne begleitendes Landgeschenk) reichte vollkommen hin. Diese »Ehre« konnte der Betreffende nicht abweisen. Der Elefant verrichtete keine Arbeiten und durfte auch nicht verkauft oder weitergegeben werden. Mit Sicherheit strebte der unbotmäßige Adelsmann fortan danach, keine weiteren Ehren diese Art zu erlangen, und mäßigte sein Betragen und seinen Ehrgeiz.
Es wird hier nicht empfohlen, weiße Elefanten zu verschenken, wenn es gilt, das Hausmädchen an seine Pflichten zu erinnern oder die ständigen Exkursionen der Sekretärin in die Kantine zu verringern – aber der Grundsatz der indirekten Kritik behält seinen Wert.

Rücksichtsvolles »Zur-Minna-Machen«

Sich indirekt zu verhalten, **»durch die Blume zu sprechen«**, dies ist nicht gleichbedeutend mit Sarkasmus. Die Thai sind sehr humorvoll, ertragen aber keinen **Sarkasmus.** »Ist Ihr Bus auch heute wieder in zwei Teile gerissen worden?«, diese Frage wird nicht als indirekte Kritik verstanden. Sie hat vermutlich vielmehr zur Folge, daß die Schreibkraft am nächsten Morgen noch später erscheint.
Im Westen wird ein Angestellter, der zu spät zur Arbeit kommt, gleich bei seiner Ankunft »zusammengestaucht«. Die Tatspuren sind noch frisch, die

Bestrafung folgt auf dem Fuß, und dann können sich alle mit neuen Vorsätzen an die Arbeit begeben.
In Thailand wäre es möglich, daß der oder die Angestellte erst nach der Mittagspause (oder gar erst am folgenden Tag) darauf angesprochen wird, indem man zunächst die gute Arbeit lobt – nicht zu gönnerhaft. (»Das ist gut getippt!« reicht aus, um sich beliebt zu machen und respektiert zu werden.) Dem **Lob** könnten einige **persönliche Fragen** folgen, die Ihnen daheim in Wanne-Eickel vielleicht die Antwort einbrächten: »Kümmern Sie sich um Ihren eigenen Kram!«, in Thailand aber den Eindruck erwecken, der Vorgesetzte sei **fürsorglich** um seine Untergebenen bemüht. »Ist zu Hause alles in Ordnung? Ist das Baby wieder wohlauf? Wohnen Sie immer noch am gleichen Ort? Das ist eine lange Anfahrt, nicht wahr?« Und wenn Sie wirklich **mit dem Zaunpfahl winken** müssen – nichts deutlicher oder sarkastischer als: »Wie lange brauchen Sie denn, um zur Arbeit zu kommen?«
Dies sollte genügen. Tut es dies nicht und der Verursacher des Ärgernisses hält an seinem Verhalten fest, dann müssen Sie entscheiden, ob dieses unpassende Betragen tatsächlich den Arbeitsablauf stört. Können Sie dies nicht belegen und wollen nur um des Prinzips der Ordnung willen **Disziplin** gewahrt wissen, dann sind Sie vermutlich in Deutschland besser aufgehoben. Wenn es wirklich einen Grund gibt, weshalb jemand um 7.30 Uhr statt erst um 7.50 Uhr aufkreuzen soll, dann richten Sie es so ein, daß Sie mit der betreffenden Person **unter vier Augen** zusammenkommen. Verhalten Sie sich aber auch dann in **indirekter** Weise.
Müssen Sie sich nun eine Litanei persönlicher Probleme anhören, die keinen Bezug zum aufsässigen Verhalten besitzen und Ihnen als vollkommen erfunden erscheinen, dann hören Sie nichtsdestotrotz **teilnahmsvoll** zu. Denn auch dies ist Teil des in der Beziehung von Vorgesetzten und Untergebenen angemessenen Betragens. (Der Vorgesetzte hingegen spricht seinerseits nicht über persönliche Probleme.)
An einem bestimmten Punkt des ruhigen Plauderns müssen Sie Ihr **Anliegen deutlich machen**. Sinnvoll könnte ein *Farang*-Chef vorgehen, indem er nun erklärt, weshalb es wichtig ist, gewisse Regeln einzuhalten – wenn die Person um 7.30 Uhr nicht eingetroffen ist, können Nit und Noi nicht ins Büro hinein und verpassen Lek und Toy womöglich den Postboten.

»Den Kelch weiterreichen«

Machen Sie deutlich, daß Ihre eigenen Vorgesetzten Sie für das Verhalten Ihrer Angestellten zur Verantwortung ziehen. Und wenn Ihre Sekretärin nicht pünktlich bei der Arbeit erscheint, dann geraten **Sie** in Schwierigkeiten, nicht die Sekretärin. Nit und Noi und Lek und Toy sind ihr nicht so wichtig wie ihr Freund, der sie bis spät in die Nacht vom Schlaf abhält. Aber **alles und jedes ist unwichtiger als das System als solches**. Auch wenn Sie einem Hausmädchen Ihre Unzufriedenheit ausdrücken wollen, können Sie

das System »ins Spiel bringen«. Die *Farang*-Ehefrau teilt dem Mädchen mit, der Herr des Hauses sei mit der Ehefrau, die den Haushalt führt, unzufrieden. Sind Sie Single, haben Sie vermutlich dieses Problem nicht. Aber vielleicht sollten Sie baldmöglichst heiraten, bevor die Haushälterin Ihr Leben in die Hände nimmt. Das Hausmädchen zu heiraten, dies wäre jedoch keine Lösung. Dies haben viele *farang* versucht – um zu bemerken, daß sie eine Ehefrau gewonnen, aber eine Haushälterin verloren haben.
Selbverständliche Voraussetzung für ein wirksames »Kelch-Weiterreichen« ist, daß die indirekt kritisierte Person für den Vorgesetzten Sympathie empfindet. Deshalb ist es immer ein geschickter Schachzug, die Kritik mit dem Lob für gut getane Arbeit zu eröffnen. Wenn Sie nichts Lobenswertes finden können, wird eine Tüte teurer Cremeküchlein bewirken, daß die meisten Leute Sie mögen.

Wie kritisiere ich?

Indirekte Kritik ist eine verfeinerte Kunst und kann nicht von Mal zu Mal nach dem gleichen Schema angewandt werden. Aber die **folgenden Grundregeln** sollten als ungefähre Richtlinie gelten:

- Vermeiden Sie unbedingt eine **Konfrontation vor Zeugen**.
- Suchen Sie die Person **selbst** auf.
- Wählen Sie den **richtigen Zeitpunkt** für das Gespräch, vorzugsweise wenn alles reibungslos verläuft, nie wenn Sie erregt sind.
- **Balancieren Sie Kritik mit Lob aus**, wobei zehn Teile Lob ein Teil Kritik aufwiegen sollten.
- Seien Sie **verblümt und diplomatisch**, bieten Sie Kritik nach Möglichkeit als Vorschlag an.
- Seien Sie immer **nett,** und kaufen Sie Berge von Cremeküchlein für alle.

Die **wichtigste Regel** ist die letzte. Es zahlt sich nahezu ausnahmslos aus, gefällig zu sein statt auf Rechte zu pochen.

Beschwerden – Reklamationen

Wenn Sie eine neue Uhr kaufen und diese nach zwei Tagen in ihre Einzelteile zerfällt; wenn der Installateur die undichte Stelle am Wasserhahn mit einem Ihrer Taschentücher umwickelt; wenn das Auto mit zusätzlichen eintausend Kilometern auf dem Zähler aus der Reparatur kommt – dann sind Beschwerden durchaus angebracht.
Unter solchen Umständen fällt es nicht leicht, **höflich, freundlich und zurückhaltend** zu bleiben. Aber wenn man Sie mag, wird das Problem vielleicht doch behoben oder etwas von der Rechnung abgezogen oder beim nächsten Mal alles in Ordnung sein. Die Fähigkeit, Freundlichkeit zu wah-

ren, hat natürlich ihre Grenzen. Es könnte sein, daß Sie in Thailand Ihre persönlichen Grenzen kennenlernen.

Fragen

So zurückhaltend die Thai kritisieren, so **zurückhaltend stellen sie Fragen**, wenn dabei in irgendeiner Weise Kritik mitschwingen könnte. Da jede in einem Vortragsraum geäußerte Frage andeuten würde, daß entweder die Vorlesung oder Rede nicht vollkommen oder der Fragesteller unfähig war zu verstehen, werden dort allenfalls sehr wenige Fragen geäußert.

Universitätslehrer mögen jede Vorlesung mit der Floskel beschließen: »Noch Unklarheiten?«, ohne je eine Frage zur Antwort zu erhalten. Möglicherweise aber treten diese Fragen einige Tage oder gar Monate nach der Vorlesung zutage. Dies geschieht immer **im privaten Rahmen und auf verschleierte Weise**, die den Eindruck erweckt, der erbarmungswürdige Student sei zu umnebelt, um die klare und brillante Vorlesung zu verstehen. Obwohl *Farang*-Universitätslehrer sich liebend gern über den »Mangel an intellektueller Stimulation« und untereinander über das sture System des Auswendiglernens beschweren, das **jeglichen kritischen Ansatz entmutige** und Originalität bestrafe, genießen sie es doch sämtlich, in Thailand zu arbeiten. Und die meisten genießen es just aus diesem Grund: Die Studenten sind so bequem unkritisch und wohlerzogen.

Ein **guter Lehrer** wird seinen Studenten Zeit und Gelegenheit einräumen, ihn privat aufsuchen und dabei Fragen äußern zu können, die er bei der nächsten Vorlesung ohne direkten Verweis auf den Fragesteller berücksichtigen kann. Innerhalb dieses Rahmens auf diese Weise zu arbeiten, raubt einem Lehrer nicht mehr Zeit als in der Heimat, um im Hörsaal zu beweisen, daß er klüger ist als alle anderen Anwesenden. Gewiß schont diese Arbeitsweise auch die Nerven und ist zudem ungefährlicher – wenn der Lehrer die Antwort auf eine Frage nicht weiß.

Andere Ausländer, die nicht als Dozent oder Lehrer in Thailand arbeiten, werden meist weit besser entlohnt, genießen allerdings ein viel geringeres gesellschaftliches Ansehen (obgleich dieses höher als zu Hause sein dürfte). In Thailand werden Lehrer ab der höheren Lehrstufe mit *ajan* angesprochen, einem Ehrentitel, der auch bei Mönchen angewandt werden kann. Der Begriff *ajan* vibriert geradezu vor Respekt und Ansehen, wenngleich etwas weniger stark als noch vor nicht allzulanger Zeit. Der für **Geschäftsmänner** übliche Titel *nai hang* bringt ebenfalls Respekt zum Ausdruck, kommt *ajan* aber keineswegs gleich.

Den Geschäftsmann entschädigt nur sein Geld dafür, daß Zusammenkünfte, Seminare und Konferenzen, an denen Thai teilnehmen, stets langweilig verlaufen. Alles Interessante und Wichtige scheint ohnehin beim Tee besprochen zu werden, **vor oder nach der formellen Zusammenkunft** beim »Seminar«. Krachende Feuerwerkskörper werden unweigerlich nur von einigen *farang* gezündet, während sich die äußere Anteilnahme der Thai auf ein gelegentliches herzhaftes Gähnen beschränkt.

Anpassung an das Tabu

Für **einen in Thailand arbeitenden *farang*** ist es eine Sache, die Empfindsamkeiten der Thai und das Kritik-Tabu zu verstehen; eine ganz andere ist es, sich dem **anzupassen** (oder wie manche sagen: sich zu »prostituieren«). Man könnte dafür plädieren, daß der *farang* sein Verhalten nicht ändern soll, wurde er doch gerade wegen seiner Fähigkeit zur kritischen Analyse und Handlungsableitung, die die Thai weniger gekonnt beherrschen, für seine Aufgabe ausgewählt.
Einige *farang* verteidigen zäh die Auffassung, die **westliche Berufsauffassung** schließe eine Arbeitsethik ein, die offene Kritik zwingend erfordert. Dies hieße in der Folge, daß die Bedürfnisse von Krankenhauspatienten und Universitätsstudenten Vorrang vor den persönlichen Empfindlichkeiten der Ärzte und Lehrer besitzen. Was soll nun ein *Farang*-Arzt unternehmen, wenn er sieht, wie ein älterer Thai Kollege versehentlich eine tödliche Dosis Arsen verschreibt? Was bleibt einem *Farang*-Dozenten zu tun, wenn er entdeckt, daß ein Universitätsprofessor die Punktevergabe für eine Prüfungsaufgabe seinem Hausmädchen übergibt? Wenn Sie in eine dieser beiden unwahrscheinlichen Lagen geraten, sollten Sie sich zunächst über das **Motiv** klarwerden, das Sie zum **Eingreifen** drängt. Liegt es darin, den Doktor oder Professor zu entwürdigen und sich selbst als überlegen zu erweisen (immerhin ein anerkanntes Spiel in der Welt der *farang*, nicht aber jener der Thai)? Oder liegt es tatsächlich darin, den betroffenen Patienten und Studenten zu helfen? Wenn Sie nach dem ersten Beweggrund handeln, werden die Steigerung Ihres Selbstwertgefühls nur vorübergehend und die langfristigen Folgen für Ihren Werdegang in Thailand hingegen möglicherweise verheerend wirken. Welches Motiv auch immer, **offene Kritik ist der falsche Weg**.

Stilles Eingreifen

Selbst unter den genannten extremen Umständen würde ein Thai vermutlich nach einer Methode suchen, **das Problem zu lösen und dabei zugleich einen Konflikt zu vermeiden**. Es ist höchst unwahrscheinlich, daß der Arzt die bedrohten Patienten ihrem Schicksal überläßt, indem er sich denkt: »Na ja, wird wohl ihr *karma* sein.« Aber er würde versuchen, **im stillen einzugreifen**. Vielleicht würde er die Verschreibung von Arsen zu Aspirin ändern, nachdem der ältere Arzt den Raum verlassen hat, und ihn später fragen, seit wann er nicht mehr im Urlaub war. Oder im Falle der Prüfungspapiere: Ein Thai Dozent wird es vielleicht so einrichten, daß er alle Prüfungspapiere nochmals benotet, nachdem das Hausmädchen des Professors diese Arbeit erledigt hat.

Ist ein solch **unauffälliges Eingreifen** unmöglich, muß eine andere Taktik angewandt werden. Wenn der vorgesetzte Arzt das Arsen ins Glas träufelt und darauf besteht, daß der Patient es mit einem Schluck einnimmt, dann muß der jüngere Arzt, auf dem Sprung, das Leben des Patienten zu retten, womöglich zur **»Selbstverleugnungs-Masche«** greifen, die es dem Vorgesetzten ermöglicht, seine **Entscheidung ohne Gesichtsverlust zu revidieren**. »Entschuldigen Sie, was nimmt der Patient ein? Sagten Sie, Askorbinsäure? Darf ich Sie fragen, wie Askorbinsäure in solchen Fällen wirkt?« Mit etwas Glück wird der ältere Arzt antworten: »Askorbinsäure? Nein, das habe ich nicht gesagt. Das würde überhaupt nicht helfen. Ich meinte Aspirin, aber ich scheine versehentlich die falsche Flasche erwischt zu haben. Schwester, wo ist das Aspirin?« Ein solcher Trick rettet Leben, macht aus Feinden Freunde und fördert Ihre Karriere, indem Sie wie ein harmloser Trottel wirken. In diesem Sinne wäre es natürlich nicht gerade passend, zu bemerken: »Arsen? Wäre Rattengift nicht besser?«

Auch der fehlgeleitete Professor könnte ähnlich umgarnt werden. »Entschuldigen Sie, welche Vorschriften bestehen denn bezüglich des Delegierens der Benotung von Prüfungsarbeiten? Ich bin überlastet und möchte diese Arbeit gern einem Tutor übergeben. Ist das in Ordnung?« Diese Methode ist unzählige Male sicherer und wirkungsvoller, als einen Stoß unzensierter Prüfungsarbeiten dem Hausmädchen des Professors zu schicken.

Arbeit

Das Thai Wort *ngan* heißt beides: **Arbeit und Feiern**. Daraus darf man aber nicht schließen, die Thai könnten nicht zwischen Arbeit und Feiern unterscheiden. Und man sollte auch nicht annehmen, die Thai gingen genauso gern zur Arbeit wie zu einer Party. Es bedeutet vielmehr, daß die Thai gern jede Gelegenheit nutzen, aus der Arbeit ein Fest zu machen.

Im industriellen Bewußtsein gelten Arbeit und Feiern eher als **Widerspruch**, und so mag dieses einzigartige Thai Konzept zunächst irgendwie unbegreiflich erscheinen. Aber die Erklärung des Wortursprungs erhellt das Mysterium. Drei Viertel aller Thai leben und arbeiten im ländlichen Bereich. Dort bilden sich fortwährend Gruppen, verbunden durch Verwandtschaft oder Freundschaft, um schwierige oder das Arbeitsvermögen einer einzelnen Familie überfordernde Aufgaben zu erfüllen. Deshalb bedeutet *tamngan* (Arbeiten) auch wörtlich: sich zu einer Party/Gruppe zusammenschließen.

Zusammenarbeit

Im modernen städtischen Umfeld heißt die Einladung zum *ngan* in das Haus eines Freundes selbstverständlich nicht, daß Sie mit dem Spaten bewaffnet

Drei Viertel der Bevölkerung sind Bauern. »Unsere Rücken zum Himmel, unser Gesicht zur Erde ... so wird es immer sein.« (Bauernspruch)

aufkreuzen, bereit, den Garten umzugraben. Aber es besteht doch immer noch ein Rest des **kollektiven Arbeitsgeistes**. Diese gemeinschaftliche Arbeit wird, wie fast alle Arbeit in Thailand, von Frauen verrichtet. Die Männer sind nicht zu viel mehr zu bewegen, als etwa eine Persenning im Garten aufzuspannen, damit sie im Schatten ihren *Mekhong*-Whisky trinken können, während sie auf das Essen warten, das die Frauen im Haus zubereiten. Allerdings bereitet diese gemeinsame Essenszubereitung den Frauen mehr Spaß als die alltägliche Kochpflicht.

Viele Leute würden natürlich lieber ein Fest ausrichten als Reistriebe umsetzen. Eine solch mühselige Arbeit bereitet wohl nie besondere Freude. Aber wenn sie gemeinschaftlich erledigt wird, ist sie zumindest erträglich. Sicherlich bringt das kollektive Arbeiten wirtschaftlichen Nutzen, doch läßt sich feststellen, daß die Gesamtzahl der sich zusammenfindenden »Kollaborateure« meist größer ist, als zur Bewältigung der Aufgabe erforderlich wäre. Niemand will fehlen. Dies geschieht keineswegs aus purer Selbstlosigkeit, dem Nachbarn helfen zu wollen; jede Arbeitsbelastung wird unter den Familien genau **bemessen und unmittelbar wieder vergolten**. Bei einer solchen Gelegenheit zu fehlen, dies bedeutete schlicht, eine Feier zu versäumen.

Der **kooperative Arbeitsaustausch** schließt ein, daß die gastgebende Familie alle »Gastarbeiter« vor und nach der Arbeit bewirtet. Dabei wechseln die Rollen ständig und täglich wie die Gastgeber. So geschieht es, daß zu bestimmten Jahreszeiten Arbeit und Feiern, wenngleich keine Einheit, so doch nah miteinander verwandt sind.

Während des Arbeitstages sind die Rücken gebeugt, und dennoch findet sich Gelegenheit, die Stärke und Ausdauer einer künftigen Schwiegertochter oder eines Schwiegersohnes zu begutachten. Und wenn sich die Rücken aufrichten und für eine Weile in einem Schattenfleckchen zusammenfinden, dann sind Freunde da, mit denen man plauschen und essen kann.

Motivation

Häufig kommt es vor, daß Leute, die Seite an Seite den Reis umsetzen oder ernten, freundschaftlich darum »konkurrieren«, wer als erster eine Reihe vollendet. Wie bei den Busfahrern in Bangkok, die sich ein Wettrennen liefern, bringen solche Wettstreite **Spaß** in eine ansonsten harte und eintönige Arbeit. Und sie spornen kurzfristig an, hart zuzulangen, während einen einzelnen eher das Verlangen überwältigen würde, unter einem Baum eine Rauchpause einzulegen.

In der Stadt fehlen zumeist diese **traditionellen Leistungsanreize**. Aber die Thai versuchen ihr Bestes, sie auch dort wiederzubeleben. Leistungsstarke Büros und Fabriken sind in der Regel solche, deren Angestellten sich an ihrer Arbeit freuen und ausreichend Möglichkeit haben, sich zu sozialen Anlässen zusammenzufinden. Dem **ausländischen Manager in Thailand**, der zu Hause seine in der Industriegesellschaft aufgewachsenen Arbeiter vielleicht einmal im Jahr mit einem Betriebsausflug und zu Weihnachten mit einem Faß Bier verwöhnt, dem sei ans Herz gelegt, einen etwas höheren Teil der **Betriebskosten für Spaß und Spiel** bereitzustellen.

Thai Angestellte werden selten mit einer Arbeit, die ihnen keinen Spaß bereitet, aus rein ökonomischem Anreiz zufrieden sein. Zum Glück finden sich zahlreiche Anlässe für Parties. Die Rolle des ausländischen Managers beschränkt sich dabei gewöhnlich darauf, sich zurückzulehnen und zu genießen, vielleicht in einer kurzen Ansprache die Arbeit aller zu preisen und die zukünftige Expansion der Firma anzudeuten – und natürlich einen Großteil der Rechnung zu begleichen, wenn die Feier vorüber ist.

Bei jeder Feier zur Eröffnung, Wiedereröffnung, Umzug oder Einweihung eines neuen Gebäudeteils oder einer neuen Zweigstelle müssen neun **Mönche** eingeladen werden, um das neue Unternehmen oder den neuen Ort zu segnen. Dabei werden die Mönche mit Speis' und Trank versorgt, anschließend die Mitarbeiter.

Der ***Kathin*-Ausflug** im November/Dezember kommt unserem Betriebsausflug am nächsten. Zu diesem Anlaß bilden sich an fast allen Arbeitsplätzen, die Thai beschäftigen, nahezu spontan Organisationskomitees. In diesen Komitees finden sich die **natürlichen sozialen Führer** eines jeden Büros oder jeder anderen Arbeitsstelle wieder. Es mag sein, daß der Abteilungsleiter dabei draußen vor der Tür bleibt, die Empfangsdame dagegen ungeahnte Talente entfaltet. Das *Kathin*-Komitee wird einen Bus mieten, von den Angestellten Geld sammeln, neue Roben und andere Geschenke für die

Gemeinsam arbeiten bringt Spaß – und Spaß ist die wichtigste Motivation für Arbeit.

Mönche kaufen (dies ist der ursprüngliche Zweck des *kathin*) und genau darauf achten, daß die Opferbringenden nicht verhungern und verdursten. Und dann beginnt eine wirkliche Lustfahrt. Möglicherweise endet sie bereits an der Pforte des nächsten *wat*, wahrscheinlich aber wird sie eine Überlandfahrt. Die Geschenke werden in einem Tempel übergeben, den die meisten Pilger noch nie in ihrem Leben besucht haben. Solche Reisen und ähnliche Unternehmungen dienen dazu, **Arbeit und Spaß zu verbinden**.

Wenn Arbeit keine Freude mehr bereitet, wird sie nur allzubald zögerlicher verrichtet und manchmal völlig verweigert. Die Thai sind nicht gerade international bekannt für eiserne Disziplin und unversiegbare Energie. Neue Tätigkeiten mögen begeistert in Angriff genommen und alsbald fallengelassen werden, wenn sich **keine schnelle Belohnung** zeigt oder die Arbeit als **zu langweilig** erweist. Im landwirtschaftlichen Bereich mag der soziale Druck der Familie und Nachbarn ausreichen, den einzelnen Arbeitsverdrossenen bis zur nächsten Feier bei der Stange zu halten. In Büros und Fabriken aber kann es diesen Druck nicht in gleichem Maße geben.

Familie

Der städtische Arbeitszusammenhang bringt meistens mit sich, daß Menschen in täglichen Kontakt geraten, die weder verwandtschaftliche noch nachbarschaftliche Bande miteinander verknüpfen. Und doch – es überrascht, wie viele Firmen und Institutionen in Bangkok personell auf Familienbasis bestückt sind. Der an einer Sprachenschule Thai büffelnde Neuling wird häufig entdecken, daß offenbar alle Thai Lehrer miteinander verwandt sind. Derartige »Familienunternehmen« mögen seit langer Zeit äußerst gut funktionieren. Die Lehrer helfen sich aus und genießen so ganz augenscheinlich, was ansonsten tatsächlich ein überaus langweiliger Job wäre: jahrein, jahraus immer wieder, etwa alle fünf Wochen, mit der gleichen Lektion zu beginnen. Und eine angenehme Beziehung zwischen Mitgliedern des Lehrkörpers wirkt sich auf Lehrer wie Schüler vorteilhaft aus.

Abgesehen vom universellen kleinen **Familienbetrieb** und einigen besonderen Ausnahmen finden die im Rahmen der dörflichen Familie entstandenen Strukturen kaum Anwendung auf die Arbeitsorganisation in der Stadt. Sie sind aber bei der **Stellensuche** noch von Bedeutung. Manch ein Dörfler aus dem Nordosten trifft heute in Bangkok ein und fährt, wenn sein Onkel Taxifahrer ist, schon morgen selbst Taxi (auch wenn er seine Fahrgäste nach dem Weg fragen muß).

Familienbeziehungen können die **»Produktivität« fördern** und dem einzelnen (zwar nicht unbedingt den Fahrgästen des Taxifahrers) behilflich sein. Sie können aber auch **Probleme** schaffen.

Vetternwirtschaft

Die Vetternwirtschaft vermag Arbeitsvereinbarungen und die Auswahl von Vertragspartnern zu beeinflussen. Der ausländische Manager steht nicht unter dem sozialen Druck, seinen Verwandten helfen zu müssen (außer, er wäre mit einer Thai verheiratet). Aber er sollte sich bewußt machen, daß der Thai, den er um Rat fragt, möglicherweise **sozial verpflichtet** ist, **persönliche Beziehungen über Produktivitätsinteressen zu stellen**.

Vetternwirtschaft ist nicht notwendigerweise negativ. Man könnte sie auch werten als Versuch, ein wenig von dem **ländlichen Ideal** zu retten, bei dem die wirtschaftlichen und sozialen Beziehungen nicht wie im städtischen Umfeld voneinander getrennt werden.

Modernisierung und Urbanisierung befinden sich in Thailand zwar noch im Aufbau, haben aber doch binnen sehr kurzer Zeit die uralte und gewachsene soziale Ordnung aufgebrochen. Für den Thai ist das Leben, das er überwiegend in Gesellschaft völlig Fremder statt mit vertrauten Familienmitgliedern verbringt, ein widernatürliches und unsicheres Leben.

Ein Verkaufsleiter kann durchaus einen guten und vertrauenswürdigen Assistenten gewinnen, wenn er qualifizierten und erfahreneren Bewerbern absagt und die Stelle seinem Neffen übergibt. Selbst wenn er sehr wohl weiß, daß sein Neffe faul, unintelligent und unfähig ist, wird er doch eine gewisse Verpflichtung verspüren, dessen Bewerbung – vermutlich mit etwas weniger Elan – zu unterstützen.

Wir meinen, daß Vetternwirtschaft in jedem Land mit überwiegend bäuerlicher Wirtschaft eine selbstverständliche Tatsache ist. Und obwohl Manager sich möglicher negativer Folgen bewußt sein müssen, sollten sie sich nicht zu heftig gegen sie wenden, um den **sozialen Frieden in der Firma** nicht zu gefährden.

Mehrfach-Jobs und »Schwarzarbeit«

Während sich Vetternwirtschaft noch als natürliche Erscheinung betrachten ließe und in gewisser Weise für Stabilität und Kontinuität in der Belegschaft sorgen kann, fällt es schwer, Positives in einem anderen verbreiteten städtischen Arbeits(miß)brauch zu erkennen: Mehrfach-Jobs und »Schwarzarbeit«.

Der Regierungsangestellte mit den stets verquollenen Augen arbeitet nachts vielleicht als *Tuk-tuk*-Fahrer. Die Tatsache, daß Ihre Sekretärin weit länger als Sie im Büro ausharrt, muß nicht auf übermäßige Arbeitsbelastung zurückzuführen sein; vielleicht erledigt Sie nebenher einige »private« Schreibarbeiten. Der Werbeleiter, der jeden Donnerstag für zwei Stunden verschwindet, erteilt womöglich dem Thai Chef im Nachbarbüro Englischunterricht.

Der Grund, weshalb so viele Leute so lange, wenn auch nicht gerade hart arbeiten, ist ein sehr einfacher: **Geld**, oder besser, der Mangel daran. Selbst die Wohlhabenden sammeln Jobs. Ihr Motiv liegt wohl eher im Streben nach **Prestige** als (oder sowohl als auch) nach Geld.

1973, kurz bevor er Amt und Würden verlor, hielt Feldmarschall Prapat eine Rede mit dem Motto: »Ein Job ist genug.« In ihr drängte er seine Zuhörer, keine Jobs anzuhäufen und sich darauf zu konzentrieren, eine Arbeit gut zu erledigen. Eine Pressemeldung über diese Rede listete Prapats Titel: Feldmarschall, Stellvertretender Premierminister, Innenminister, Amtierender Generaldirektor der Polizeibehörde, Stellvertretender Oberkommandeur der Streitkräfte, Hauptbefehlshaber des königlich-thailändischen Heeres, Vorsitzender des Direktorats der Bangkok Bank und Vorsitzender des »Hill Tribes Development Committee in the Communist Suppression Operation Command«.

Korruption

Wenige Thai schätzen Bestechung und Korruption, aber nur wenige würden ein Geschenk zurückweisen, das sie für eine kleine Gefälligkeit entschädigt. **Westliche Geschäftsleute** geben ihre Beteiligung an diesem Spiel nur ungern zu. Aber wenn sie sicher sein wollen, daß die Ware heil im Hafen anlangt, reibungslos durch den Zoll kommt und auf das richtige Schiff verladen wird, dann brauchen sie jemanden am richtigen Ort, der ihr Interesse mit einem **Anreiz** vertritt, der über die Grundentscheidung hinausgeht.

Bestechung

Gunnar Myrdal mutmaßt in seinem wirtschaftspolitischen Werk *Asian Drama*, daß von den **multinationalen Gesellschaften** Asiens die japanischen am bereitwilligsten Bestechungsgelder zahlen, um Handels- und Produktionsvorteile gegenüber Mitbewerbern zu erlangen und einen glatten Geschäftsablauf im Alltag zu sichern. Ihnen folgen dicht auf den Fersen die Deutschen, Franzosen und Amerikaner. Vertretungen (ehemals) kommunistischer Länder neigen aus Kostengründen am wenigsten zum »Nachschieben«; sie sind in Thailand (bis auf China) allerdings auch noch kaum tätig.
Großangelegte Bestechung erfordert gewöhnlich einen »Vermittler«. Dieser erfüllt nahezu die gleiche Aufgabe wie die Hochzeits-»Schmuser« in den vergangenen Zeiten der Heiratsvermittlung: Er erspart beiden Seiten Verlegenheit.

Von der Notwendigkeit eines Fürsprechers

Ein **guter Vermittler** kann für den **ausländischen Geschäftsmann** von unschätzbarem Wert sein. Ohne ihn müßte er womöglich viel Zeit und Geld verschwenden, um die Schlüsselperson in einer Regierungsbehörde oder rivalisierenden Agentur ausfindig zu machen. Der erfolgreiche »Zwischenhändler« benötigt ein beeindruckendes **Netzwerk hoher sozialer Kontakte** und wird Sie vertraulich wissen lassen, wann jemand Geld benötigt, um »den Mund zu öffnen«, d.h. sich zu Ihren Gunsten ausspricht und Ihre Interessen aktiv verfolgt.
Es gibt den **professionellen Agenten**, der sich im allgemeinen um die Interessen der Gesellschaft kümmert und eine hochbezahlte »Berater«-Position besetzen kann; oder es kommen **Agenten für spezielle Aufgaben** von Zeit zu Zeit ins Spiel. Ein Angestellter einer Regierungsbehörde kann im Auftrag seines Vorgesetzten auftauchen, um den Ausländer zu informieren, daß zur Ausführung einer Dienstleistung eine bestimmte Summe erforderlich ist. Natürlich weiß niemand mit Gewißheit, ob der untergeordnete Angestellte die Wahrheit spricht, und so wird der Hauptteil des Bestechungsbetrages erst nach erfolgreichem Vollzug der Dienstleistung bezahlt. Ein Agent ist ein **Spekulant**. Erbringt er keine Leistung, geht er leer aus.
Das Geld kommt nicht immer der personellen Spitze einer Organisation zu. Es kann auch einem unteren Mitarbeiter zufließen, der Angebote für einen Auftrag einholt und einem Anbieter wertvolle Hinweise über die Konkurrenz hinterträgt oder ein Angebot in einem besseren Licht erscheinen läßt als die anderen. Im Entscheidungskomitee kann die Fürsprache eines seiner Mitglieder den Ausschlag geben. Überflüssig, sämtliche Mitglieder des Komitees zu bestechen, wenn der eine genügt, dem der Vorsitzende sein Ohr leiht.

Ausländische Firmen und Organisationen nehmen nicht nur aktiv an der Bestechung teil, sie sind auch ihre passiven Opfer. Der ausländische Manager sollte wissen, daß ein Weitervergabe-Kontrakt nicht unbedingt an die leistungsfähigste Firma geht. Um diese negative Möglichkeit einzuschränken, ziehen es manche Firmen vor, die Arbeitsvergabe durch zwei oder mehr Kontrakte aufzuspleißen, um so zumindest zeitweilig eine **leistungsdienliche Konkurrenz** aufrechtzuerhalten. Dies kann aber auch eine gefährliche Entwicklung nehmen. Zwar werden die Firmen untereinander konkurrieren, möglicherweise jedoch weniger durch Leistungsvergleich als **Sabotage des Konkurrenten** mit allen Tricks und Mitteln.

Unsichtbarkeit

Bestechung ist so unsichtbar wie die Geisterwelt. Man weiß, daß es sie gibt, doch in den Jahresbilanzen taucht sie nicht auf. Deshalb ist es natürlich schwierig einzuschätzen, ob Bestechung in Thailand häufiger ist als andernorts. Selbst wenn jedermann weiß, woher das Geld für Bunpops Urlaub in Phuket stammt, so **spricht dennoch niemand darüber**. Bestochen werden heißt im Thai »essen«. Und essen muß jeder.

Geister

Die Einstellung der Thai zu Geistern ähnelt sehr ihrer Einstellung gegenüber Menschen. Einige Geister verdienen Vertrauen und Respekt. Bei anderen ist statt Vertrauen Furcht angebracht.

Zu Hause

Vertrauenswürdige Geister können sogar zu Mitgliedern der Familie werden. Sie werden dann gemeinhin *phi ruan* (Hausgeister) genannt. Im Norden des Landes erkennt man in diesen Geister verschiedene Familienangehörige und widmet ihnen im Haus einen Sonderplatz »zum Leben«, gewöhnlich ein hochgesetztes Bord an einer Innenwand. Auf diesem Bord werden den **Familienahnen** Blumen und Getränke dargebracht. Die Pflicht der Geister wiederum ist es, für das **Wohlergehen der Familie** zu sorgen. Und man bittet sie um Beistand in schwierigen Zeiten, bei Krankheit, anhängigen Rechtsverfahren, Bewerbungsgesprächen usw.

Geisterhäuschen

Während den *phi ruan* in der Zentralebene Thailands ein besonderer Ort im Haus zugewiesen wird, haben einige junge Leute in Bangkok von ihnen

Kein Wolkenkratzer ohne Geisterhäuschen,
die Wohnstatt des* phra phum *(Erdgeistes).

möglicherweise noch nie gehört. In Bangkok und den umliegenden Reisanbaugebieten spielt der *phra phum* (Erdgeist) eine wichtigere Rolle. Der **Erdgeist** wohnt in dem **Geisterhäuschen**, das in einer Ecke des Grundstücks errichtet ist.

Den genauen **Ort und die Zeit der Erstellung eines Geisterhäuschens** bestimmt ein Astrologe. Meist ruht es auf einer Säule aus Holz oder Beton, ausreichend hoch, um Respekt auszudrücken, aber auch niedrig genug, um Opfergaben überreichen zu können.

Geisterhäuschen werden aber auch am Rande unfallträchtiger Straßenstellen oder an Schauplätzen vergangener Verbrechen errichtet. Dies geschieht meist durch Personen, die ein **Gelübde erfüllen**. Und mit der Zeit kann aus der Anhäufung von Geisterhäuschen sogar eine eindrucksvolle »Geisterstadt« entstehen.

Geisterhäuschen ähneln gewöhnlich einem Miniatur-Tempel. Sie gleichen in etwa unseren Vogelhäuschen. Aber kein Vogel würde es wagen, sich dort niederzulassen, weil der *phra phum* dies nicht erlaubt. Eine den *phra phum* darstellende, aus Holz geschnitzte oder aus Ton geformte Figur befindet sich an der Rückwand gegenüber dem Eingang. Bei den Gaben, die der Erdgeist nach Erfüllung eines Wunsches erhält, kann es sich um Elefanten oder Dienern nachgebildete Figuren handeln. Einige moderne *phra phum* schlummern in kleinen Bettchen, und wir wissen von einem, der sogar fernsieht und einen Mercedes fährt.

Gelübde

Der Brauch, ein Gelübde abzulegen und auch einzuhalten, wenn die Bitte erfüllt wurde, findet seinen Ausdruck an vielerlei **Schreinen** Bangkoks. Dies erklärt, weshalb ein Schrein, an dem Sie täglich vorübergehen, plötzlich von Blumen überhäuft ist – jemand hat in der Lotterie gewonnen. Die hübsch geschnitzten kleinen Elefanten, die Sie auf solchen Schreinen erblicken, werden dem Geist überbracht, damit er sich am Donnerstag auf Himmelsreise zu den Göttern begeben kann, um ihren Rat einzuholen. Wenn Sie einen solchen Elefanten entwenden, könnte es geschehen, daß der Geist auf Sie niederfährt und großes Mißgeschick über Sie bringt.

Arten von Geistern

Neben den **Familien- und Erdgeistern** finden wir »rollenspezifische« **Naturgeister**, denen Achtung entgegengebracht wird: Reis-, Wasser-, Baum- und Windgeister. Jeder von diesen besitzt nur eine **spezifische Macht** über die Umwelt, kann also lediglich in seinem Einflußbereich helfen. Deshalb bringt man dem Reisgeist vor dem Pflanzen und der Ernte in der Hoffnung auf guten Ertrag ein Besänftigungsopfer dar. So reichlich diese Gabe auch ausfallen mag, der Reisgeist kann niemals das Haus beschützen. Diese Geister halten sich derart strikt an ihre Arbeitsteilung, daß eine britische Gewerkschaft neidvoll erblassen müßte.

Unglücklicherweise sind viele Bewohner der Geisterwelt weniger berechenbar, weitaus beweglicher und wesentlich gefährlicher. Dies sind die **Geister der Toten**, denen es nicht gelang, wiedergeboren zu werden. Es gibt unter ihnen zwar auch einige gutmütige, aber die meisten sind recht unangenehme Gesellen, die noch lange auf ihre Wiedergeburt warten werden. Einige sind mächtiger als andere, doch sie kennen, anders als die menschliche Welt, keine geregelte Hierarchie.

Das Fehlen der hierarchischen Ordnung erklärt das **unberechenbare Verhalten** dieser Geister. In einem Punkt wiederum ähneln sie den Menschen – **sie lassen sich bestechen**. Es gilt die allgemeine Regel: Je höher die Bestechung, desto größer der Schutz und die Gunst der Geister.

Zu den häufigsten dieser umtriebigen Geister gehören die *phi-tai-tang-klon* (Geister von Frauen, die in der Schwangerschaft starben). Eine dieser finsteren Geisterdamen pflegte die Nebenstraßen der Sukhumvit-Gegend (wo die Ausländer vorzugsweise leben!) heimzusuchen. Sie wurde als *nang nak prakanong* berüchtigt und verursachte vielerlei Ärger, ehe sie in den Mahabut-Tempel gelockt und dort ihre Macht gelähmt wurde. Sie wird hoffentlich noch lange Zeit in dem Tempel bleiben müssen.

Das Vorkommen dieser Geister spiegelt zweifellos eine soziale Tatsache wider: die große Zahl thailändischer Frauen, die **im Kindbett sterben**. In

Bangkok aber ist wohl die moderne Medizin verantwortlich dafür, daß diese *phi* immer seltener auftreten. Und vielleicht ist es bezeichnend, daß sie allmählich von den *phi-tai-hong* verdrängt werden, den Geistern jener Menschen, die eines **gewaltsamen Todes** starben.
Besonders widerwärtig sind die schleckigen Fleischfresser, *phi gaseu* genannt. Diese Vielfraße genießen nichts als Innereien, vorzugsweise jene schwangerer Frauen. Als Beleg für den Spruch: »Wir sind, was wir essen«, nehmen sie die Gestalt körperloser Menschenköpfe an, die, umgeben von einer Aureole, durch den Mondschein treiben und lange Schwänze von Innereien nach sich ziehen.

Gegengeister

Zum Glück gibt es keine Geister ohne »Gegengeister«. Die Schwierigkeit liegt indes darin, diese ausfindig zu machen. Zunächst einmal müssen Sie die **Ursache des Übels** identifizieren, dessentwegen Sie beim Spiel so »badengingen« oder das dem jungen Mädchen nebenan half, Ihrem natürlichen Charme so lange zu widerstehen. Zur gründlichen Diagnose Ihres Problems und als Hilfe bei der Suche nach einem starken **Verbündeten in der Geisterwelt** benötigen Sie den Beistand eines *mo phi* (Geisterdoktors) oder *khon song* (Trancemediums).

Zaubermittel

Geisterdoktoren, Trancemedien und einige Mönche versorgen Sie (gegen eine kleine Aufmerksamkeit) mit einem geeigneten **Amulett** zum Schutz gegen Gefahr und Unglück und als Garantie für Liebe, Glück und Macht. Es gibt **drei Arten solcher Zaubermittel**: *phra khröng*, *khröng-rang* und *khröng-rang pluk-sek*.
Phra khröng sind Anhänger mit dem Ebenbild Buddhas (oder berühmter Mönche). Man trägt sie um den Hals, je mehr davon, um so besser. *Khröng rang* erfüllen eine spezifischere Aufgabe. Sie schützen oder helfen innerhalb eines klar abgegrenzten Einflußbereiches. Die gebräuchlichsten bestehen aus Tigerzähnen, Bruchstücken von Büffelhörnern, Elefantenstoßzähnen oder Eberhauern und Katzenaugen als Imitation von Diamanten. Man hängt sie entweder um den Hals oder trägt sie als Armband. Es gibt allerdings auch Zaubermittel mit eindeutig erkennbarem Aufgabenbereich, wie etwa ein geschnitzter Phallus, die an anderen Stellen angelegt werden.
Khröng-rang pluk-sek sind geheime **Zaubersprüche**. Sie haften üblicherweise im Gedächtnis, können aber auch auf einen Anhänger geschrieben am Körper getragen werden. Bei der Niederschrift werden alte kambodschanische (Khmer) Buchstaben verwendet. Die im Gedächtnis bewahrten Zaubersprüche sind meist sehr zielgerichtet, jeweils ein Spruch als Schutz vor Unfall, räuberischem Unfall, Fürsprache für ein Anliegen usw. Der Trick

Geisterschutz und Beschwörung der Manneskraft können eine gewichtige Angelegenheit sein.

liegt darin, die jeweils angebrachte Formel im Geiste ständig zu wiederholen, um so die gefährliche Macht zu betäuben und selbst ruhiges Blut zu bewahren. Bei einem Überfall jedoch sollte man den Zauberspruch aus voller Lunge brüllten, um die Banditen möglichst zu Tode erstarren zu lassen, obwohl es in diesem Falle vielleicht ratsamer wäre, die Hasenfuß-Methode anzuwenden.

Einige Zaubersprüche finden sich sogar als **Körpertätowierungen** wieder. Sie dienen vielerlei Zwecken. Wenn ein am Blatt eines *Bo*-Baumes pickender Vogel auf die Wange eines Mannes tätowiert ist, garantiert ihm dies Erfolg bei Frauen. Stellt die Tätowierung Hanuman (den Affengott des *Ramayana*) mit den passenden Zaubersprüchen dar, so ist dem Träger große Stärke und Vitalität gewiß.
Wenn ein Mädchen entdeckt, daß es auf unerklärliche Weise von einem Mann angezogen wird und seinen Annäherungen nicht widerstehen kann, könnte sie mutmaßen, er habe ihre Haut mit einem Tropfen magischen Öls benetzt (das meist aus dem Hautfett einer im Kindbett gestorbenen Frau geschmolzen wird!). Will sie ihre Tugend zurückgewinnen, gibt es dafür nur ein sicheres Mittel: eine magische Tätowierung auf den Unterarm.
Ob derartige Maßnahmen tatsächlich wirken und es die Geisterwelt wirklich gibt, dies ist für den Glauben daran selbstverständlich völlig ohne Bedeutung. Der **Glaube an eine von Geistern beseelte Welt** und der Glaube daran, daß geeignete Amulette, Zaubersprüche und Bestechungsmittel helfen, sich die Macht der Geisterwelt in der Bewältigung des täglichen Lebens zunutze zu machen, ist ein wichtiger **Bestandteil der psychischen Welt der Thai** und spiegelt sich unmittelbar im **täglichen Verhalten**.

Wie gehe ich mit den Geistern um?

Die beste **Art und Weise des Umgangs mit unbekannten Gespenstern**, Dämonen und Geistern entspricht genau der, die für den Umgang mit lebenden fremden Menschen gilt:

• Vermeiden Sie tunlichst, Aufmerksamkeit zu erregen, indem Sie prahlen oder etwas tun, was Sie von der Masse abhebt.
• Wenn eine unbekannte dämonische Kraft es auf Sie abgesehen hat, versprechen Sie ihr Gott und die Welt, um sich aus dieser mißlichen Lage zu befreien.
• Wenn Sie entronnen sind, nutzen Sie alle Mittel, diese Kraft zu neutralisieren.

Wenn Sie trotz Ihres bescheidenen Betragens entdecken, daß Ihnen ein Geist im Nacken sitzt, versuchen Sie einen **doppelten Bluff**. Werden Sie nun erst recht **auffällig** und verhalten sich vollkommen **verkehrt**. Baden Sie mit Ihrer Kleidung am Leibe, und legen Sie sie danach ab. Laufen Sie rückwärts. (Werden Sie aber kein »Geisterfahrer«, Anm. d. Üb.) Gehen Sie im Morgengrauen zu Bett, und stehen Sie in der Abenddämmerung auf. Das sollte genügen, die Geister vollkommen zu verwirren (und alle anderen auch).
Diese »Verkehrtherum«-Rituale sind, wohl zum Glück, nur selten erforderlich. Mitunter vollziehen wir sie jedoch unbewußt. Wenn Sie feststellen, daß Sie Ihren linken Fuß ins rechte Hosenbein stecken, Ihr Hemd verkehrt oder

Ihre Unterhose nach außen gewendet anziehen – dann geben Sie acht: Ihre vorindustrielle Psyche könnte in der Dämmerung des Unbewußten Gefahr gewittert haben. Wir beeilen uns, hier anzumerken, daß die Mädchen in den Banken und Büros, die ihre Wolljacken verkehrtherum tragen, sich vor der Klimaanlage schützen, nicht vor hinterhältigen Geistern.
Ein solch seltsames Verhalten (etwa die Kleidung verdreht zu tragen) wird nur als letzte Zuflucht empfohlen. Jedes thailändische Kind weiß, daß der beste Weg, von der Geisterwelt unbehelligt zu bleiben, darin besteht: **Ruhe bewahren** und **Aufruhr vermeiden**.
Die Geister lieben Unruhe. Jeder Riß in der Fassade der äußeren Harmonie zwischen den Menschen birgt das Risiko, unbekannte und möglicherweise gefährliche Kräfte aufzustöbern. **Passivität** ist die beste Technik, sich das Übel vom Leibe zu halten. Lächeln Sie, zeigen Sie Respekt, aber niemals Ihre Gefühle. Wenn Sie jemanden hassen, belegen Sie ihn mit einem Zauberspruch, aber bleiben Sie beherrscht. Gelingt Ihnen dies nicht – geben Sie Fersengeld.

Zeremonien und Feste

Macht ist unmoralisch. Und **zeremonielle Förmlichkeiten** sind es ebenso. Sie sind nur ein weiterer Versuch der Manipulation unbekannter und bekannter Gegebenheiten und Kräfte. Geheimgesellschaften, Pfadfinder, Gangster, Geistermedien, Polizisten, niedliche alte Damen und neugeborene Babies – sie alle befinden sich in Thailand innerhalb eines zeremoniellen Rahmens.

Private und öffentliche Zeremonien

Wenn Sie nach Hause kommen und feststellen, daß Ihr Farbfernseher fehlt und an seiner Stelle Blumen und brennende Räucherstäbchen stehen, dann hat sich der *khamoy* (Dieb) vor seiner Flucht immerhin noch die Zeit genommen, die Hausgeister zu beschwichtigen und somit seinen Rückzug zu sichern. Vielleicht wäre er gar nicht erst ins Haus gelangt, wenn Sie sich bemüht hätten, die Geister bei Laune zu halten. Vielleicht trifft die eigentliche Schuld aber auch den Bauherrn des Hauses, der sich bei der **Einweihungszeremonie** knauserig gezeigt hat.
Abgesehen von der privaten *Khamoy*-Rückzugszeremonie (die in dem Maße ausstirbt, wie die stilvollen Halunken aussterben) finden die meisten der anderen Zeremonien öffentlich statt, entweder auf der Straße oder im Tempel oder an beiden Orten zugleich. Sie sind keineswegs vom Aussterben bedroht, und dafür gibt es mindestens einen sehr guten Grund: **Spaß bei der Sache.**

Als Nicht-Thai sind Sie von den öffentlichen Zeremonien keineswegs ausgesperrt. **Ihre Anwesenheit ist durchaus willkommen**, solange Sie die Grundregeln des Anstands einhalten. Allerdings sind nicht sämtliche Regeln so einfach und einsichtig wie das Gebot, die Schuhe am Tor eines Tempels auszuziehen.

Behagliches Vergnügen, gemütlicher Spaß

Während Sie gerade das Gelände eines ländlichen *wat* erkunden, treffen Sie auf eine Gruppe von Dörflern, die Sie willkommen heißt und nötigt, sich niederzulassen und mit ihnen zu speisen. Flaschen mit Reis-Whisky wandern hin und her. In Blättern handgedrehte Zigaretten werden immer wieder angezündet. Man schwatzt und scherzt, und alle fühlen sich *sabay* (wohlbehaglich) und *sanuk* (heiter). Was wird gefeiert? Eine Hochzeit, ein großer Lotteriegewinn, ein Geburtstag? Wohl kaum, vermutlich ist es ein **Leichenschmaus.**

Wenn Sie nicht gerade aus Irland stammen, könnte es Sie etwas überraschen zu sehen, **wie lustig ein Begräbnis sein kann**. In Thailand bedeutet es immer Spaß und Freude, wenn Menschen sich zum Essen und Trinken zusammenfinden. Dies heißt keinesfalls, daß es an Respekt vor den Toten mangelt. Ehe Sie auftauchten, wurden bereits viele Tränen insgeheim und öffentlich vergossen. Ist aber der Körper verbrannt, befindet sich der Tote auf dem Weg zu einem neuen Leben. War der Verschiedene ein guter Mensch, wird das kommende Leben besser als das vergangene – Grund genug, sich zu freuen und nicht zu grämen. Und wenn der Verstorbene keineswegs ohne Fehl und Tadel war, dann zeugt es nur von guten Manieren, dies bei seiner Einäscherung zu übergehen und sich mit Rücksicht auf seine Familie so zu benehmen, als würde der Verblichene dereinst als Prinz, und nicht als Hundewelpe, wiedergeboren.

Eine nie endende Festlichkeit

Das Leben in Thailand erscheint einem manchmal wie ein nie enden wollendes Fest.

Wir können hier nur die **wesentlichen Festlichkeiten** im Leben berücksichtigen: Geburt, Geschlechtsreife, Mönchsweihe, Hochzeit und Tod. Wir greifen diese **fünf Anlässe aus einer Vielzahl anderer** nicht deshalb heraus, weil bei ihnen ein teilnehmender *farang* besondere Verhaltensweisen zu beachten hat, sondern weil sie uns besonders viel über die Thai vermitteln. Insbesondere zeigen sie anschaulich die Verbindung, die Buddhismus und Animismus (Geisterglaube) in Thailand eingegangen sind.

Einige **Merkmale thailändischer Festzeremonien** sind so einfach und alltäglich, daß sie den Besucher erstaunen müssen. Dazu zählen der geheiligte weiße Faden, die Zahl Drei, die glückverheißende Zeitwahl und Geld.

Auch die würdevollsten Zeremonien müssen Spaß bereiten.
(**Songkran*****-Fest in Chiang Mai, Buddha-Pagoden aus Sand).***

Weißes Fadenarmband

Fesselt man Ihr Handgelenk, rufen Sie erst dann nach der Polizei, wenn Sie sicher sind, daß es sich nicht um eine Willkommensgeste Ihres Gastgebers handelt. Stücke von weißem Faden (genannt *sai sin*) um Handgelenke zu binden (aber nicht verbinden), dies drückt den **Wunsch nach Sicherheit und Gesundheit** des derart Gefesselten aus. Der weiße Faden findet sich bei vielen Festen und wird gewöhnlich zum Kreis geschlossen. Alle Teilnehmer an der die **religiöse Weihe** einleitenden Zeremonie sitzen im Kreis, verbunden durch einen langen Faden, den sie zwischen Daumen und Zeigefingern der beiden zum *wai* erhobenen Hände halten. Bei **Totenfeiern** wird der Faden dreimal im Kreis um das Krematorium geführt. Bei **Hochzeiten** verbindet der Faden die Köpfe des Brautpaares.
Der weiße Faden wirkt als eine Art **spiritueller Telegraph**. Er vermittelt religiöses Verdienst über eine kommunikative Leitung. Der Faden um die Handgelenke bringt positive Energie zurück und schützt vor möglichen Gefahren aus der Geisterwelt.
Das **Verweigern eines angebotenen *sai sin*** käme einer Zurückweisung der Gastfreundschaft gleich. Aber obwohl der Faden bei buddhistischen Zeremonien als geheiligt oder geweiht gilt, wird er bei der Geste des Umwickelns der Handgelenke nur so heiliggehalten wie die guten Sitten. Ein christlicher Missionar erzählte uns, er fühle sich mit einem *sai sin* wie erdrosselt; die

meisten Ausländer sehen gelassener ein Problem lediglich darin, was mit dem Faden zu tun ist, nachdem er angebracht wurde.
Manche *farang* fürchten die Thai zu beleidigen, wenn sie den *Sai-Sin*-Faden abnesteln; sie warten bis zum Sanktnimmerleinstag darauf, daß er von allein abfällt. Einem unserer Bekannten, einem Engländer, wurde im Nordosten des Landes (wo dieser Brauch besonders verbreitet ist) vor seiner Heimfahrt ein *sai sin* umgeknotet. Da er die Thai liebt und die Geister fürchtet, wartete er in England zwei Jahre, bis der Faden immer fadenscheiniger wurde und schließlich in natürlicher Auflösung abfiel. Bis dahin wurde er im Pub merkwürdig beäugt.
Sicher ist es recht ungehobelt, den *sai sin* vor den Augen der Person abzureißen, die ihn soeben liebevoll angebracht hat. Aber es spricht nichts dagegen, dies **nach Verlassen Ihrer Gastgeber** zu tun (d.h. wenn Sie daheim angelangt sind, um hinsichtlich der Geister kein Risiko einzugehen). Noch besser ist es, den Faden drei Tage oder länger zu tragen.

Zeitwahl

Für viele Zeremonien und Feste ist die Zeitwahl sehr maßgeblich. Alle, der König und die Regierung eingeschlossen, suchen den Rat von **Astrologen**, ehe sie hohe Feierlichkeiten begehen und wichtige Entscheidungen in Kraft setzen.
Bedeutsame Vorhaben, etwa das Aufstellen eines Geisterhäuschens, Grundsteinlegung oder Errichten des Dachgebälks eines Hauses, gewagte Unternehmen wie eine Expedition zum Töten eines Drachens oder eine Hochzeit – all dies bedingt den Besuch bei einem Berufsastrologen oder dem nachbarlichen Amateurwahrsager, um die **günstige Zeit für das Ereignis** bestimmen zu lassen (meist sehr früh am Morgen). Wenn Ihr Thai Freund Sie einlädt, zwischen 6.19 Uhr und 6.27 Uhr morgens zu seiner Hochzeit zu kommen, dann meint er dies auch. Dies ist einer der Anlässe, bei denen **genaue Zeitangaben wirklich verbindlich** sind.

Geld

Geld spricht für sich selbst. Es tritt bei thailändischen Festlichkeiten häufig offen in Erscheinung. Manchmal besitzt es nur **symbolische Bedeutung**, des öfteren aber dient es unverblümt dazu, **Status und Macht des Gastgebers** zur Schau zu stellen. Der Pomp der Feste hängt vom Wohlstand seiner Veranstalter ab. Doch selbst die Allerärmsten versuchen bei bestimmten Lebensabschnitten ein zeremonielles Fest auf die Beine zu stellen. Geld kommt bei derartigen Anlässen nach **festgelegten Regeln der Wechselseitigkeit** ins Spiel.
Geld wird gewöhnlich in nicht gekennzeichneten Umschlägen von Hand zu Hand gereicht. Sie werden **ungeöffnet übergeben**, und doch wird immer

Pietät, Augenschmaus, Festschmaus und Spaß sind die wichtigsten Bestandteile von Zeremonien und Festen.

irgendwie festgestellt, wer wieviel gegeben hat. Dies ist notwendig für den umgekehrten Fall, wenn die Gastgeber von heute die Gäste von morgen sind. Der **ausländische Besucher** steht selbstverständlich außerhalb dieses Regelkreises. Keine Bange, man wird Sie nichtsdestoweniger verköstigen. Machen Sie niemals den unkultivierten Vorschlag, für Ihr Essen bezahlen zu wollen. Aber Sie könnten vielleicht bei religiösen Festen, die den Gastgeber womöglich teuer zu stehen kommen, an eine Art »sofortiger Wechselvergütung« denken. Diese Lösung wäre akzeptabel. Zählen Sie das Geld nicht ab, überreichen Sie eine glatte Summe zwischen 20 und 100 Baht (oder mehr, wenn der Gastgeber ein guter Freund ist). Übergeben Sie den Betrag mit oder ohne Kuvert direkt dem Gastgeber mit der Bemerkung, *tambun* (religiöses Verdienst) erwerben zu wollen. So ist er es, der Ihnen eine **Gunst gewährt**, indem er das Geld annimmt. Dies entspricht weitgehend der **Psychologie des Schenkens** (von Lebensmitteln) an die Mönche bei ihrem morgendlichen Almosenrundgang. Es ist mitnichten so, daß die Mönche betteln oder Wohltätigkeit empfangen. Vielmehr bieten sie den Laien **Gelegenheit zum *tambun***, und deshalb sind es die Laien, die ihre Dankbarkeit mit einem *wai* ausdrücken.
Eines der auffälligsten Beispiele für das **Zurschaustellen von Geld** ist der **Geldbaum**, der zur Darbietung in einen Tempel gebracht wird. Er besteht aus einem aus Reisig gefertigten Bäumchen, an das Geldscheine als Blätter geheftet sind. Die Familie (oder führenden Mitglieder einer Organisation) tragen den Geldbaum durch die Straßen, wobei Tänzer und Trommler jeder-

mann auf dieses Ereignis aufmerksam machen. Wenn Sie auf der Straße von tanzenden finsteren Gesellen angehalten werden, deren Gesichter weiß bemalt sind und die einander Whiskyflaschen zureichen, dann sollten Sie ein oder zwei Geldscheine für den Geldbaum springen lassen.
Solch öffentliche Darstellung »finanzieller Frömmigkeit« wird auf dem religiösen Verdienstkonto der Beteiligten verbucht und erhöht zugleich den weltlichen Rang. Geld zu besitzen, Geld zu zeigen und Geld zu verschenken, dies sind wichtige **Statusmerkmale**.
Für einige Besucher steht der augenscheinliche und allgegenwärtige Einsatz von Geld in Widerspruch zu der romantischen Vorstellung, die sie gern vom Leben der Thai hegen möchten. Natürlich leidet der Charme süß duftender Blumengirlanden, wenn sie protzig mit einer 100-Baht-Note verziert sind. Aber ohne Geld gäbe es keine zeremonielle Feier, weder Speis' noch Trank noch Spaß. Feste, und die damit verbundene **soziale Wechselseitigkeit**, erhalten die thailändische Gemeinschaft. Geld muß die sozialen Beziehungen nicht zerstören, es kann auch helfen, sie aufrechtzuerhalten. **Geld ist neutral**. Aber je mehr davon, desto besser.

Geburt

Der **genaue Zeitpunkt der Geburt** dient in Thailand als Schlüssel für das **Wahrsagen der Zukunft**. Das *karma* des vergangenen Lebens bestimmt, wann genau, in welcher bestimmten Lage und an welchem besonderen Ort das Einzelwesen wiedergeboren wird. Aus diesem Grunde wird der Zeitpunkt der Geburt so genau wie möglich vermerkt und dreißig Tage später zur ersten von vielen folgenden Weissagungen benutzt.

»Eine Seele machen«

Bald nach der Geburt steht das Baby im Mittelpunkt der *Tam-kuan-sam-van*-Zeremonie. Dieser Name bedeutet wörtlich: »Nach drei Tagen eine Seele machen.« Es ist die erste von zahlreichen ***Tam-kuan*-Zeremonien**, denen sich der Mensch bei wichtigen Lebensabschnitten, oder wenn er sich krank oder bedrückt fühlt, unterzieht. Bei späteren Anlässen wird er zum »Seele machen/erhalten« einen buddhistischen Mönch aufsuchen. Bei dieser **ersten Zeremonie** hingegen spielen Mönche keine Rolle, denn sie ist ganz und gar **animistisch** geprägt.
Hinter dieser Zeremonie verbirgt sich die Vorstellung, Kinder würden von einem Geist in den Mutterleib gezaubert. Nun läßt sich rätseln, wie viele Thai heute noch daran glauben. Schließlich befinden wir uns im Zeitalter der **Familienplanungskampagnen**, zu denen solch wundervolle Thai-ismen gehören wie Mönche, die Stapel von Kondomen segnen, Kampagnenmitar-

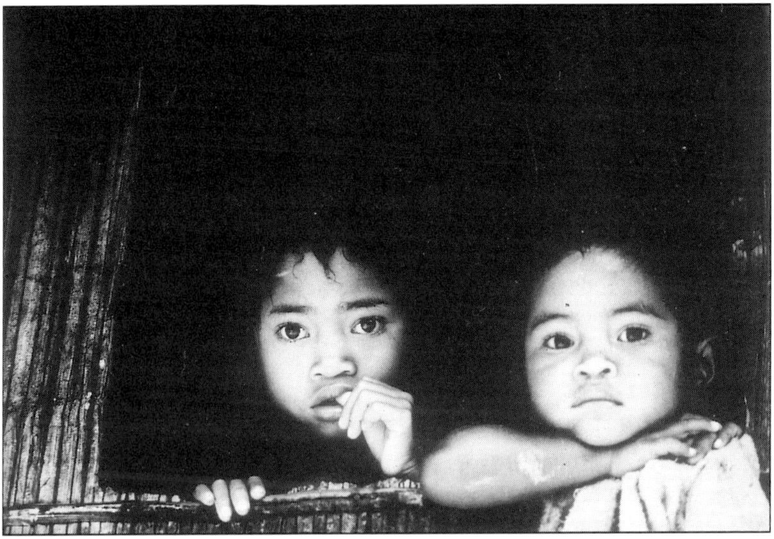

Um soziale Not zu lindern und zu verhindern, muß die Geburtenrate gesenkt werden. Thailand gilt als »Musterschüler« in Bevölkerungsplanung.

beiter, die Visitenkarten verteilen, auf denen die heilige buddhistische Textstelle »Viele Geburten schaffen Leiden« vermerkt und ein leuchtfarbenes Präservativ angeheftet ist – oder der Werbeslogan: »Ersetzen Sie Ihre nächste Schwangerschaft durch ein Schwein!« Dieser ist mitunter auf ein Landschwein geschrieben zu finden (darauf anspielend, daß in manchen Landesteilen Geburtenplanung ausübenden Familien ein Ferkel geschenkt wird). Ein junges Mädchen, das dem erzürnten Vater weismachen will, das Baby in ihrem Leib sei der Zaubertat eines Geistes zuzuschreiben, wird heutzutage wohl so lange Keile beziehen, bis sie den Namen des »Geistes« preisgibt. Aber auch wenn die Thai in den Dörfern der »unbefleckten Empfängnis« sehr skeptisch gegenüberstehen, so wollen sie doch nicht riskieren, den Zorn der »Geister-Mutter« auf sich zu ziehen, indem sie vergessen, die ***Tam-kuan*-Zeremonie** abzuhalten.Das drei Tage alte Kind wird auf eine weidengeflochtene Kornschwinge gelegt und sanft hin- und hergewiegt. Dies symbolisiert das Trennen von Spreu und Weizen, des Guten vom Bösen. Dabei wird die »Geister-Mutter« belehrt: »Drei-Tag-Kind: Geisterkind, Vier-Tag-Kind: Menschenkind. Wessen Kind dies ist, der komme, es zu holen.« Ein altes Weib (niemals die Mutter) »kauft« dann das Kind, indem es dem Geist eine Münze anbietet. Wenn nun später der Geist versuchen sollte, »sein« Kind zurückzuholen, so kennt er nur die falsche »Mutter«. (Manchmal kann man die Geister sehr leicht austricksen, besonders wenn viel Geld im Spiel ist.) Heute weniger üblich, aber in der Vergangenheit sehr häufig, wurde dem Kind im folgenden Monat eine Kerze über das Bett gestellt.

Tabus

Schwangere Frauen in Thailand werden traditionell von zahlreichen Tabus eingeengt. So dürfen sie unter anderem nicht fischen, Chili essen, lügen, Kranke besuchen oder an Begräbnissen teilnehmen. **Zuwiderhandlung** könnte die Gesundheit des Kindes gefährden. Obgleich nur sehr wenige Schwangere einer Bestattung beiwohnen würden, so sind doch die meisten (zumindest in Bangkok) recht froh, Chili-Verbot als »dummen Aberglauben« abtun zu können. Und nur noch sehr wenige Mütter fesseln sich nach der Geburt an einen heißen Ofen, was man früher zwischen dem 7. und 21. Tag nach der Niederkunft von ihnen erwartete.

Erster Haarschnitt

Wenn ein Kind den ersten Monat überlebt, geben die Eltern für Freunde und Verwandte ein Fest, bei dem das Baby seinen ersten Haarschnitt erhält. Diese Zeremonie nennt sich *Tam-kuan-duan* (wörtlich: »Seele machen nach einem Monat«). Wie das erste *Tam-kuan* soll auch diese Zeremonie das **Neugeborene vor bösen Geistern bewahren**. Hier geht es um jene, die sich gerne im Haar einnisten. Mehr in die **Öffentlichkeit** gewandt als die »Drei-Tage«-Zeremonie, wird nun der Welt verkündet, daß das Baby geboren wurde, die gefährlichste Zeit seines Lebens überstanden hat und bereit ist, in die buddhistische Gemeinde eingeführt zu werden.

Die Zahl »Drei«

Die **magische Zahl Drei** spielt bei beiden Zeremonien eine Schlüsselrolle. Die erste Zeremonie findet drei Tage nach der Geburt statt, die zweite dreißig Tage später. 3 x 3 = 9 Mönche werden bei der 30-Tage-Feier zum Sprechgesang (Rezitation aus den heiligen Schriften) eingeladen. Das Wort *gau* bedeutet ausgesprochen (nicht geschrieben) sowohl die Zahl Neun wie auch »voranschreiten« und ist deshalb anläßlich von Geburtstagen besonders beliebt.

Geburtstage

Die Thai betrachten **jedes zwölfte Lebensjahr** als besonders bedeutsam und heben jeden dieser Geburtstage hervor, indem sie zu Hause eine besondere Feier veranstalten, zu der auch Mönche geladen werden. Bei diesen Anlässen erwecken **Geldgeschenke** an das Geburtstagskind vornehmlich Freude, wenn der Betrag 9 oder 99 (oder gar 999) Baht ausmacht. Am wichtigsten ist der **sechzigste Geburtstag**, der auch oft den Rückzug aus dem Berufsleben einläutet.

Die Thai laden zum Geburtstag gern **Gäste** in ihr Haus ein. Möglicherweise erwähnen sie nicht den Anlaß der Feier, daher ist es ratsam, sich zuvor bei anderen Gästen zu erkundigen. Man erwartet **keine besonderen Geschenke**, jederlei Aufmerksamkeit ist angemessen. Blumen und Früchte kann der Gast bei jedem Anlaß mitbringen. Thai Frauen helfen häufig der Gastgeberin bei der Essenszubereitung; von der Ausländerin erwartet man dies nicht, aber sie könnte ohne Scheu selbstgemachte oder gekaufte Backwaren mitbringen.

Namensgebung

In Thailand erhält das Kind seinen Namen von den Eltern, die zuvor häufig einen Mönch oder eine geschätzte ältere Person bitten, bei der Namenssuche behilflich zu sein. Dieser **Vorname** besteht meist aus zwei oder mehr Silben und wird bei allen offiziellen/amtlichen Angelegenheiten verwendet. Neben diesem »wahren« Namen besitzen alle Thai einen **Spitznamen**, der mit Sicherheit aus nur einer Silbe besteht und zumeist mehr oder minder niedliche Winzlinge wie »Frosch«, »Schwein«, »Ratte« oder »Dickerchen« bezeichnet.

Der **Gebrauch des Spitznamens** ist mit der Absicht verbunden, die Aufmerksamkeit der Geister abzulenken. Während der ersten dreißig Lebenstage könnte die Nennung des richtigen Namens das Interesse der Geister auf das Baby richten und schlimme Folgen nach sich ziehen. Heute ist es üblich, daß die Thai ihren **Spitznamen ihr Leben lang beibehalten**. Viele kennen nicht einmal den tatsächlichen Namen ihrer Freunde und würden auch nie daran denken, ihn zu erfragen.

Beleidigende Komplimente

Neben der Verwendung von Spitznamen, die in wörtlicher Übersetzung alles andere als schmeichelhaft klingen, ist es Sitte, **über Babies absichtlich in abwertender Weise zu sprechen**. Dies entspringt dem Glauben, die Geister würden vom Schönen angezogen. Wie auch immer moderne Thai dazu stehen mögen, oft genug hört man noch eine Mutter der anderen »schmeicheln«, wie *na kliat* (häßlich) ihr Baby sei.

Die **Kunst beleidigender Komplimente** schwindet bei der Übersetzung. Sollten Sie die natürliche Neigung verspüren, Eltern zu ihrem hübschen Baby zu beglückwünschen, und diese auch Ihre Sprache verstehen, dann bleiben Sie ruhig bei der (beschönigenden) Wahrheit. Rufen Sie sich aber diese Thai Sitte in Erinnerung – spätestens wenn Ihnen jemand zu Ihrem neugeborenen häßlichen Grottenolm gratuliert.

Und vielleicht sollten Sie sich, wenn Sie kein perfektes Thai beherrschen, dieser Besonderheit der thailändischen Kultur nicht allzu beflissen anpassen. Vermutlich wird Ihnen das Kompliment »Ach du Schreck, was haben

Sie denn da für ein gräßliches kleines Monster« kaum Sympathie einbringen, vor allem dann, wenn die Eltern zehn Jahre in Harvard oder an der Sorbonne studiert haben.

Pubertät

Vermutlich werden Sie beim gelegentlichen Anblick von Thai Kindern, deren Kopf bis auf eine Haarknoten-Insel vollständig geschoren ist, verwundert reagieren. Diese Kinder warten auf die ***Khon-chak*-Zeremonie**, das »Stirnzopfschneiden«. Bei dieser Feier stutzt ein **brahmanischer Priester** ihren Stirnzopf, und buddhistische Mönche segnen das Kind. Danach sind Verwandte und Freunde zum *Kon-chak*-Fest eingeladen.
Diese Zeremonie kündigt die Pubertät an und findet entweder im elften oder dreizehnten Lebensjahr statt, niemals im zwölften. Dies wird gewöhnlich damit erklärt, daß ungerade im Gegensatz zu geraden Zahlen Glück verheißen. Als nicht unglückvoll gilt hingegen die Lebensjahrzahl Zwölf. Wie bereits angedeutet, vollendet sich dann der erste **Zwölf-Jahres-Zyklus**, und dies ist Grund zum Feiern.
Möglicherweise hängt das Tabu, diese Zeremonie im zwölften Lebensjahr zu vollziehen, damit zusammen, daß der Zwölf-Jahres-Zyklus aus China eingeführt wurde, die *Kon-chak*-Zeremonie jedoch, wie die meisten der Thai Zeremonien, **hinduistisch-indischen Ursprung** besitzt. (Einige »Brahmanen-Priester« leiten ihre Herkunft Jahrhunderte zurück, sind aber Thai, nicht Inder. Ihnen verbleibt eine Rolle im königlichen Hofstaat, doch einen Gutteil ihrer Aufgaben führen heute bei populären Zeremonien buddhistische Mönchen aus.)
Die *Kon-chak*-Feier ist heutzutage weniger verbreitet als in der Vergangenheit. Viele Eltern erinnern sich erst dann wieder dieser Zeremonie, wenn ihr Kind zum Beispiel außergewöhnlich häufig erkrankt und ein Geistermedium rät, diese Zeremonie durchzuführen. Immerhin ist sie noch so populär, daß zu der unter Schirmherrschaft des Königs stehenden **Zeremonie für die Armen** große Kinderscharen eilen, um sich von einem Brahmanen des königlichen Hofstaates die Stirnlocke in ritueller Weise scheren zu lassen.

Religiöse Weihe

Der **Eintritt in den buddhistischen Mönchsorden** gilt häufig als festlicher Anlaß, da dabei die **Pforte zur erwachsenen Welt der Verantwortlichkeit** durchschritten wird. Die meisten Thai Männer »treten in den Mönchsstand« (*bhuat phra*) an einem bestimmten Zeitpunkt ihres Lebens, vornehmlich

Zu Beginn der Pubertät wird dem Jungen mit dem rasierten Hinterkopf in der* Kon-chak-*Zeremonie der Stirnschopf abgeschnitten.

kurz vor der Heirat. Viele leben nur für kurze Zeit als Mönch, manchmal nur wenige Tage, die Mehrzahl jedoch für die Dauer der *phansa*, der dreimonatigen **buddhistischen Fastenzeit**, die mit der Regenzeit zusammenfällt. Aus diesem Grunde finden die meisten Mönchsweihen im Juli statt, kurz vor *khao phansa*, dem Beginn der Fastenzeit.

Eignung

Um die **Mönchsweihe** empfangen zu können, muß ein Mann mindestens zwanzig Jahre alt, körperlich gefestigt und frei von ansteckenden Krankheiten sein; er darf weder seine Eltern noch einen Mönch getötet haben, muß die Erlaubnis seiner Eltern besitzen und von familiären und anderen wirtschaftlichen Verpflichtungen frei sein. Diesen **traditionellen Voraussetzungen** wurde in neuerer Zeit hinzugefügt: eine mindestens vierjährige Schulbildung.

Beweggrund

Der Beweggrund, in den **Mönchsstand** zu treten, ist der gleiche wie in alten Zeiten: Streben nach tieferer Einsicht in die buddhistische Lehre durch Studium, Selbstentäußerung und Meditation, Fortschreiten auf dem Pfad zur Erleuchtung (= Überwindung allen Leidens), den Eltern religiöses Verdienst bescheren.

Frauen

Da Frauen eine privilegierte religiöse Rolle wie jene der Mönche verwehrt ist, versuchen sie häufig, ihre Söhne oder Ehemänner zum Mönchsdasein zu bewegen. Die thailändischen Frauen betrachten diese **»sexistische Diskriminierung«** nicht als eine solche; vielmehr scheinen viele ihre »natürliche Fehlausstattung« wettmachen zu wollen, indem sie möglichst viele religiöse Verdienste anzuhäufen trachten. Ohne Zweifel ist die übergroße Mehrheit derer, die den Mönchen beim morgendlichen Almosenrundgang Nahrung spendet, weiblichen Geschlechts.

Nonnen

Frauen lassen sich, wenn sie Nonne werden, den Kopf rasieren, tragen weiße Roben und erhalten die Genehmigung, im Geviert der Nonnen auf dem Gelände eines *wat* zu leben. Auch sie werden von den weltlichen Gläubigen mit Nahrung versorgt, aber **sie machen keinen Almosenrundgang**. Sie werden unmittelbar mit Speisen, Dingen des täglichen Bedarfs und Geld versorgt, die weltliche Besucher des Tempels spenden. Ihre **täglichen Pflichten** ähneln stark denen der Mönche und bestehen vornehmlich darin, zu studieren, meditieren und den Laien Ratschläge zu erteilen.
Obwohl man auch von ihnen ein reines und zölibatäres Leben erwartet, sind die Nonnen ihren Gelübden weniger streng verpflichtet als die Mönche. Auch üben sie **bei religiösen Ritualen keine Funktionen** aus. Während der Zeremonien sitzen sie beim Publikum, nicht bei den Mönchen. Manche junge Mädchen werden nur für eine bestimmte Anzahl von Tagen Nonne, um ein Gelübde zu erfüllen, das sie während einer Krankheit abgelegt haben, oder sich geistig und sozial von den Folgen böser Taten und gegenwärtigem Unglück zu befreien. Diese **Nonnen »auf Zeit«** rasieren ihren Kopf nicht.
Auch die Nonnen müssen sich an das **weltliche Tabu** halten, niemals einen Mönch oder sein Gewand zu berühren oder ihm unmittelbar etwas zu überreichen. Den Nonnen hingegen darf der weibliche oder männliche Besucher Gaben direkt aushändigen.

Mönchsgelübde

Ehe ein Mann in den Mönchsstand tritt, muß er die lange Bitte um Weihe auswendig lernen, die er in der indischen Sprache Pali, der Sprache der heiligen Schriften, vorzutragen hat. Er sollte sich weiterhin in den tieferen Sinn der **227 Verhaltensregeln für Mönche** versenken. Die **wichtigsten** sind die Einhaltung des Zölibatsgelübdes, die Ächtung des Tötens und der nach der Mittagsstunde einsetzende Verzicht auf Nahrungsaufnahme. Des weiteren darf ein Mönch sich nicht der Magie verschwören und keine Drogen neh-

Mönchszeremonie im Wat Suan Mok, Surat Thani.

men. Meint ein Mönch seinen Gelübden nicht länger treu bleiben zu können, kann er den Abt bitten, ihn davon zu entbinden. In diesem Falle wird er wieder zum Laien.

Die Zeremonie *Sukhwan Nak*

Die Mönchsweihe ist die am stärksten buddhistisch geprägte aller religiösen Riten. Ihr geht eine **Laienzeremonie** (*sukhwan nak*) voraus, die den Novizen vor der Macht böser Geister schützen soll. Der Novize muß besonders vor Gefahren auf der Hut sein, wenn sein Kopf bereits geschoren ist und er sich also bereits von anderen Männern unterscheidet, er sich aber noch nicht in der Sicherheit der klösterlichen Ordnung wiegen kann. In dieser **Übergangszeit** nennt man ihn *nak* (wörtlich: Drachen) in Erinnerung an den buddhistischen Mythos des Drachen, der ein Mönch werden wollte. Diese Bezeichnung verweist auf die **Zwitternatur des Kandidaten**, der weder Laie noch Mönch ist. Vielleicht soll sie, so wie die Spitznamen, auch dazu dienen, die Geister zu verwirren, die es sich gewiß zweimal überlegen, ob sie einen Drachen angreifen.

Die Zeremonie *sukhwan nak* findet entweder im Hause des Novizen oder der *sala* (Gemeindehalle) des *wat* statt. Fällt sie sehr langwierig und aufwendig aus (wie immer beim Sohn eines *phu yai*), dann erfolgt sie am Vorabend der Weihe. Andernfalls kann sie der Weihezeremonie vorausgehen und wird manchmal sogar ausgelassen. Haare und Augenbrauen des »Drachen« werden rasiert als **Sinnbild für die Entsagung von Eitelkeit und Geschlecht-**

lichkeit. Dann wird er in weiße Gewänder gekleidet und steht im Mittelpunkt einer ausgiebigen Zeremonie, an der Mönche, mögen sie auch anwesend sein, nicht beteiligt sind. *Sukhwan nak* wird von einem **professionellen Zeremonienmeister** geleitet, der, Schmerz und Leiden der gebärenden Mutter in Erinnerung rufend, zusammen mit seinen Gehilfen bis zu vier Stunden lang singt und dann darauf hinweist, wie bedeutsam die **Erfüllung der Sohnespflichten** ist.
Gegen Ende der Zeremonie sitzen alle Verwandten und Freunde im Kreis, halten den **schützenden weißen Faden** und reichen schließlich drei Halter mit je drei brennenden Kerzen im Uhrzeigersinn herum. Dieser Vorgang wird *vientien* genannt. (Eine andere ***Vientien*-Zeremonie** findet zu Anlässen wie Buddhas Geburtstag im Mai und *khao phansa* im Juli statt. Dabei werden die Kerzen nicht weitergereicht, sondern dreimal um das Äußere des *bot*, dem Allerheiligsten des Tempels, getragen.)
Gewöhnlich spenden die Gäste auch **Geld**, das sie entweder an Blumengirlanden befestigt um den Nacken des *nak* oder in eine dafür vorgesehene Schale legen.

Mönchsweihe

Am folgenden Morgen wird der *nak* auf Schultern unter weitspannigen Schirmen sitzend in einer farbenprächtigen Prozession zum *bot* getragen. Nach dreimaligem Umschreiten des *bot* wirft der *nak* Münzen in die Luft. Diese Handlung symbolisiert den **Verzicht auf materielle Freuden** (eine entsagungsvolle Geste, heiß und innig erwartet von kleinen Jungen, die sich um das Geld balgen). Schließlich trägt man den *nak* über die Schwelle in den *bot*.
Immer noch weiß gekleidet, läßt sich nun der *nak* auf die Knie nieder, um sich vor seinem Vater zu verneigen, der ihm die **safrangelbe Mönchsrobe** überreicht und zum Abt geleitet. Dieser erwartet ihn im Beisein von mindestens vier (meist jedoch weit mehr) anderen Mönchen. Sie sitzen auf einer erhöhten Plattform vor dem Hauptebenbild des Buddha. Nach drei Verneigungen vor dem Abt bittet der Novize um Zulassung zur Weihe. Der Abt hält die Hand des *nak*, rezitiert einen heiligen Text über die Vergänglichkeit des menschlichen Körpers und windet eine gelbe Schärpe um seinen Leib als Zeichen, daß der Antrag angenommen ist.
Der *nak* wird dann den Blicken entzogen und von den zwei Mönchen, die seine Einweisung überwachen werden, in die safrangelbe Robe gekleidet. Danach bittet er, ihm die **zehn Grundgelübde der Novizen** zu nennen, und wiederholt jedes einzelne.
In der Vergangenheit war es üblich, vor der Vollordination mehrere Jahre als Novize zu verbringen. Heute erfüllt eine mindestens vierjährige Schulbildung den gleichen Zweck, und beide Zeremonien folgen dicht aufeinander.

Die besonders farbenprächtige Mönchsordination von Mae Hong Son.

Der Vater des Kandidaten überreicht nun dem Abt die **Almosenschüssel** und andere Geschenke. Dieser streift die Trageschlinge der Schüssel über den Kopf des Novizen auf dessen Schulter. Der Kandidat steht nun im Angesicht Buddhas und beantwortet Fragen, die vergewissern sollen, daß er den Grundbedingungen für den Eintritt ins Mönchsleben entsprechen wird. Die zwei »Lehrmönche« bitten nun die anderen Mönche um Aufnahme des neuen Mitglieds und einen Sermon, der das einem Mönch gebührende Verhalten beschreibt.
Die Zeremonie klingt aus, wenn alle Mönche zum religiösen Gesang anheben und der neue Mönch Wasser aus einem Silbergefäß in eine Schale gießt. Damit bringt er zum Ausdruck, daß er all seine durch das Mönchstum erworbenen Verdienste auf die **Eltern** überträgt. Diese wiederum vollziehen das gleiche Ritual, um einiges Verdienst an ihre **Ahnen** weiterzuleiten (die sich natürlich irgendwo lebend aufhalten und aus dieser Handlung Nutzen ziehen). So verkörpert die wichtigste Feier im Leben eines Thai Mannes die Stärkung seiner **Selbstfindung als Buddhist**, die Abnabelung von seiner

Familie und das **Erlangen der Erwachsenenreife**. Zugleich verstärkt sie aber auch die Beziehungen zwischen den Generationen und betont die Bedeutung von Familie und Gemeinschaft.

Heirat

Partnerwahl

Es kennzeichnet vielleicht das unabhängige Wesen der Thai, daß die oder der einzelne bei der **Partnerwahl nicht allzusehr von außen beeinflußt** wird. (Zwar geht der gesamtasiatische Trend dahin, doch nur wenige Jugendliche in Asien genießen dabei soviel Freiheit wie die Thai.) Dennoch versuchen selbstverständlich die Eltern, in dieser oder jener Weise Einfluß auf die Partnerwahl ihrer Kinder zu nehmen. Dies scheint vornehmlich bei wohlhabenden und einflußreichen Familien der Fall. Aber auch in Dörfern finden die meisten Vermählungen eher zwischen Mitgliedern von Familien statt, die **ähnlichen wirtschaftlichen und sozialen Status** besitzen. Es bestehen keine ethnischen oder religiösen Beschränkungen; **Mischehen** sind daher verbreitet, vor allem zwischen Thai Frauen und *Farang*-Männern.

Verschiedene Heiratsformen

Hochzeitszeremonien in Thailand können sehr aufwendig oder auch gar nicht vonnöten sein. Ein Paar kann schlicht deshalb als Ehefrau und Ehemann gelten, weil es zusammenlebt und gemeinsame Kinder hat. So können Paare ohne jeglichen zeremoniellen Zinnober »stufenweise heiraten« (und sich ebenso leicht nach und nach scheiden lassen!). Doch die meisten Eltern ziehen es vor, ihre Kinder zumindest in irgendeiner zeremoniellen Form zu vermählen. Und in den oberen Rängen des Gesellschaftstheaters sind kostspielige und aufwendige Hochzeitsfeiern selbstverständlich.

Die Thai sind gesetzlich verpflichtet, Heiraten beim Gemeindeamt eintragen zu lassen. Doch bestehen keine Unterlassungsstrafen, weshalb viele Paare auf diesen Schritt verzichten. Laut **Gesetz** ist es nur erlaubt, jeweils mit einer Person zur gleichen Zeit verheiratet zu sein – was einen wohlbetuchten Thai nicht daran hindern muß, mehrere *mia noi* (Nebenfrauen) zu haben. Eine *mia noi* besitzt keine gesetzlich verankerten Ansprüche, ihre Kinder werden jedoch vom Gesetz als »rechtmäßig« anerkannt.

Auch die **Scheidung** ist leicht zu vollziehen und erfordert lediglich, daß beide Seiten beim Gemeindeamt eine Erklärung der wechselseitigen Übereinkunft unterzeichnen. Strebt nur eine Seite die Scheidung an, ist der Nachweis der Untreue oder Nichtzahlung von Unterhalt (ein Jahr lang) zu erbrin-

Hochzeit wie in alter Zeit. Das Brautpaar wird durch zwei Schlingen von* sai monkon *miteinander verbunden.

gen. Die Scheidungsquote, inoffiziell oder offiziell, hält jedem Vergleich stand. Und der Scheidung folgt gewöhnlich die Wiederverheiratung.

Hochzeitszeremonie

Hochzeitszeremonien und -feste finden üblicherweise, falls überhaupt, nur bei der ersten Verheiratung statt. Die beiden Familien einigen sich im voraus über die Kosten. Der **Hochzeitstag** beginnt damit, daß das Paar am frühen Morgen die Mönche verköstigt und ihren Segen empfängt. In vergangenen Zeiten folgte stets, heute jedoch seltener, eine »Prozession der Geschenke« vom Haus des Bräutigams zu jenem der Braut. Bei der **Trauung** kniet das Paar Seite an Seite, der Bräutigam rechts von der Braut. Zu einem von einem Astrologen oder Mönch auserwählten Zeitpunkt verbindet man ihre Häupter durch zwei Schlingen von *sai monkon* (weißem Faden) miteinander. Dies vollzieht ein würdiger Alter, der auch Weihwasser über die Hände des Paares träufelt. Das Wasser tropft von den Händen in Schalen mit kunstvoll gesteckten Blumen. Darauf segnen die Gäste das Brautpaar, indem sie in gleicher Weise Wasser gießen.

Bei einer Hochzeitsfeier können Mönche zugegen sein. Doch im Grunde ist die thailändische Zeremonie **nicht religiös**; auch werden **keine Gelübde** abgelegt, die »bis daß der Tod uns scheidet« Liebe und Fürsorge (und schon gar nicht Gehorsam!) versprechen. Vielleicht ist in diesem Zusammenhang bezeichnend, daß der ansonsten alle in einem Kreis vereinende weiße Faden

bei der Hochzeitszeremonie aus zwei unabhängigen, miteinander verbundenen Kreisen besteht: Die Schicksale sind verknüpft, aber die **individuelle Identität bleibt gewahrt**.
Die grundlegende Zeremonie kennt viele verschiedene Ausprägungen. Gewiß sind Trauungen heutzutage weit weniger zeitraubend und aufwendig als in der Vergangenheit. Immerhin findet in manchen ländlichen Gegenden, wenn ein altes und vorbildliches Ehepaar das »Brautbett richtet«, die **»magische Sympathie«** noch Anwendung.
Dieser Vorgang ist halb Ritual, halb Posse. Er verlangt, daß sich die munteren Alten vor den Frischvermählten auf das Hochzeitslager betten und Andeutungen plappern wie: »Dieses Bett scheint sehr glücksschwanger zu sein. Wer darin schläft, wird gewiß viele Kinder bekommen und sehr reich werden ...«
Das alte Pärchen gibt schließlich das Bett frei und hinterläßt zahlreiche **Fruchtbarkeits- und Wohlstandssymbole**, darunter einen Kater, Reissäckchen, Sesamsamen, Münzen, einen Mörserstößel aus Stein und eine Schüssel mit Regenwasser. Die Jungvermählten sollten dann ihr Bett drei Tage mit diesen »Betthupferln« teilen (ausgenommen den Kater). Dies erklärt wahrscheinlich, weshalb Brautpaare, die es sich leisten können, heutzutage nach der Hochzeitsfeier lieber zu Flitterwochen in Phuket aufbrechen.

Das Unausweichliche

Wenn Ihnen daran liegt, in diesem so wundervollen und wunderlichen Land noch ein Weilchen zu bleiben, und Sie sogar etwas Thai lernen, dann werden Sie sich an die Erkundigung gewöhnen müssen: **»Schon verheiratet oder noch nicht?«** So und nicht anders lautet stets diese unvermeidliche Frage. Sie entgehen ihr mit Gewißheit nicht, bestenfalls räumt man Ihnen eine kurze Schonfrist ein.
Sind Sie unverheiratet, gibt es nur eine Antwort: »Noch nicht.« Das Thai bietet keine andere Möglichkeit der Antwort, selbst wenn Sie ganz und gar homosexuell sind. Mit der Zeit wirkt das wiederholte »Noch nicht!« indes ein wenig fadenscheinig, besonders wenn Sie bereits 39 Jahre zählen. Zu guter Letzt beugen Sie sich dem **moralischen Willen und Anspruch der Mehrheit** und tauschen die Ringe mit einer Thai oder einem Thai. Dennoch wird man Sie weiterhin fragen: »Schon verheiratet oder noch nicht?« Aber dann können Sie, ganz menschheitsverantwortlich, stolz und vernehmlich verkünden: »Schon verheiratet!« Ihr Stolz wird jedoch nur bis zur Nachfrage währen: **»Schon Kinder oder noch nicht?«** Und wenn Sie tatsächlich drei kleine Kinder haben, die auf Ihnen herumturnen, während Sie in der Frauenklinik auf die Ankunft des vierten warten, wird der Kumpel neben Ihnen forschen: »Wie heißen? Wie alt?« und schließlich: »Schon verheiratet oder noch nicht?«

Tod

Von allen feierlich begangenen Lebensabschnitten ist die Zeremonie des *ngan sop* (**Verbrennungszeremonie**) die wichtigste. Die Bestattungsriten kennzeichnen nicht nur das Lebensende, sondern auch den **Reisebeginn zur Wiedergeburt**. Tod wird als Übergang gewertet, ein natürlicher und notwendiger Teil des Lebens.

Wiedergeburt

Wenn ein Mensch ernsthaft erkrankt, werden ihm seine Freunde und Verwandten helfen, sich Buddha und seinen Lehren zuzuwenden. So wird das Sterben begleitet von **psychischem Tros**t, weil der Geist auf die Wiedergeburt vorbereitet ist.

Der Glaube an die Wiedergeburt ist für die Lebensanschauung und Religion der Thai wichtig. Denn sie verspricht, daß die körperliche Fortdauer des Einzelwesens abhängt von dem Ausgleich all seiner guten und schlechten Taten (*karma*) und der Lebenskurs (im jetzigen und nächsten Leben) durch religiöses Verdienst (*tambun*) beeinflußt werden kann. Weil diese **»Überfahrt-Rituale«** von einem Leben zum anderen so bedeutsam sind, werden sie so **aufwendig zelebriert**, wie die Verwandten und Freunde des Verstorbenen es sich nur leisten können.

Die Vorbereitung des Leichnams auf seine Reise

Ist ein Mensch verstorben, wird sein Leichnam von Familienmitgliedern gebadet, parfümiert, in frische Gewänder gehüllt und auf eine Matte gebettet. Dann segnen Verwandte und Freunde die verschiedene Seele, indem sie Wasser über die rechte Hand des Toten gießen.

Eine l-Baht-Münze wird dem Toten als Fährgeld über den »Styx« in den Mund gelegt. Seine Hände faltet man zu einem *wai* und verbindet sie mit **weißem Faden**. Zwischen den Handflächen befinden sich zwei Blumen, zwei Kerzen und eine Banknote. Auch die Fußknöchel verbindet ein weißer Faden. Mund und Augen sind mit Wachs versiegelt. Der Leichnam ruht in einem Sarg, dessen Kopfende gen Westen gerichtet ist, der Abendsonne und dem Tod entgegen.

Am Kopfende des Sarges brennt eine Lampe, damit die Seele ihren **Weg nach Westen** findet. Daneben ruhen persönliche Gebrauchsgegenstände des Verstorbenen, unter anderem Schlafmatte, Decke, Teller, Kleidung, Messer (zum Gebrauch im Purgatorium) sowie Speisen.

Die Trauergäste helfen der Familie beim Ausrichten der Begräbnisfeier und erwerben Verdienst, indem sie der Familie einen kleinen Geldschein über-

geben. Oft befestigt man diese Scheine an Bambusstöcken und steckt diese gehißten Flaggen ähnlich in die Seiten des Sarges.
Während der **drei auf den Tod folgenden Tage** erhalten die beteiligten Mönche ihr Morgenmahl von der Familie des Verschiedenen und halten im Hause die rituellen Gesänge ab. In kleinen Dörfern, in denen sich nur ein oder zwei Mönche aufhalten, sendet man Boten in die Nachbardörfer, um andere Mönche zur Teilnahme an der Bestattung einzuladen. Die **Teilnahme der Mönche** ist von hoher Bedeutung.

Die Bestattung

Der Sarg wird mit dem Fußende voran aus dem Haus getragen. In auf Stelzen ragenden Bauernhäusern kehrt man den auf der Veranda stehenden Trinkwasserkrug auf den Kopf und dreht die Steigleiter des Hauses um – eine **symbolische Negation der Welt der Lebenden**, um die Geister von der Rückkehr abzuhalten.
Die sich zum Krematorium begebende **Bestattungsprozession** führen Familienmitglieder an, die ein Bild des Verstorbenen tragen und ein Zunderkästchen zum Entfachen des Scheiterhaufens sowie ein Tongefäß für die Asche. Hinter ihnen schreiten die Mönche, den heiligen weißen Faden haltend, der am Boden des Sarges befestigt ist. Ihnen folgen die Männer des Dorfes und diesen die Frauen. Man verstreut Reis, der die vielen Geister befrieden soll, die von Bestattungsaktivitäten stets angezogen werden.
Nach der Ankunft im *wat* trägt man den Sarg dreimal um das **Krematorium** (das in der Vergangenheit ein offener Scheiterhaufen war und in abgelegenen ländlichen Gebieten heute noch ist). Der üblicherweise im Uhrzeigersinn kreisende **symbolische Rundgang** wird bei diesem Anlaß verkehrt, im Sinne der symbolischen Negation, die die Bestattungsprozession einläutete. Dann gießen zwei Mönche Kokosnußmilch auf das Gesicht des Toten. Dem folgt eine lange Schlange von Verwandten und Nachbarn, die den Toten segnen, indem sie parfürmiertes Wasser über den Leichnam sprengen.
Die Mönche singen das *suadnitcha*, das von der **Unentgänglichkeit des Leidens und Todes** erzählt, wenn der ehrwürdigste Mönch das weiße (den Tod symbolisierende) Tuch vom Sarg entfernt. Dann wird der Sarg im Krematorium oder auf dem Scheiterhaufen aufgebahrt, bis schließlich die Flammen den Körper verzehren.
Ein **Bestattungsfest** findet gewöhnlich im *wat* statt. Dabei ist jeder willkommen. Die Gäste vermeiden helle Farben; Verwandte tragen schwarz und weiß, die Farben der Trauer. Und dennoch ist dieses Fest **keine traurige Angelegenheit**.
Am ersten und den beiden folgenden Abenden besuchen Mönche das Haus des Verstorbenen, um mit der *suad paritta monkhon* den Toten zu segnen und die Lebenden zu schützen. Den feierlichen Gesängen folgen die Feiern, die allen Besuchern offenstehen. Dabei wird gegessen, getrunken und

gespielt – alles mit der unmittelbaren Absicht, die Familienmitglieder des Verschiedenen zu beglücken. Es besteht kein Grund zur Traurigkeit. Der Verblichene reist auf dem großen Rad von Tod und Wiedergeburt zur letzten Daseinsform: dem **Zustand des vollkommenen Friedens**.

3
Überwindung des KULTURSCHOCKS

Fern der Heimat ...

Kultur ist ...

Kultur ist nur **eine besondere Art, gewöhnliche Dinge zu tun**. Alle Menschen an jedem Ort essen, sprechen, spielen, arbeiten und denken. Aber nicht alle Menschen essen das Gleiche in gleicher Weise, sprechen die gleiche Sprache, spielen die gleichen Spiele, verrichten die gleiche Arbeit oder hängen den gleichen Gedanken nach. Alle Menschen haben Freunde, einen Platz zum Leben, Werkzeuge, Kleidung, sogar Waffen. Aber nicht alle Menschen definieren Familie gleich eng oder weit, leben an vergleichbaren Wohnorten ...
Die menschliche Gesellschaft ist in zahlreiche Kulturen und deren Unterformen zergliedert, die sich alle überschneiden und einander wie die sanfte Dünung des Wassers mitteilen. Die **kulturellen Unterschiede** scheinen immer und immerhin so bedeutsam zu sein, daß sich Menschengruppen als von anderen verschieden begreifen. Jedoch sind die überlagernden **Ähnlichketen** zwischen den Kulturen so groß, daß alle Unterschiede dennoch stets vermittelt und verstanden werden können – mit Zeit, Geduld und Lächeln ...

Kulturelle Transplantation

Wenn eine Leber, Niere oder ein Herz vom eigenen Körper in einen anderen verpflanzt wird, dann folgt der ersten Anpassung des fremden Organs entweder das Abstoßen oder die Annahme. Der Besucher in Thailand befindet sich in einer ähnlichen Lage. Er ist kulturell transplantiert, und in welchem Maße er angenommen oder abgestoßen wird, hängt davon ab, wie sehr er sich an seine Umgebung **anpassen** kann.
Die erste Einwirkung Thailands und seiner Kultur wird dem verpflanzten Neuling wohl sehr bewußt machen, was er selbst ist und woher er kommt. Er wird versuchen, alles, was er sieht, hört, riecht und fühlt, **auf bekannte Erfahrungsmuster zu übertragen**. Wenn ihm diese Übersetzung nicht gelingt, fühlt er sich verwirrt, verhält sich unsicher und **schwankt stürmisch zwischen Liebe und Haß** für die neue Umgebung. Es ist dies die

Widerwille oder Verzauberung – der menschliche Kontakt entscheidet über die Überwindung des Kulturschocks.

risikoreichste Phase für den Neuling, die Phase, in der er den »Kulturschock« verspürt. Auch auf die Gefahr hin, allzusehr zu vereinfachen, erscheint es uns so, als empfänden alle Neuankömmlinge etwas von zwei **widersprüchlichen** Gefühlen: **Ekel und Verzauberung**.

Ekel

Einigen Neulingen widerfährt der **Kulturschock** im wörtlichen Sinne. Sie fühlen sich von der neuen Umgebung schockiert und sogar angeekelt. Kaum haben sie die Glastüren des Flughafengebäudes durchschritten, werden sie auch schon von Fragen durchlöchert: »Hey you, where you go, you won taxi?« Der Taxometer, der nicht arbeitet; die hoffnungslos überfüllten Busse; die Toiletten ohne Sitzmöglichkeit; das benutzte Toilettenpapier, das ihnen aus dem Abfallkorb entgegenstarrt; die Englischkenntnisse (vielmehr das Fehlen derselben); die Unfähigkeit der Thai, einen Stadtplan von Bangkok zu lesen oder genauere Richtungshinweise zu geben als »dort drüben«; das Naseputzen ohne Taschentuch; die Flüstermaxen, die an den Straßenecken Drogen, kleine Jungen oder deren jungfräuliche Schwestern anbieten; und: das Wasser, die Hitze, der Lärm, der Schmutz, die Fliegen, Moskitos, Ameisen, Spinnen, Geckos und Schlangen. Selbst in der Hühnersuppe schwimmt ein Hühnerfuß. »Um Gottes willen, was habe ich bloß hier verloren? Was hat mich hierher verschlagen?«

All dies hat selbstverständlich wenig mit der Thai Kultur zu tun. Abgesehen von der Hühner(fuß)suppe mögen die Thai die meisten genannten Dinge ebensowenig wie der Besucher. Aber als Thai **meiden** sie oder **ignorieren** sie diese. Die Thai sind begabt darin, alles zu ignorieren, was sie nicht wirklich zur Kenntnis nehmen wollen.

Wenn Sie die Orte Hotel/Flughafen/Busbahnhof/Sexy-Bar verlassen haben, schwinden auch die meisten Ärgernisse. Mit den **Ärgernissen,** die noch verbleiben, müssen Sie einfach zu leben lernen. Sie werden bald lernen, auf der Toilette zu hocken und eine Rolle Toilettenpapier mitzunehmen, wenn Sie »aufs Land« fahren. Die meisten Fremden passen sich schließlich den meisten Dingen an – mit kleiner Unterstützung durch Moskitovertreiber und Klimaanlagen.

Wirklich bedauerlich ist, daß viele Kurzbesucher einen Eindruck von diesem Land gewinnen, der vollkommen negativ ist – und vollkommen **falsch**. Vielleicht haben sie sich einige Tage in Bangkok aufgehalten, in Thailand aber waren sie nicht.

Verzauberung

Andere Fremde erfahren den Kulturschock in ganz anderer Weise. **Sie verfallen der neuartigen Kultur** um sie herum in leidenschaftlicher Liebe. Im Vordergrund ihrer Wahrnehmung stehen ganz andere Aspekte der thailändischen Wirklichkeit als beim angeekelten Besucher der Fall: die friedlichen Mönche, die faszinierenden Tempel, die Feste und Zeremonien, Tanz und Kunsthandwerk, das Lächeln sanfter Menschen. (»Oh, welch Paradies des Schönen!«)

Der **verzauberte Blick auf Thailand** behagt den Thai natürlich weit mehr als die Kritik der Angeekelten. Dennoch ist er gleichermaßen **falsch** und **ethnozentrisch.** Wenn Thailand und die Thai so wären, wie der Verzauberte meint, wären sie von einer anderen Welt. Einigen Verzauberten gelingt es tatsächlich, sich jahrelang in Thailand aufzuhalten, ohne ihr romantisches Bild zu korrigieren. Viele andere hingegen fallen in Enttäuschung und Schwermut, sobald sie entdecken, daß diese »wunderbaren und wunderschönen« Menschen doch nur Menschen sind wie du und ich. Hübsch, charmant und großzügig – ja, das sind sie. Heilige sind sie selbstverständlich nicht (die Thai würden bei dieser Vorstellung kichern). Gewiß, die Thai hören Komplimente gern. Aber seien Sie selbst nicht hundertprozentig überzeugt von dem, was Sie sagen. Sie könnten sich Wunden zuziehen.

Ratlosigkeit

Die meisten Fremden in Thailand, besonders jene, die dort eine geraume Zeit verbringen wollen, fühlen sich nach ihrer Ankunft zunächst einmal wie der Fisch auf dem Trockenen. Sie sind in einer anderen Welt – nie gewiß, ob

Wer unter Kulturschock leidet, sucht gerne die Heimat in der Ferne.

sie das Richtige tun; nie gewiß, ob jemand Anstoß nimmt; umgeben von Schildern, die sie nicht lesen können; eine fremde Sprache mit sieben Siegeln, fremdes Essen, Fremde mit fremdartigen Gebräuchen. So ist der Besucher in dem einen Augenblick hingerissen von der Schönheit des Ganzen, um sich im nächsten Augenblick abgestoßen zu fühlen. Und **meist ist er einfach ratlos**.

Eine der Ungereimtheiten unseres Jahrhunderts liegt darin, daß ein Mensch von seinen Wurzeln gerissen, um die halbe Welt geflogen, in eine andere Zeit/Kultur/Klima verfrachtet werden kann, und man dennoch von ihm erwartet, daß er sich am folgenden Tag frisch und munter wie immer auf Deck einfindet. Er gleicht dabei einem jungen Reissetzling, der aus seinem geschützten Saatbett gerissen und in ein weites, unbekanntes Feld gesetzt wird.

Wie der zarte Setzling, so muß auch der transplantierte Mensch sich entweder anpassen/gedeihen oder zugrunde gehen/verwelken. Aber ungleich dem verhätschelten Setzling muß der Mensch ohne die liebende Fürsorge des Bauern und ohne die Gesellschaft anderer Setzlinge vom gleichen Saatgut überleben.

Es gehört wohl zu den besten Seiten der menschlichen Art, daß sie sich in dieser Lage **zumeist irgendwie zurechtfinden** kann. Manche schwelgen sogar in der **Herausforderung der neuen Situation**. Aber allen ist doch immerhin gemeinsam, daß sie zumindest ein wenig unter dem Kulturschock leiden.

Wieder wie ein Kind

Der Neuling befindet sich mit einem Male **in völliger Ungewißheit**. Er weiß nicht, wann und wie er sich bei den einfachsten Angelegenheiten des täglichen Lebens verhalten soll. Er weiß nicht einmal, wann ein »Guten Morgen!« angebracht ist. Vielleicht grüßt er dann einen jeden Thai in seiner Nähe mit hundertfachem »Guten Morgen«, wo zu Hause zwei oder drei Grüße gereicht hätten. Er weiß nicht, wann es angebracht ist, Hände zu schütteln, Trinkgeld zu geben, Fremde anzusprechen, Einladungen auszusprechen, Einladungen abzulehnen. Er weiß kaum, was er anderen mitteilen soll, selbst wenn sie seine Sprache sprechen. Er weiß nicht, was lustig oder ernsthaft ist oder was die Leute denken. **Nichts scheint nach Regeln zu verlaufen**, und es erscheint ihm nahezu unmöglich vorherzusagen, was geschehen und wie ihm von einer Stunde zur anderen zumute sein wird. Er ist wieder Kind.

Verantwortungsbewußte, gefestigte Erwachsene fühlen sich wieder infantil. Wie Kinder müssen sie sich in den einfachsten Angelegenheiten auf fremde Hilfe verlassen, auf Thai, die einige Worte Englisch sprechen. Telefonieren, mit dem Bus fahren, eine Schachtel Zigaretten kaufen, einen Brief aufgeben – **all dies gerät zum Abenteuer**. Eine Wohnung zu suchen und ein Hausmädchen anzustellen wird zur harten Anforderung. Und der tägliche Einkauf kommt einer Expedition gleich.

Wie Kindern die Welt, so wirkt die neue Welt Thailand **unerschlossen, aufregend und womöglich gefährlich**.

Obwohl die Thai überaus tolerant sind, billigen sie dem ausländischen erwachsenen Besucher jedoch leider keinen Kinderstatus zu. Kleine Kinder, ob Ausländer oder Thai, können etliche Jahre treiben, was sie wollen, ohne daß es ihnen jemand verargt. Dies gilt nicht für den erwachsenen Fremden. Innerhalb einer sehr kurzen Eingewöhnungszeit müssen Sie Ihr Verhalten anpassen und Ihre Umwelt in neuartiger Weise begreifen lernen. Der **psychische Druck**, der sich daraus ergibt, mag Sie morgens himmelhochjauchzend und abends zu Tode betrübt sein lassen. Die Thai sind grundsätzlich nette Leute, glauben wir, und es macht ihnen (ziemlich) sicher nichts aus, wenn Sie sie im Stimmungshoch begrüßen, kichern und lachen; aber wenn Sie im Gegenteil **weinen**, dann tun Sie dies um Himmels willen im stillen Kämmerlein.

Der Fremde wehrt sich

Der Zustand der **Unausgeglichenheit und Verwirrung**, der die Anfangsphase des Kulturschocks kennzeichnet, hält nicht lange an. Die Menschen hassen es, sich hilflos zu fühlen, Außenseiter zu sein, »draußen vor der Tür« zu stehen. Deshalb setzt sich der Fremde und Neuling zur Wehr. Indem er seine Empfindungen gegen die Schockwellen einer fremden Welt zu schützen sucht, greift er zu einem **Gegenmittel für den Kulturschock**. Um sich ein gesundes Gemüt zu bewahren, reagiert der Fremde auf den Schock in einer der folgenden Weisen: **Flucht, Ablehnung, Einigelung, Integration**.

Flucht

Flucht ist die einfachste Lösung. Kurzzeitbesucher, die wissen, daß sie in wenigen Tagen oder Wochen »entkommen«, können ihr Kulturschockerlebnis in vollen Zügen genießen. Viel Spaß dabei.
Wir haben aber auch Ausländer getroffen, die mit Flucht reagierten, obwohl sie in Thailand ein Jahr oder länger arbeiteten. **Sie entfliehen der Thai Welt**, in der sie sich unwohl fühlen, in ihre eigenen vier Wände, essen vertraute Importnahrung, sehen auf dem Englischkanal fern und verkehren gesellschaftlich nur in der Ausländerkolonie. »Ich lebe doch nur zeitweilig in Thailand; also sind alle Probleme bald überstanden; in zwei Jahren ist alles vorüber, deshalb lohnt der Aufwand nicht.«

Ablehnung

Manche Ausländer **nörgeln** an allem herum, meist in Gegenwart Gleichgesinnter, mitunter auch gegenüber Thai. Ihre Einstellung geht von der Annahme aus, zu Hause sei alles besser. Dahinter steckt ein kaum verhohlenes **Überlegenheitsgefühl**. Sie haben die Vernunft gepachtet, den Einheimischen fehlt sie vermeintlich. **Die Kultur der Thai gilt als ein Feindobjekt**, das es zu besiegen gilt.

Einigelung

In einem unterschiedlichen Maße ziehen sich alle Ausländer in eine »Kulturhöhle« zurück, die von Leuten bewohnt wird, die sich den gleichen Problemen in einer fremden Kultur gegenübersehen. Sie werden Mitglieder in der »Gemeinde der Weltläufigen« oder der »Auslandskolonie«. Die Kultur, der sie sich nun anpassen, bildet den geringsten gemeinsamen Nenner verschiedener Teile: eine **Kultur der Entwurzelten**.
Es gibt für die Fremden Klubs, Läden, Supermärkte. Es gibt Ausländerärzte, -sport, -schulen. Die Ausländer, ob sie nun aus Europa, Amerika, Japan oder dem benachbarten Asien kommen, drehen sich auf dem Cocktailparty-Karussell und wippen auf der Schaukel wechselseitiger Einladungen nach Hause. Eine **Gemeinschaft von Fremden im Paradies**, in der Gleichgestellte miteinander verkehren und die meisten Thai lediglich dazu da sind, das Geschirr abzuräumen und den Boden zu kehren.

Solche Vereinigungen, Zweckverbände und Zusammenkünfte entspringen einem durchaus (und überaus) menschlichen Verhalten und heißen nicht, daß alles Thailändische abgelehnt wird. Nur verhältnismäßig wenige Ausländer in Thailand **kapseln sich vollkommen ab**. Viele spüren in der neuen Umgebung bald festen Boden unter den Füßen und **verlassen schließlich das Ausländerghetto,** auch weil es ihnen dort zu langweilig wird.

Integration

Integration heißt auch Zusammenpassen, Trennung durch die Überwindung sozialer Barrieren aufzuheben. **Wenn der ausländische Besucher wirklich will,** so hat er durchaus eine Chance, sich in Thailand zu integrieren. Er kann dabei seine ursprüngliche kulturelle Identität bewahren – und die Thai natürlich die ihre. **Integration heißt nicht Angleichung**. Dem Fremden bietet sich eigentlich gar keine Aussicht, ein »wirklicher Thai« zu werden, so lange er auch schon dort leben und so sehr er das Land lieben mag.
Bei der Integration baut der Fremde zunächst bewußt oder unbewußt die sozialen Schranken ab, die ihn von den Thai trennen. Dies geht gewöhnlich nur sehr langsam vor sich. Der Ausländer entdeckt, daß die Ausländergemeinde immer weniger zur Freundschaft und Unterhaltung beiträgt. Und er fühlt sich **in der Gesellschaft von Thai** zunehmend wohl.
Bei den meisten Besuchern, die geraume Zeit in Thailand verweilen, vollzieht sich eine mehr oder minder weitgehende Integration, die ihnen **Freude an beiden Welten** bereitet. Sind die Hindernisse beseitigt, können die eigene wie die fremde Kultur bis zur Neige genossen werden. Sie haben alles zu gewinnen und nur eines zu verlieren: die Intoleranz.

Hindernisse beseitigen

Es ist weitaus schwieriger, soziale Barrieren zu überwinden, als dies zunächst den Anschein haben mag. Wenn Sie als Ausländer in Thailand arbeiten, werden Sie wohl gar unter den Druck geraten, der Rolle zu entsprechen, die die »Ausländerkultur« Ihnen vorschreibt. Dieser **Erwartungsdruck** wird sowohl von anderen Ausländern wie auch von den Thai ausgeübt.
»Das Leben ist mühsam genug. Wie könnte man in dieser tropischen Hitze die Energie und Zeit aufbringen, sich mehr als nötig und über das Vergnügen hinaus um die Welt der Thai und ihre Besonderheiten zu kümmern?«
Bevor wir dieses Buch verfaßten, haben wir diese Frage immer wieder in abgewandelter Form von der Mehrheit der internierten Ausländer gehört. Wir wissen darauf nur diese Antwort: Sicher, das Leben und Arbeiten in Thailand ist anstrengend, zumindest zu Beginn, aber es wird gewiß um so weniger nervenaufreibend, je mehr Sie die Thai verstehen lernen. Beginnen Sie **bei Ihrer persönlichen Erkundung der Thai Kultur** unbedingt mit

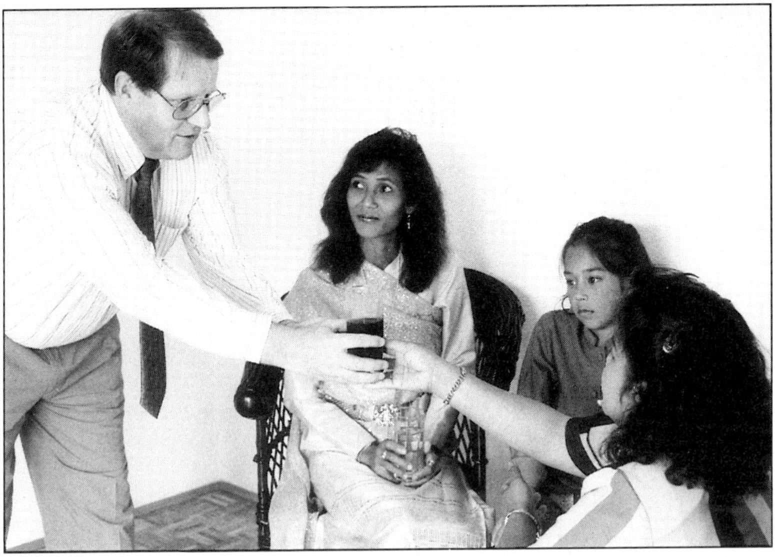

Das lernbegierige Interesse an fremden Verhaltensweisen bedeutet den ersten Schritt zur Integration und die Erlösung aus dem Schattendasein eines nur geduldeten touristischen Devisenbringers.

den **angenehmen und gefälligen Seiten**, seien es nun der klassische Tanz oder gar der Massagesalon. Wenn Sie an einem Punkt einsteigen, steht Ihnen der Sinn vielleicht nach mehr.

Überwinden des Kulturschocks

Wenn Sie Zeit und Gelegenheit erübrigen, wird das **folgende Programm** die negativen Seiten des Kulturschocks verringern und Ihnen ermöglichen, **Thailand von Anbeginn zu genießen**:

• Versuchen Sie möglichst schon **vor der Reise** einen **kulturellen Einführungskurs** zu belegen. Eine vergleichende Studie zwischen britischen und amerikanischen Entwicklungshelfern offenbarte den Wert einer solchen Vorbereitung. Die Amerikaner hatten vor der Fahrt eine grundlegende Einführung in Sprache und Kultur erhalten und kamen nach Thailand mit begeisterter Motivation. Die Briten waren völlig unvorbereitet, wenn auch ebenso begeistert wie die Amerikaner. Aber sie wurden von der Keule des Kulturschocks getroffen, fanden sich weit schlechter zurecht, und nur sehr wenigen gelang es noch in Thailand, so viel von der Landessprache zu lernen, daß ihnen diese nützlich sein konnte. Wenn Ihnen der Zugang zu solchen Einführungskursen verwehrt ist, sollten Sie vor Ihrem Abflug wenigstens einige Bücher (zumindest dieses Buch!) lesen.

• Lernen Sie möglichst bald alles zu berücksichtigen, was wir in dem Kapitel ***Tu und Tabu*** vorgestellt haben. Für die Überbeschäftigten und Überforderten ist am Ende des Buches alles nochmals griffig zusammengestellt.
• **Lernen Sie die Sprache!** Nur so senkt sich die Kommunikationshürde und Sie erhalten Zugang zur thailändischen Kultur. Es gibt in Thailand viele private Sprachtutoren, die den Unterricht Ihrem Zeitplan anpassen. Auch bieten Kulturinstitute Intensivkurse an und damit den psychologischen Vorteil, diese schwierige Sprache in einer vertrauten Gruppe von Ausländern zu lernen, die mit den gleichen Problemen kämpfen.
• **Lesen Sie** alles, was Ihnen über die Thai und ihr Land in die Hände fällt, aber seien Sie sich bewußt, daß die meister Verfasser *farang* sind, die einen überaus positiven, geradezu verzückten Eindruck vermitteln. Wenn Sie sich eine Weile in Bangkok aufhalten, bitten Sie um Zugang zur AUA-Bücherei. Wenn sich Ihr Interesse an Thailand vertieft, sollten Sie bis hin zur gutbestückten (zahlreiche deutschsprachige Literatur!) Bibliothek der Siam Society in der Soi Asok »graduieren«. (Dort ist allerdings Mitgliedschaft erforderlich.) Den wirklich Besessenen oder denjenigen, die nach speziellen Informationen suchen, bietet das Thailand Information Centre der Chulalongkon-Universität das größte Angebot mitsamt einem ausgezeichneten Suchindex. (Sollten Sie darin dennoch etwas nicht finden, fragen Sie das Personal. Denn es dauert immerhin ein bis zwei Jahre, bis neue Materialien katalogisiert worden sind.)
• Nutzen Sie die englisch- und deutschsprachigen abendlichen **Vortragsangebote,** meist über Kunst oder Geschichte, die z.B. regelmäßig in der *Bangkok Post* angekündigt werden. Auch die Siam Society und AUA bieten von Zeit zu Zeit Vorträge an.
• Wann immer Sie versucht sind, die Thai zu kritisieren, bedenken Sie, daß Sie ein Fremdkörper in einer Ihnen völlig fremden Kultur sind. Bevor die gastgebende Kultur Ihnen einen Platz einräumt, wird eine Weile vergehen und sie mit gutem Recht eher von Ihnen Anpassung verlangen als von sich selbst. **Erhoffen Sie jedenfalls nicht, über Nacht zum Thai zu werden.** Sollte Ihnen daran liegen, können Sie vielleicht nach zwanzig Jahren im Lande erwägen, dies anzustreben.

Kulturschock-Rückfall

Sich vom Kulturschock zu befreien bedeutet keine geradlinige Angelegenheit. Je nach Ihrer Erfahrung mit anderen Kulturen wird es Ihnen gelingen, sich innerhalb von Monaten, Wochen oder nur wenigen Tagen zurechtzufinden und **die offenkundigen Unterschiede bewältigen** zu lernen. Das Zu-Tode-Betrübtsein und Himmelhochjauchzende des Kulturschocks erleben Sie weniger intensiv. Sie richten sich mit der Tatsache ein, ein Fremder zu sein. Um Sie herum spricht man eine Sprache, die Ihnen weitgehend verschlossen bleibt, aber Sie haben sich daran gewöhnt und nehmen es hin.

Nach mehreren Monaten oder gar Jahren, wenn Sie das Wesen der Thais gerade meinen erfaßt zu haben, **schlägt der Kulturschock erneut zu**. Eine Person, mit der Sie noch nie ein Wort gewechselt haben, schickt Ihnen durch einen Diener einen Korb Mangos als Geschenk; das Hausmädchen, dem Sie vertrauen, nimmt zwei Tage Urlaub, um kurzfristig seine Mutter zu besuchen, und kehrt niemals zurück. Und wieder einmal stehen Sie wie der Ochs' vorm Berge.

Kultur lernen

Wenn Sie mehr und mehr über die Thai lernen, so geschieht es, daß sie Ihnen in mancher Hinsicht immer seltsamer vorkommen – und Sie selbst sich auch. Und wer nun endlich einen ursprünglich fremden Ort als »daheim« betrachtet, den verwirrt und enttäuscht es doch sehr, plötzlich daran erinnert zu werden, ein Fremder zu sein. Aber lassen Sie sich von den **Kulturschock-Rückfällen** nicht allzusehr deprimieren, denn sie sind nun einmal **Teil des Lernprozesses**.

Wann immer der Kulturschock zuschlägt, auf welche Weise und wie euphorisch oder niedergeschlagen er Sie auch stimmen mag, denken Sie stets daran, **daß der Kern des Kulturschocks die Ignoranz ist**. Eine verzwickte Lage entsteht, und Sie wissen nicht mit ihr umzugehen – wenn Sie gelernt haben, dieses Problem von einem **Thai Standpunkt** aus zu beleuchten, dann verflüchtigt sich der Kulturschock von selbst.

Alle Kultur ist erlernt. Jeder, der über ausreichend **Zeit**, **Geduld**, **Toleranz**, **Beharrlichkeit** und **Wissensdrang** verfügt, kann jede fremdartige Kultur lernen.

Was das Leben kostet

Erster Eindruck: Bangkok

Bangkok ist selbstverständlich nicht die Widerspiegelung gesamt Thailands, aber für die meisten ausländischen Besucher immerhin **der erste Eindruck von der Thai Welt**. Und zudem, ob wir es mögen oder nicht (und wir mögen es nicht), ihr erstes Zusammentreffen mit der Thai Kultur.

Die **Verstädterung und Verwestlichung** des 20. Jahrhunderts sind heute ebenso Teil der **Bangkok-Thai Kultur** wie der *wat* und der *wai*. Die städtische Kultur des neuzeitlichen Bangkok trägt vermutlich mehr zum anfänglichen Kulturschock des Besuchers bei als sämtliche in Reiseführern vorgestellte Exotismen. Bangkok ignorieren würde bedeuten, jenen Teil von Thailands Kultur auszulassen, in dem die meisten Besucher einen Großteil ihrer Zeit verbringen.

Bangkok: Jedes Tabu wird verletzt

In Bangkok kann der Besucher **jedes Tabu mißachtet** sehen. Junge Mädchen scharwenzeln freizügig gekleidet die Straße entlang, Hand in Hand mit einem (meist ausländischen) Kavalier. Mickerige Aufschneider fallen in Restaurants auf, weil sie laut und unkultiviert daherreden. Die Kellnerin in der Patpong-Straße blickt scheel auf Ihr Fünf-Baht-Trinkgeld, das eigentlich einen *wai* verdient hätte, und schnappt sich ihr Tablett mit einer Geste, bei der unmißverständlich der Vorwurf »Geizhals« mitschwingt. Wir könnten diese Beispiele bedauerlicherweise endlos fortsetzen.
Die Tatsache, daß in Bangkok Abweichungen von den Sittenregeln so offenkundig sind, bedeutet nicht, daß die thailändische Gesellschaft nicht weiterhin **korrektes, also Thai Verhalten**, zu schätzen wüßte. Der großen (schweigenden) Mehrheit der Thai Bevölkerung mißfällt schlechtes Betragen, und sie meidet jene, die sich so verhalten. Es läßt sich nicht abstreiten, daß Verstädterung und Verwestlichung schnell um sich greifen. Aber selbst in Bangkok sind die thailändischen Benimmregeln noch sehr einflußreich.
Wir betonen nochmals: Der Besucher sollte sein Verhalten nach der **allgemein anerkannten Norm** und **nicht den Ausnahmen** richten. Ein trefflicher Grund hierfür liegt darin, daß die Thai, gewohnt zu hören, wie dekadent und verdorben ihre Jugend durch den westlichen Einfluß geworden sei, alle Fremden lieben, die wissen, wie sie sich zu benehmen haben.

»Die Stadt der Engel«

Der Thai Name von **Bangkok,** *Krung Thep* (Abkürzung), bedeutet »Stadt der Engel«. Selbstverständlich erhielt die Stadt diesen Namen, lange bevor Bars, Gunstgewerbe, Kriminalität, Geräuschpegel und Verkehrsstaus zu ihrem Ruhm und Ruch beitrugen.
Bangkok ist eine schmutzige, laute, überfüllte, heiße und schwüle Stadt. Aber in all dem finden sich noch die Engel. Es sind die ruhigen Gesichter der Thai in einem überpferchten Bus, der sich durch die schwarzqualmige Abgasluft des endlos zähflüssigen Stoßverkehrs von Bangkok quält.

Erster Eindruck

Die erste Reaktion des Besuchers auf diese neue Welt ist vermutlich Bestürzung, wenn nicht gar Horror – also **Kulturschock im wahrsten und häßlichsten Sinne** des Wortes. Ausländische Touristen und Thai stimmen völlig darin überein, daß Bangkok heiß, schwül, schmutzig, laut und verstopft ist. Dabei verwundert jedoch, daß nur sehr wenige in Bangkok wohnende Thai jemals dazu bewegt werden könnten, an einem anderen Ort zu leben. Und auch die Besucher scheinen die Stadt nur widerstrebend zu verlassen.

Verkehr in Bangkok: **Apocalypse now.**

Zweiter Eindruck

Der zweite Eindruck ist nicht viel besser. Den Neuankömmlingen erscheint ihr zentral gelegenes Hotel von jedem Ort, den sie besuchen wollen, gleich weit entfernt.

Wer bereits länger im Lande und hier berufstätig ist, klagt, kein Ministerium, das er aufsuche, sei kompetent; und nachdem er Stunden damit zugebracht habe, an das richtige zu gelangen, so sei dieses mitnichten zuständig. Will ein Besucher von UNICEF, die am Fluß untergebracht ist, auch zur UNESCO, dann steht ihm eine lange Reise quer durch die Stadt zu den Außenbereichen von Sukhumvit bevor. Ein jeder beschwert sich darüber, daß es **keine Innenstadt/Altstadt/Stadtzentrum** gibt; alles ist überallhin verteilt.

Dritter Eindruck

Der erste und zweite Eindruck sind nicht sehr schmeichelhaft. Aber bevor Sie nun dieses Buch zuklappen und im typischen Bangkok-Stil Reißaus nehmen, lassen Sie uns Ihnen versichern, daß viele Besucher vor Ihnen in ähnlicher Weise Bangkok **zuerst gehaßt, mit der Zeit aber begonnen haben, es zu lieben** – wegen der Menschen, dem positivsten Teil jener Welt, die zunächst in solch negativem Licht erscheint. In Thailand ist der dritte Eindruck oft der beste.

Lebenshaltungskosten

Wenn der Besucher in Thailand ausharrt und lernt, in Bangkok mit Verkehr, Umweltverschmutzung, Hitze, Moskitos, Überschwemmungen, Dürren, lähmender Gemächlichkeit der Bürokratie und vielfältigen Gefahren für Leben und Gliedmaßen zu Rande zu kommen, dann erwartet ihn möglicherweise der nächste Schock. Er wird entdecken, daß Bangkok **nicht das erträumte Preisparadies** ist.

Mangos sind billig

Sicherlich bietet Bangkok **preisgünstige Besonderheiten**, und der durchschnittliche Besucher wird Freuden genießen können, die zu Hause ein Vermögen kosten oder gar nicht erhältlich sind. Hotelzimmer, Restaurants und Massagesalons sind im internationalen Vergleich billig. Die Kinos gehören sicher zu den billigsten und zugleich komfortabelsten der Welt (was allerdings wenig heißt, wenn Sie Thai Filmen ohne Untertitel nichts abgewinnen können). Eine Flasche *Mekhong*-Whisky kostet nur ein Drittel des Scotch, und ein leckeres Nudelgericht als Grundlage reißt mit wenigen Baht kein Loch in die Geldbörse. Die aufregende Fahrt in einem Bangkoker Bus führt Sie für einen Spottpreis an nahezu jeden, noch so entfernten Flecken der Stadt. Und während Sie bei der verwegenen Fahrt noch halb aus dem Einstieg hängen, können Sie *en passant* bei einem Straßenhändler einen Strauß Orchideen zum Bruchteil des Preises erwerben, den Sie zu Hause dafür hätten berappen müssen.
Thailand ist ein schöner touristischer Fleck. Und es scheint auch ein großartiger Ort zum Leben zu sein, zumindest wenn wir dies aus der Zahl der heimatabtrünnigen *farang* schließen, die es offentlich hier so lange hält, bis die *suad phra aphitham* sie zum Fegefeuer geleitet. Aber auf lange Sicht ist das Leben hier doch **nicht billig, wenn Sie so leben wollen wie zu Hause**. Dies liegt daran, daß vieles, was in Ihrer Heimat ein Grundbedarfsartikel ist, in Thailand als extravaganter Luxus gilt und entsprechend besteuert wird. Mangos sind billig – aber Äpfel sind teuer.

Äpfel sind teuer

Bereits im Jahre 1980 hatte die Amerikanisch-Thailändische Handelskammer so manchen überrascht, indem sie Bangkok als einen teureren Wohnort einstufte als Washington D.C.
»Möchtegern-Einwanderern« können wir daher nur empfehlen, aktuelle Angaben zu Warenkorb und Miete sorgfältig zu studieren. Die Miete ist außerhalb Bangkoks erheblich billiger, alles andere auf dem Land hingegen eher teurer.

Lebenshaltungskosten: Mangos sind billig, Äpfel teuer.

Die durchschnittliche **Miete** eines Hauses in Bangkok (das nicht zwei Monate des Jahres nur durch Waten im Überschwemmungswasser erreichbar ist) kann Sie mehr als das Doppelte als in der Heimat kosten. Ähnliches gilt für neue Autos, Kühlschränke und die meisten **elektrischen Geräte**, einschließlich Klimaanlagen.
Verschiedene **wesentliche Bedarfsartikel** kosten in Thailand erheblich mehr als in westlichen Industrieländern: Treibstoff, Elektrizität, Toilettenartikel, Spielzeug, importierte Nahrungsmittel und alles, was Sie in »englischsprachigen« Supermärkten erhalten. Und wenn all diese deprimierenden Nachrichten Sie zur Flasche greifen lassen, dann sollten Sie wissen, daß zwar der Thai Whisky verhältnismäßig billig ist, eine Flasche **Bier** dagegen aber vergleichsweise kostspielig. Und selbst das **Trinkwasser** muß in Flaschen gekauft werden.
Natürlich verpflichtet niemand den Fremden, nach **technisch anspruchsvollem westlichen Niveau** zu leben. Eine Familie kann ein bescheidenes Haus mit Garten für einen verkraftbaren Preis finden. Eine Apartmentwohnung kostet zwar gleich viel, vielleicht sogar etwas mehr, bietet allerdings den Vorzug größerer Sicherheit. Wenn Sie alleinstehend sind und mindestens drei Monate bleiben wollen, können Sie ein komfortables Wohn-/Schlafzimmer mit Bad (Kühlschrank, Klimaanlage, Strom, Wasser, Wäsche- und Raumservice eingeschlossen) zu einem erschwinglichen Preis mieten; am besten in der Gegend Ploenchit/Withaya/Silom/Sathon, die als »zentral« gilt (sofern dieser Begriff überhaupt angewandt werden kann) und in die es viele Ausländer zieht.

Dienstpersonal

Wenn nun der Fremde, der lange in Thailand verweilt, allzusehr unter den hohen Preisen für Moselwein, Vichy-Wasser und gebackene Bohnen leidet, dann sollte er sich vor Augen führen, daß eine billige »Ware« den Preis aller anderen aufwiegt: die **Ware Arbeitskraft**. In Thailand ist außerhalb der Landwirtschaft nahezu jeder ein **Diener** oder verfügt über Diener (und selbst manche Diener haben Diener) – Diener zum Putzen, Waschen, Einkaufen und Kochen. Und sie benötigen dabei keine teuren Staubsauger, Waschmaschinen und Mikrowellenherde. Sie verrichten ihre Arbeit mit einem einfachen Besen, einem Eimer Wasser und (wenn Sie ein ganz böser Geizkragen sind) einem schlichten Holzkohlenofen. Und all dies zu einem Tageslohn, mit dem sie sich wohl gerade eine Packung Cornflakes kaufen könnten.

Der sündhaft teure Supermarkt verkauft Ihnen kostspielige grüne Bohnen in deformierten Blechbüchsen, die monatelang in einem Schiffsbauch gelagert waren; Ihre Haushaltshilfe hingegen besorgt Ihnen täglich frisches Gemüse zu einem Bruchteil dieser Kosten. Was macht es dann, daß die Champignons anders aussehen als zu Hause?

Sind Sie wohlhabend genug, etwas Stehlenswertes zu besitzen (und Sie sind es!), dann sollten Sie einen Mann anheuern, der Ihr Haus bewacht, statt hinzunehmen, daß ein *khamoy* vor dem Tor auf die günstige Gelegenheit wartet. Wenn Sie jedoch bereits einen Wächter beschäftigen und der *khamoy* nichtsdestotrotz vor Ihrer Haustür harrt, dann sollten Sie jemanden zum Bewachen des Wächters einstellen – besonders am Donnerstag, wenn der *phra phum* sein Geisterhäuschen verläßt, um zu seiner wöchentlichen Audienz bei den Engeln zu eilen. Dann ist das Haus den ganzen Tag unbehütet.

Moral

Die meisten Fremden können es durchaus mit Ihrer Moralauffassung vereinbaren, Dienstboten zu beschäftigen, die ihre Kleidung waschen, den Boden fegen und nachts das Grundstück bewachen. Viele ziehen die **moralische Grenze** beim Engagieren einer zeitweiligen Ehefrau, selbst wenn sie viel hübscher und jünger sein sollte als jene, die um der Erziehung der Kinder willen daheim geblieben ist. Andere dagegen schätzen gerade dies als einen der interessantesten Aspekte ihres Aufenthalts in Thailand.

Die psychische Schwelle

Etlichen Westlern bereitet es Unbehagen, andere für Aufgaben zu verpflichten, die sie selbst nicht erledigen wollen. Manche empören sich beim Anblick von **Dienern,** die auf den Knien langsam über den Rasen des reichen Mannes rutschen – und das Gras mit der Schere schneiden. Solche Sze-

nen mögen Ihre Auffassung von menschlicher Würde verletzen. Aber nur wenige Thai würden Ihnen beipflichten.
Die **erste Phase des Dienstboten-Kulturschocks** währt jedoch nicht sehr lange. Zu Beginn sorgen Sie sich um Ihr Hausmädchen: »Kann sie überhaupt von dem Geld leben, das sie erhält?« Vielleicht bestehen Sie sogar darauf, einen Gutteil der Hausarbeit selbst zu verrichten – zunächst. Vermutlich werden Sie sich aber überraschend bald dabei ertappen, daß Sie im Kreise ausländischer Freunde jammern, wie wenig das Hausmädchen aus eigenem Antrieb erledigt und daß man ihm jeden einzelnen Handgriff zeigen muß. Dann beginnen Sie sich zu fragen, wie um Himmels willen es soviel Waschmittel verbrauchen kann und ob es den Hund auch tatsächlich füttert, während Sie das Wochenende in Pattaya verbringen.

Status

Trotz ihrer vorgeblichen Bauchschmerzen genießen es die meisten Ausländer durchaus, sich Dienstboten leisten zu können. Dies liegt nicht allein darin begründet, von lästigen Arbeiten befreit zu sein. Es steckt anscheinend mehr dahinter. Vielleicht ein höheres Selbstwertgefühl. Diese plötzliche **Statuserhöhung** bildet den **zweiten Teil des Dienstboten-Kulturschocks**. Er ist nahezu ebenso ethnozentrisch wie der erste.
Der Thai Bürosekretär, Bankangestellte, Lehrer oder Ladeninhaber, dem nach Begleichen des Notwendigen kaum noch einige Baht verbleiben, hat selbstverständlich eine oder mehrere Hausangestellte. Wenn nun so viele Leute über Dienstpersonal verfügen, so vermag diese Tatsache allein kaum das Selbstwertgefühl heben. Der wirklich hochgestellte und wohlhabende Thai wird vermutlich genau all jene Geräte erwerben und bei jeder Gelegenheit vorführen, die der Fremde zurückgelassen hat: Waschmaschine, Staubsauger usw. Je kostspieliger die Geräte, desto höheren Status verkörpern sie. Und die Bedienung dieser Geräte durch Bedienstete spielt beim Statuswert eine unerhebliche Rolle.
Die in der Heimat Zurückgebliebenen mag es beeindrucken, daß Sie ein oder zwei Haushaltskräfte beschäftigen. Dort wird man Ihre koloniale »Sahib«-Rolle vielleicht beneiden, in Thailand aber werden Sie damit kaum Eindruck schinden können.
Nach einiger Zeit werden Sie wahrscheinlich ähnlich **pragmatisch** denken wie die Thai: Sie verfügen über genügend Geld, also lassen Sie jemanden für sich arbeiten. Sie kaufen die Arbeitskraft, nebenbei aber auch den Anspruch auf äußerliche Respektsbezeugungen durch die Bediensteten. All dies stellt lediglich ein von den Thai allgemein anerkanntes Beziehungsverhältnis fest. Haben Sie dies erkannt, können Sie sich in Gegenwart des Dienstmädchens ganz entspannt verhalten – selbstverständlich menschlich und freundlich, aber auch bedacht auf die **Einhaltung des förmlichen Respekts**, der in der Thai Gesellschaft so wichtig ist.

Die sozialen Folgen: Dr. Jekyll und Mr. Hyde

Die in Thailand gesammelten Erfahrungen beeinflussen die meisten Besucher für den Rest ihres Lebens in der einen oder anderen Weise. Denn alle **lernen in der neuen Situation zumindest ebensoviel über sich selbst** wie über die Thai. Und während die meisten diese Erkenntnis begrüßen, werden die anderen von einem oder einer »Mr./ Mrs. Hyde« erschreckt, den sie lieber im Unterbewußten versteckt gelassen hätten.

Der Techniker, Lehrer oder Geschäftsmann, der zu Hause zum bescheidenen Mittelstand zählt, verwandelt sich in Thailand zu einem **unglaublich privilegierten und vermögenden Einzelwesen**. Er kann sich die verwegensten Neigungen leisten. Die Haushaltskasse scheint keine Ebbe zu kennen und alle Kaufsehnsüchte zu erfüllen. In einer solchen Situation verfliegen schon in der ersten Bangkoker Nacht manche vorgefaßte, aber noch nicht auf die Probe gestellte Moralvorstellungen zu Nebelschwaden.

Viele finden erst in Thailand zu sich, doch viele verlieren auch den Halt unter den Füßen. Genau so viele Fremde wie jene, die das Zölibatsgelübde der buddhistischen Mönche ablegen, werden wegen Drogenhandels eine schier unendliche Zeit verhaftet.

Zu Hause hielt sich die **Verführung zu Drogen und Sex** in Grenzen; der Mangel an Gelegenheit machte keine Sünder. Spazieren Sie aber einmal fünf Minuten durch gewisse Teile von Bangkok. In dieser Zeit können Sie sich hundertmal gegen beide Versuchungen zur Wehr setzen. Da muß selbst der Priester gegen die Versuchung kämpfen.

Diese Versuchungen mögen durchaus vielen jungen Ausländern gefallen, die meinen, hier zum ersten Male in ihrem Leben »wirklich« zu leben. Aber zur **Stabilisierung von Ehen oder Persönlichkeiten** tragen solche Erfahrungen wohl nicht immer bei.

Wenn ein Ehepaar sich entschließt, nach Thailand zu gehen, dann sollte es wissen, daß das **Scheidungsrisiko** nach einigen Jahren in Thailand (oder anderen fernen Ländern) viel höher liegt als in der Heimat. Dort mag es vorkommen, daß Eheleute sich über Jahrzehnte die Frühstückssemmeln zureichen, auch wenn sie einander nichts mehr zu sagen haben. **Eheprobleme**, die daheim im verborgenen schlummern, brechen im Ausland häufig an die Oberfläche.

Die **Ankunft in Thailand befreit von den sozialen Banden** der Familie, Nachbarschaft und Freunde. Zwar sind diese Fesseln in industrialisierten Ländern lockerer geknüpft als etwa in Thailand, doch sie üben immerhin einen ernüchternden Einfluß auf das soziale Verhalten aus. Und so ergeben sich mit einem Male vielfältige neue Möglichkeiten, den vergänglichen Freuden des Lebens zu frönen.

Viele Besucher zögern keinen Augenblick, der nächstbesten Versuchung nachzugeben. Verständlich genug, denn die Thai verhalten sich ganz ähn-

Die Verlockungen Thailands können einen braven Dr. Jekyll in einen Mr. Hyde verwandeln.

lich. Aber während die thailändischen Kavaliere still genießen und dann schweigend vergessen, folgt bei vielen Ausländern dem Vergnügen die **Reue**. Sollten diese Gefühle Sie plagen, dann sprechen Sie sich ruhig mit einem einfühlsamen Freund aus, der ebenfalls Ausländer ist; doch **belästigen Sie damit nie und nimmer einen Thai**. Wenn Sie sich vergnügen, wird der Thai es diskret übersehen. Aber wenn Sie von dem sprechen, was Sie treiben, wird er Ihnen in Zukunft aus dem Wege gehen. Vor allem dann, wenn Sie auch noch die thailändische Gesellschaft für Ihre eigene Dekadenz verantwortlich machen.

Die **Probleme in den Ausländerfamilien** liegen nicht nur im Fehlverhalten (der Ehemänner). Der **Lebensstil** an sich birgt bereits destruktive Risiken. Der Ehemann arbeitet lange und findet dabei häufig mehr Befriedigung als zu Hause. Die Ehefrau hingegen verliert jegliche finanzielle oder soziale Unabhängigkeit. Der Mann ist der »große Zampano«, sie steht nur im Widerschein. Die Tatsache, daß die Ehefrau nun über Dienstpersonal, ein großes Haus, mehr Zeit für die Kinder und Freizeit für andere Interessen verfügt, vergilt nicht immer hinlänglich den Verlust einer unabhängigen Identität.

Vermutlich ziehen die **Kinder** den größten Nutzen aus dem Leben im Ausland. Sie erfahren eine spannende neue Welt voller Abenteuer. In einem empfindungsreichen und empfänglichen Alter wird ihnen vor Augen geführt, daß es nicht nur eine Sichtweise der Dinge gibt. Sie erfahren hautnah, was die Kinder zu Hause nur im Fernsehen erleben. Sie erleben den ewigen Sommer und werden von Dienern verhätschelt, die ihnen jeden launenhaften Wunsch von den Augen ablesen.

Auf nach Übersee! Oder besser nicht?

+ Punkte	– Punkte
Reiseerlebnisse / Neue Erfahrungen / Erweiterung des Horizonts	Abgeschnitten von den sozialen Beziehungen daheim / Reintegrationsschwierigkeiten
Neue Freunde	Trennung von den alten Freunden
Bei der Arbeit größere Verantwortung und Herausforderungen	Viele Arbeitsstunden, davon viele »unproduktiv«
Schmeicheleien und handfeste Versuchung durch das andere Geschlecht	Eheprobleme / Scheidung
Mehr Geld mit mehr Möglichkeiten	(Zu?) leichter Zugang zu Sex, Drogen und Alkohol / Teure Äpfel (u.ä.)
Hausangestellte nehmen Arbeit ab / Mehr Zeit für die Kinder	Ärger mit den Hausangestellten / Langeweile und Gefühl der Zeitverschwendung
Kinder lernen durch natürliche Erfahrung einen weiteren Horizont kennen	Gefahr: das arrogante Ausländerkind
Engere Eltern-Kind-Beziehung	Die Kinder bleiben zurück (Ausbildung, Internatserziehung)
Sich geschmeichelt fühlen, weil anders, wohlhabend und »weiß«	Anpassungsstreß in der fremden Kultur
Anregende Wirkung des Kulturschocks	Depressive Folgen des Kulturschocks

So überrascht es nicht, daß einige dieser überaus privilegierten Kinder sich zu arroganten kleinen Biestern entwickeln. Die meisten jedoch wachsen zu

Unabhängigkeit, Toleranz und (was vielleicht erstaunt) großer Anhänglichkeit gegenüber den Eltern heran.
Die sozialen und wirtschaftlichen Belastungen und Vorteile, die das Leben in Thailand dem Ausländer bringt, entsprechen weitgehend denen in jeder fremden Kultur. Die Betroffenenen müssen entscheiden, ob das Positive oder Negative überwiegt. Auch auf die Gefahr hin, allzusehr zu vereinfachen, kann unsere **Punktetabelle** vielleicht bei dieser Entscheidung hilfreich sein. Wenn Sie vorhaben, in Thailand (oder einem anderen überseeischen Land) zu leben, und Sie selbst oder einer Ihrer Angehörigen sehen sich außerstande, mit einem oder mehreren der negativen Faktoren zurechtzukommen, dann sollten Sie Ihre Entscheidung nochmals überdenken.
Auch wenn Sie sich bemühen, die Thai Kultur kennenzulernen, werden dadurch nicht alle der für Sie möglicherweise negativen Eigenheiten behoben. Doch Sie werden Ihren Sinn zumindest mehr **den positiven Seiten des Lebens in der Fremde zuwenden**. Solange Sie meinen, mehr zu gewinnen als zu verlieren, **werden Sie Ihren Aufenthalt genießen**.
Es stimmt uns froh, diesen Abschnitt mit der Feststellung abschließen zu können, daß die meisten Ausländer im großen und ganzen positiv über Thailand denken und bei ihrer persönlichen Bewertung des Aufenthalts nicht zögern, einen **sehr großen Überhang von Freude und Vergnügen** gegenüber Verdruß und Leiden zu bilanzieren.
Wenn Sie deshalb kurz nach der Ankunft in Thailand und nach den soeben beschriebenen üblen ersten Erfahrungen in Bangkok einen sehr zweifelhaften Eindruck gewonnen haben, werden Sie hoffentlich und bald erkennen, daß Thailand (und selbst Bangkok) **herz-lich** sind. Dieses Herz bietet sich nicht gleich dar. Auch wenn Sie es beim Verlassen des Flugzeugs nicht sofort schlagen spüren, so fühlen Sie es aber vielleicht selbst dann noch, wenn Berlin, Paris, New York, Moskau, Peking und Timbuktu zu Staub im Kriegsmuseum geworden sind. Wenn Sie bei der Ankunft Tränen vergießen, werden Sie bei der Abfahrt vermutlich noch viel mehr weinen – allerdings aus ganz unterschiedlichem Grund.

4 Kultur-Spiel

Sich in einer unbekannten Kultur richtig und angemessen zu verhalten, dies erfordert natürlich mehr als die simple Einhaltung einer Liste von sozialen Tabus. Es verlangt **Einfühlungsvermögen**. Und daraus leitet sich »korrektes« Verhalten meist von selbst ab. Einfühlung schult sich allerdings über lange Zeit und Erfahrung, viele Fehler und viel Frustration. Der letzte Teil unseres Buches dient dem Zweck, daß Sie **weniger nach strikten Verbotsregeln als aus sozialer Einsicht** handeln: Kultur-Quiz à la Thai.

Ein Thai Kultur-Quiz

Da die Menschen menschlich sind, gibt es keine absolut richtigen Verhaltensregeln für jedwede Situation. Die Bewertung »richtig« und »falsch« muß deshalb stets in gewisser Weise willkürlich und subjektiv ausfallen.
Bei unserem **Quiz** werden die Antworten nach einer Zehner-Skala bewertet, die von – 5 bis + 5 reicht (allerdings straft ein paarmal die –10 ganz grobe Schnitzer). Neutrale Antworten werden mit 0 bewertet. Die kindisch erscheinende Verwendung von Plus- und Minuszeichen soll andeuten, welch positiven oder negativen Dreh die Entwicklung der Situation aufgrund Ihrer Reaktion nähme.
Es bestehen **verschiedene Möglichkeiten, an dieses Quiz heranzugehen**. Die einfachste ist, den Anweisungen zu folgen (»Wählen Sie eine Möglichkeit« etc.), die vermeintlich richtige Lösung anzukreuzen und die Punktezahl zu notieren. Erreichen Sie zwischen 50 und 110 Punkte, werden Sie sich in Thailand wahrscheinlich gut zurechtfinden; bei 0 bewegen Sie sich immer noch auf sicherem Boden; bei Minuspunkten sollten Sie die ersten zwei Hauptkapitel dieses Buches nochmals lesen, ehe der Kulturschock Sie vollkommen am Boden zerstört.
Eine weitere Herangehensweise besteht darin, alle möglichen Antworten mit Punkten von – 5 bis + 5 zu versehen (dabei wohl berücksichtigend, daß 0 als neutral zu gelten hat). Abschließend vergleichen Sie Ihre Bewertung mit unserer.
Wenn Sie beim Test nicht »schummeln« wollen, bedecken Sie die Punktebewertung und den Kommentar, der die Antworten und deren Einschätzung enthält.
Verwenden Sie einen weichen Bleistift, so daß mehrere Leute das Quiz lösen können.
Und nehmen Sie manche der Bewertungen nicht allzu wörtlich (dies haben wir auch nicht getan).

Situation 1

Sie haben die Rechnung in einer Speisegaststätte bezahlt. Die Bedienung bringt Ihnen das Wechselgeld auf einem Tablett. Sie nehmen es an sich, lassen aber ein Trinkgeld zurück. Sie lächelt bezaubernd und dankt mit dem *wai*, ehe sie das Geld nimmt. Wie reagieren Sie? (Kreuzen Sie eine Möglichkeit an.)

		Ankreuzen	Punkte
A	Sie ignorieren das Mädchen.		0
B	Sie legen nochmals 5 Baht auf das Tablett.		– 1
C	Sie lächeln und setzen die Unterhaltung mit Ihren Freunden fort.		+ 5
D	Sie richten sich auf und erwidern den *wai*.		– 5
E	Sie bleiben sitzen und erheben die Hände beiläufig zu einem niedrigeren *wai*.		– 3

Kommentar:

Nur die Antworten **A** und **C** sind angemessen. **E** bedeutete ein seltsames Verhalten, und **D** könnte sogar als Sarkasmus, also verletzend, empfunden werden. **B** hätte sicherlich noch einen *wai* und ein weiteres bezauberndes Lächeln zur Folge – und das Spiel könnte von vorne beginnen (was lohnend sein könnte, wenn sich das Mädchen aufrichtig freut). Wir haben dieser Ankreuzung ein Minus erteilt, weil gemutmaßt werden könnte, daß Sie zur eigenen Belustigung mit Menschen Spielchen treiben. Sollten nämlich Ihre Freunde darüber lachen, hätten Sie das Mädchen in peinliche Verlegenheit gebracht.

Situation 2

Sie suchen einen Thai Freund auf, um ihn zum Essen einzuladen. Er ist sehr erfreut, und während Sie soeben aufbrechen, kreuzen seine einheimischen Freunde auf. Er erklärt ihnen, Sie seien auf dem Weg zu Nicks Restaurant, und fordert sie auf mitzukommen. Sie verabschieden sich mit den Worten: »Bis gleich bei Nick!« Während Sie nun mit Ihrem Freund losfahren und sich dabei fragen, wieviel seine Großzügigkeit Sie wohl kosten wird (und wie langweilig der Abend wahrscheinlich verlaufen wird, wenn alle außer Ihnen Thai sprechen), fragt er Sie: »Wo sollen wir denn essen? Was hältst du vom Song Daeng?«
Antworten Sie ... ? (Eine Möglichkeit ankreuzen.)

		Ankreuzen	Punkte
A	»Natürlich nichts, denn du hast doch gerade deinen Freunden erzählt, wir gingen zu Nick.«		– 3
B	»Okay, laß uns dorthin gehen.«		+ 4
C	»Gute Idee, wir können ja von dort bei Nick anrufen, um deine Freunde zu benachrichtigen.«		+ 5
D	»Ja, das fände ich gut. Aber was machen wir, wenn deine Freunde bei Nick auf uns warten?«		– 2
E	»Wenn du deine Freunde nicht treffen willst, wieso hast du sie dann eingeladen? Warum hast du nicht einfach gesagt, wir gingen essen, basta?«		– 5

Kommentar:

Die Antwort **E** klänge sehr ungehobelt, auch wenn Sie zu einem sehr guten Freund sprechen. Sie verrät eine stark westlich geprägte Argumentationsweise. Selbst wenn Sie so denken – sagen Sie es nicht. Der beschuldigende Tonfall ist keineswegs gerechtfertigt; Ihr Freund hat lediglich versucht, allen entgegenzukommen. Hätten seine Freunde erfahren, daß Sie beide zum

Essen gehen, ohne zum Mitkommen einzuladen, dann wäre dies einer Ablehnung, einer Aufkündigung der Freundschaft gleichgekommen. Mehr noch: Einladungen zum Essen sind grundlegender Ausdruck des Gefühlslebens. Aber auch das: Einladungen zum Essen sind Redewendungen und die Worte deshalb weniger verbindlich, als sie in westlicher Übersetzung klingen.
Wenn Sie nun tatsächlich zu Nick gingen, würden Sie dort vermutlich vergebens auf die Freunde Ihres Freundes warten. Deshalb bedeutet die Antwort **D** auch, Ihren Freund zur »Kritik« an seinen Freunden aufzufordern, indem er die (für Sie) verzwickte Sachlage erklären soll. Kästchen **A** kommt nicht in Frage, weil Sie so Ihren Freund unverblümt kritisieren. Kästchen **B** geht in Ordnung, vorausgesetzt, Sie wollen den Abend tatsächlich ohne die Freunde Ihres Freundes verbringen. Am besten ist die Lösung **C**, da Sie die Einladung Ihres Freundes an seine Freunde begrüßen. (Selbstverständlich vergessen Sie, vom Song Daeng aus anzurufen.) Wenn Sie nun im Song Daeng die Freunde Ihres Freundes vorfinden – dann lächeln Sie und setzen sich zu ihnen an den Tisch!

Situation 3

Während Sie einen Tempel besichtigen, werden Sie von einer Gruppe freundlicher Menschen, die im Schatten einer *sala* sitzen, eingeladen, sich

niederzulassen und ein scharfes Chili-Gericht und Reiswein zu sich zu nehmen. Sie mögen leider beides nicht und wollen sich deshalb der Gruppe nicht anschließen. Sie reagieren nun damit, daß ...
(Nur eine Antwort ankreuzen.)

		Ankreuzen	Punkte
A	... Sie schwindeln, indem Sie behaupten, bereits gegessen zu haben.		+ 5
B	... Sie sich entschuldigen, keine Zeit zu haben.		– 1
C	... Sie ablehnen, indem Sie erklären, Sie vertrügen kein scharfes Essen und keinen Reiswein.		0
D	... Sie ein wenig essen in der Hoffnung, sich bald wieder entfernen zu können.		0
E	... Sie die Leute ignorieren und davoneilen		-2

Kommentar:

In der Thai Sprache sind Essenseinladungen etwa so häufig und ernstgemeint wie bei uns die Frage: »Wie geht's?«
Die Schwindelei »Habe schon gegessen!« (**A**) ist die höfliche Standarderwiderung. Keine Zeit für irgend etwas oder irgend jemanden zu haben (**B**), dies gilt in Thailand keinesfalls als Entschuldigung; diese Antwort schließt also beinahe eine Beleidigung der Einladenden ein. Die Antwort **C** ist einsichtig, aber Ihre Möchtegern-Gastgeber werden vermutlich andere Speisen und Getränke finden, von denen sie annehmen, daß sie Ihnen schmecken. Die Lösung **D** ist höflich, aber unnötig; außerdem dürfte es sehr schwerfallen, sich nach kurzen Kostproben schnell und würdevoll abzusetzen. Die Einladenden einfach zu ignorieren (**E**), dies würde sie zwar nicht allzulange in trübe Stimmung versetzen; aber wenn Sie sich so aus jeder vergleichbaren Situation stehlen wollen, wird Ihnen der Aufenthalt in Thailand überhaupt nichts bringen.
Wenn Sie sich aber der Gruppe anschließen möchten, wäre es höflich, auf eine Wiederholung der Einladung zu warten. Dann aber heißt es: Platz nehmen und zulangen.
Bei formelleren Anlässen (wenn Sie zum Beispiel zu einer Familienfeier eingeladen sind) ist die Ausrede »Ich habe schon gegessen« nicht zulässig. Jede Essensablehnung, gleich aus welchem Grund, gilt dann als schlechtes Betragen.

Situation 4

Sie wenden sich auf der Straße in Unkenntnis Ihrer Ortsbefindlichkeit an einen jungen Thai und fragen ihn nach dem Weg. Er deutet in die Richtung, in die er ohnehin geht, und bietet freundlich an, Ihnen den Weg zu zeigen. Während Sie nun gemeinsam gehen und sich unterhalten, ergreift er Ihre Hand. Wie verhalten Sie sich?
(Nur eine Antwort ankreuzen.)

		Ankreuzen	Punkte	
			Männer	**Frauen**
A	Sie entziehen ihm Ihre Hand und gehen allein weiter.		– 5	+ 5
B	Sie grinsen und ertragen es.		0	– 5
C	Sie erklären, Sie seien an »Händchenhalten« nicht gewöhnt, und lösen sacht Ihre Hand.		+ 4	1
D	Sie grinsen und genießen.		+ 5	5
E	Sie kraulen mit der freien Hand seinen Haarschopf.		– 10	– 10

Kommentar:

Die Hand eines Wildfremden zu ergreifen, dies ist auch in Thailand nicht üblich. Wenn Sie aber ein Mann sind, müssen Sie darauf gefaßt sein, daß Ihnen dies häufiger widerfährt als zu Hause. Händchenhalten zwischen Männern muß keineswegs von Homosexualität zeugen.

Männer-Antworten:

Wenn es Ihnen gefällt, paßt natürlich Antwort **D**. Falls nicht oder wenn Sie befürchten, von Ihren *farang* Bekannten beobachtet zu werden, müssen Sie den Körperkontakt nicht ertragen (**B**). Wenn Sie den Lösungsweg **C** einschlagen und dabei freundlich bleiben, wird dies beiden Seiten Verlegenheit ersparen. Eine Alternative wäre es, in der Ihrem Begleiter zugewandten Hand eine brennende Zigarette zu halten.

Frauen-Antworten:

Der Fremde verhält sich Ihnen gegenüber äußerst aufdringlich. Jedes Zögern würde ihn noch dreister werden lassen. Hier ist Handeln geboten! Selbst wenn Sie es genießen, mit Freunden (oder Fremden) Händchen zu halten – die Straße ist nicht der Ort dafür.

Lösung E: Seinen Haarschopf tätscheln – Sie suchen den Ärger, den Sie wohl auch bekommen werden.

Situation 5

Kreuzen Sie für jede der nachstehenden Situationen die angemessene Art und Weise an, »Danke« auszudrücken (jeweils nur eine Möglichkeit ankreuzen):

	Keine Reaktion	**Lächeln**	**Lächeln & Kopfnicken**	**Mündliches »Danke«**	***wai***
A Ein Taxifahrer überreicht Ihnen das Wechselgeld.					
B Ein Mönch reicht Ihnen etwas.					
C Hotelboy öffnet die Tür.					
D Sie kaufen etwas von einem Straßenhändler, der sich bei Ihnen bedankt.					
E Ihr Hausmädchen erzählt, es habe gerade eine Giftschlange getötet, als diese Ihr Kind beißen wollte.					
F Ein Fremder weist Ihnen den Weg zum gesuchten Geschäft.					
G Ein höflicher Beamter verlängert Ihr Visum ohne Zögern am selben Tag.					

		Punkte			
A	+5	+5	0	−1	−5
B	−5	−2	−1	0	+5
C	+4	+5	−1	−5	−10
D	0	+5	+4	−1	−5
E	−10	−5	−1	+5	+2
F	−5	+2	+4	+5	−3
G	−10	−2	−1	+2	+5

Kommentar:

Diese Übung sollte deutlich machen, daß die Ausdrucksformen des Dankes in Thailand zum einen von der erbrachten Leistung abhängen (wie bei uns), zum anderen aber noch weit mehr von der Stellung des Gebenden. Andere Faktoren, die hier nicht berücksichtigt wurden, sind Alter und Sympathie.

Bei gleicher Leistung wird dem Älteren immer etwas tiefer gedankt als dem Jüngeren. Wenn Sie einen bestimmten Taxifahrer mögen und er sich sehr dankenswert verhalten hat, dann ist auch ein wörtliches »Danke« nicht fehl am Platz (es ersetzt allerdings keineswegs das Trinkgeld).

Situation 6

Sie sitzen mit einem thailändischen Freund und seinem siebenjährigen Kind in einem überfüllten Bus. Da steigt ein alter Mann zu.
Wie verhalten Sie sich? (Eine Antwort ankreuzen.)

		Ankreuzen	Punkte
A	Sie tun nichts.		0
B	Sie bitten das Kind, seinen Platz für den alten Mann freizumachen.		–5
C	Sie bitten Ihren Freund, das Kind auf seinen Schoß zu nehmen.		–2
D	Sie überlassen dem alten Mann Ihren eigenen Platz.		+5
E	Sie geben ihm Ihren Platz und zahlen sein Billet.		–2

Kommentar:

Selbstverständlich überlassen Sie dem Mann aus Respekt vor seinem Alter Ihren Platz (**D**). Da Kinder mehr wertgeschätzt werden als alles andere, läßt man ihnen die relative Sicherheit eines Sitzplatzes im Bus und erwartet nicht, daß sie für Ältere aufstehen. Lösung **B** kommt deshalb nicht in Frage. Wenn Ihr Freund von selbst auf die Idee kommt, sein Kind auf den Schoß zu nehmen – prima. Doch wenn Sie ihn dazu auffordern (**C**), würden Sie ihn damit zugleich kritisieren. Gar nichts zu unternehmen (**A**), nun ja, dies ist heutzutage kein auffälliges Verhalten. Wenn Sie jedoch für den alten Mann das Busticket lösen (**E**), ohne daß er Sie darum gebeten hätte, so wäre dies beleidigend. Sollte er Sie aber darum bitten, dann sollten Sie Ihren Sitzplatz nicht aufgeben.

Situation 7

Sie gehen gedankenversunken vor sich hin, da ruft Ihnen ein Unbekannter neben einem Verkaufsstand an der Straße zu: »You!«

Wie reagieren Sie? (Eine Antwort.)

		Ankreuzen	Punkte
A	Sie denken, er sucht Ärger, und eilen davon.		0
B	Sie entgegnen: »You!«		– 4
C	Sie gehen einfach weiter.		+ 5
D	Sie sagen ihm, es sei ungehobelt, »You« zu sagen.		– 1
E	Sie zeigen mit dem Fuß auf ihn.		– 5

Kommentar:

»You!«, »Hey, You!« oder »Mister!« – dies könnten sehr wohl die ersten englischen Worte sein, die Sie von einem Thai hören. Unbedarfte Worte, die jährlich auf Tausende von ausländischen Besuchern einen schlechten Eindruck machen. Wie tolerant Sie auch sein mögen, dieses »You!« verärgert eben.

Mit dem Fuß auf den Beleidiger zu zeigen (**E**), dies wäre hier allerdings etwa ebenso angebracht wie ein *wai*, und Sie würden sich mit Gewißheit den wohlverdienten Ärger zuziehen. Lösung **A** geht voll auf Sicherheit, was unnötig ist, denn der Rufende ist keineswegs auf Streit aus. Lösung **D** (ihm erklären, wie unhöflich es ist, einfach nur »You!« zu sagen) hilft nur weiter, wenn Ihnen dies auf Thai gelingt. Denn Thai, die »You!« sagen, beherrschen meist nicht mehr als sechs (unerfreuliche) Worte Englisch; außerdem wird die negative Lage dadurch nicht befriedet, sondern eher verschärft. Die Lösung **B**, ihm Ihrerseits ein »You!« entgegenzuschleudern, wird vermutlich zwar keine Feindseligkeit auslösen, doch die Situation noch verfahrener werden lassen.

Wenn Sie jemandes Aufmerksamkeit erregen wollen, können Sie auf Thai ruhig die entsprechenden Worte für »You«, »Mister« oder »Lady« benutzen. Das ist üblich. Aber man wählt eine höfliche Form des »You« und hängt eine Respekt ausdrückende Silbe an. Der Thai, der Ihnen »You!« zuruft, meint einen Grund zu haben, um Ihre Aufmerksamkeit zu wecken (vermutlich nicht einfach den, daß der *farang* sich umwendet). Und wenn Sie dann auch noch davon ausgehen, daß der Rufer nicht beabsichtigt, grob zu werden, dann spricht alles für eine neutrale Reaktion. Lächeln Sie zurückhaltend und gehen Sie gelassen weiter. Verderben Sie sich bei solchen Nichtigkeiten durch übertriebene Reaktionen keine einzige Sekunde Ihres Aufenthalts in Thailand. Denken Sie daran, daß es 99 Prozent aller Thai nie in den Sinn käme, »Hey, you!« zu rufen, und daß die meisten des verbleibenden einen Prozents viel lieber »Excuse me, Sir« sagen würden, wenn sie die Worte kennten.

Situation 8

Wenn ein Thai Ihren gesellschaftlichen Status einschätzen will, von welchen Kriterien wird er wohl ausgehen?

(Kreuzen Sie so viele Möglichkeiten an, wie Ihrer Meinung nach in Frage kommen.)

	Ankreuzen	ja	nein
A	Soziale Verbindungen	+ 1	– 2
B	Familiärer Hintergrund	+ 1	– 2
C	Erziehung, Ausbildung	+ 1	– 2
D	Einkommen, Vermögen	+ 1	– 2
E	Beruf	+ 1	– 2
F	Kleidung und Benehmen	+ 1	– 2
G	Alter	+ 1	– 2
H	Auto und Haus	+ 1	– 2
I	Religion	– 5	+ 1
J	Rasse	– 5	+ 1
K	Thai Sprachkenntnisse	– 5	+ 1
L	Freundlichkeit	– 5	+ 1

Kommentar:

Nahezu alle Kriterien dienen der Einschätzung Ihres Ranges, besonders die ersten fünf. Lediglich Religion, Rasse, Sprachkenntnisse und Freundlichkeit tragen nicht dazu bei. Schmeicheleien über Ihre helle Haut und übertriebene Komplimente über Ihre Fähigkeit, ein paar Worte Thai zu sprechen, sollten nicht mit Ansehen verwechselt werden.

Situation 9

Sie arbeiten in Thailand. Sie besuchen ein technisches Projekt in Ihrer Verantwortung, dessen Zeitplan bereits um ein Jahr überzogen ist. Während der Besichtigung der Anlage können Sie keinen Grund für die Verzögerung erkennen. Nach der Besichtigung werden Sie vom Thai Manager und den an diesem Projekt Beschäftigten aufgefordert, Ihre Eindrücke wiederzugeben. Wie verhalten Sie sich?
(Kreuzen Sie eine Möglichkeit an.)

		Ankreuzen	Punkte
A	Sie empören sich über den langsamen Fortgang der Arbeit und drohen: »Wenn Sie jetzt nicht die Ärmel hochkrempeln, werden Sie gefeuert!«		– 5
B	Sie fragen vor versammelter Belegschaft nach dem Grund für die Verzögerung.		0
C	Sie greifen sich den Projektleiter und bitten ihn, Rechenschaft abzulegen.		– 10
D	Sie verweisen auf die Ziele und Geschichte des Projekts, sprechen von allen Schwierigkeiten (wie geringfügig auch immer) und loben das Team für die Bewältigung dieser Probleme – und drücken dabei die Hoffnung aus, daß die Arbeit jetzt wie geplant vonstatten gehen kann.		+ 5
E	Sie vergleichen den Fortschritt dieses Projekts mit einem erfolgreicheren und halten dann eine anspornende Rede.		– 1

Kommentar:

Hier gilt, wie überall, die eherne Regel: Kritik vermeiden. Wenn Ihre Worte positiv wirken sollen, dann müssen grundsätzlich zunächst Sie respektiert werden und beliebt sein. Respekt gebührt Ihnen aufgrund Ihres Ranges von selbst; aber wenn Sie sich unbeliebt machen, werden Sie nicht viel erreichen. Die Lösung **D** ist bei solchen Situationen ideal. (Solange Sie wollen, und ohne Unterbrechung, können Sie vor Ihrem gefesselten Publikum sprechen.) Seien Sie aber beim Preisen geringfügiger Arbeitsergebnisse vorsichtig, damit kein Sarkasmus erkenntlich wird. Dies würde im Westen vielleicht ein befreiendes Lachen auslösen, in Thailand aber die Spannung anheizen. Der Vorteil der Vorgehensweise von **D** liegt darin, daß Sie sich bei der gesamten Belegschaft beliebt machen, weil die Versäumnisse der Vergangenheit niemandem zur Last gelegt werden. So beeinträchtigt die Vergangenheit nicht die Zukunft, und die Möglichkeit einer konstruktiven Zusammenarbeit mit dem Thai Projektleiter bleibt offen. Wenn Sie dann mit ihm unter vier Augen sind und wissen, daß Sie ihm sympathisch sind, könnten Sie eventuell erwähnen, daß die »Großen Tiere« der Firma Ihnen Kopfschmerzen bereiten, weil sie ständig Erfolgsberichte anforderten (Methode: »Die kennen die wirklichen Probleme ja gar nicht!«).

Wenn Sie eine einzelne Person zur öffentlichen Kritik herausgreifen (**C**), würden Sie damit das Gegenteil der beabsichtigten Wirkung erzielen. Gleiches gilt für die kollektive Kritik, ob direkt (**A**) oder indirekt (**E**) geäußert.

Wenn Sie nach den Gründen für die Verzögerung fragen (**B**), auch wenn dies im Geiste von »Lassen Sie uns das Problem gemeinsam anpacken!« geschieht, wird Ihnen nur betretenes Schweigen antworten.

Die Tatsache, daß Sie auf Ihrer angekündigten Besichtigung als *V.I.P.* der Firma keine greifbaren Erklärungen für den schleppenden Projektfortgang finden konnten, beweist natürlich nicht, daß es keine solchen Gründe gäbe.

Wenn Sie bei der Belegschaft beliebt sind, wird sie Wege finden, Sie wissen zu lassen, daß zum Beispiel der Vorarbeiter 20 Prozent der Arbeiterlöhne in die eigene Tasche steckt.

Situation 10

Ein Ausländer, der sich bei Thai beliebt machen will, sollte welche der folgenden Maximen beachten?
(Kreuzen Sie so viele an, wie Sie für angemessen halten.)

		Ankreuzen	Punkte
A	Tu oder sage nie etwas, was als Beleidigung aufgefaßt werden könnte.		+ 5
B	Sei aufrichtig und sage stets, was du denkst.		– 5
C	Sei, wie du bist, und man wird dies wertschätzen.		– 5
D	Sei großzügig.		+ 5
E	Verhalte dich so wie die Thai.		– 5
F	Lächle und nimm es leicht.		+ 5

Kommentar:

In jeder Lage hängt der Schaden, zu »sagen, was man denkt« (**B**), und zu »sein, wie man ist« (**C**), davon ab, was Sie denken und was Sie sind. Grundsätzlich gilt für alle Situationen, daß es viel sicherer ist, einen schlechten Eindruck zu vermeiden (**A**) als nach Beliebtheit zu streben. Der Fremde, der sich innig danach sehnt, kann diese Beliebtheit kaufen (**D**); allerdings bringt Großzügigkeit ohne Höflichkeit auch nicht viel weiter. Sich »so wie die Thai« zu verhalten (**E**), das ist der gefährlichste Ratschlag, wenn er nicht

unter dem Imperativ steht: »Verhalte dich so, wie ein Thai vom gleichen Rang es täte.« Sie sitzen selbstverständlich nicht mit gekreuzten Beinen einem Mönch gegenüber, obwohl er dies tut. Gleiches gilt für den *wai* ... und so weiter und so fort ...
Wenn Sie beim besten Willen nicht wissen, wie Sie sich verhalten sollen, dann verhalten Sie sich am besten gar nicht. Lächeln Sie einfach und nehmen es leicht (**F**). Dies ist der sicherste und gewisseste Weg zur Popularität.

20 Fragen

Dieses »Wahr-Falsch-Ratespiel« richtet sich an Kinder aller Altersgruppen. Es soll jeweils das Kästchen »Wahr« oder das Kästchen »Falsch« angekreuzt werden. Jede richtige Antwort ergibt einen Pluspunkt, bei jeder falschen Antwort muß ein Punkt abgezogen werden. Wem das alles zu einfach ist, der möge zudem die Fragen in Klammern beantworten. Die Quiz-Fragen können auch einer Gruppe von Kindern vorgetragen werden. (Und die können natürlich ebenfalls aufgefordert werden, bei der Beantwortung der in Klammern stehenden Fragen zu helfen.)

		Wahr	**Falsch**
1	Im Tempelbezirk ist Essen verboten. (Gibt es Speisen, die für Thai tabu sind?)		
2	Im *bot* müssen die Schuhe ausgezogen werden. (Wo außerdem müssen Schuhe ausgezogen werden?)		
3	Menstruierende Frauen dürfen den Tempel nicht betreten. (Welche Regeln, wenn es sie gibt, bestehen für den Eintritt in den Tempel?)		
4	Mönche essen nach Mittag nichts mehr. (Wie lauten die fünf wichtigsten Gebote für Mönche?)		
5	Man sollte im Beisein von Mönchen nicht mit gekreuzten Beinen sitzen. (In welcher Beziehung steht die Sitzhaltung zum Status?)		
6	Die meisten Thai arbeiten in den Reisfeldern. (Welches ist Thailands Hauptausfuhrgut?)		
7	Alle Thai werden mit *khun* angeredet. (Wie kann *khun* ins Deutsche/Englische übersetzt werden?)		
8	Nur engste Freunde sollten einen Thai mit seinem Spitznamen anreden. (Vermutlicher Ursprung der Spitznamen?)		
9	Beim Betreten eines thailändischen Hauses sollten Hüte abgenommen werden. (Bezeichnen Sie die Beziehung zwischen Hüten und Schuhen.)		
10	Die meisten Thai benutzen Wasser und die linke Hand zum Reinigen der Gesäßfurche nach dem Stuhlgang.		

	Wahr	Falsch
(In welchem Bezug stehen Toilettengepflogenheiten zu sozialem Verhalten?)		
11 Die Thai buddhistischen Mönche essen kein Fleisch. (Aus welchem Grunde?)		
12 Frauen dürfen einen Mönch oder seine Robe nicht berühren. (Wie sollte eine Frau einem Mönch etwas überreichen?)		
13 Die Haare gelten bei den Thai als unrein. (Erklären Sie das Tabu, Kopf und Haar zu berühren.)		
14 Während der buddhistischen Fastenzeit trinken die Thai keinen Alkohol. (Wann ist die buddhistische Fastenzeit?)		
15 Jeder kann Mönch werden. (Welche Bedingungen müssen erfüllt sein?)		
16 Alle Thai Mädchen, die ihre Wollwesten verkehrt (hinten geknöpft) tragen, schützen sich damit gegen böse Geister. (Weshalb könnte eine solche Maßnahme Schutz bieten?)		
17 Eine Thai Mutter kann einer anderen zu ihrem »häßlichen« Baby gratulieren. (In welcher Verbindung stehen Kindsgeburt-Zeremonien und Geisterglaube?)		
18 Der Untergebene zahlt stets für den Höhergestellten. (Welche sozialen Regeln bestehen beim Bezahlen im Lokal?)		
19 Die Thai halten viel von »fairer Kritik«. (Welche Grundregeln bestehen für die »indirekte Kritik«?)		
20 Zur Lebenshaltung der Thai gehört, daß sie sich jedem Problem gewachsen fühlen. (Beschreiben Sie die sozialen Regeln der Konfliktvermeidung in Thailand.)		

Antworten:

- »Wahr«: Fragen **2, 4, 5, 6, 9, 10, 12, 17**
- »Falsch«: Fragen **1, 3, 7, 8, 11, 13, 14, 15, 16, 18, 19, 20**

Und die Antworten für die Ergänzungsfragen sind überall im Buche versteckt – viel Spaß bei der Suche.

•

Auch wenn Sie nun dieses Buch gelesen und beim Abschluß-Quiz mitgespielt haben, werden Sie unweigerlich in Situationen geraten, die wir nicht behandeln konnten. Sie sind Sie – und die Situationen, in die Sie geraten,

sind zwangsläufig so einmalig wie Ihre Persönlichkeit. Wenn Sie ins Schwimmen kommen, sich gar dem Ertrinken nah fühlen – dann versuchen Sie doch einmal ein eigenes Kultur-Quiz zusammenzustellen. Vielleicht hilft Ihnen ein solches auf Ihre eigenen Erfahrungen bezogenes Entscheidungsspiel, wieder Land zu gewinnen.
Das Leben in Thailand ist für uns *farang* ein nie endendes, faszinierendes Kulturspiel. Wir haben uns bemüht, einige Regeln dieses Spiels zu erklären. Und wenn es dabei eine Grundregel gibt, so ist es vermutlich jene, die wir schon einmal zitiert haben:

»Das Leben ist eine Lust – wozu die Eile?«

5
Anhang

Die materiellen Voraussetzungen der Kultur

Wir sind uns vollkommen bewußt, daß der Neuankömmling, auch wenn die Thai Kultur ihn in ihren Bann zieht, sich vermutlich zunächst nur dafür interessiert, eine Wohnstätte zu finden und im alltäglichen Leben zurechtzukommen. Deshalb sollen ***einige praktische Hinweise*** *nicht fehlen:*

Badezimmer

Westliche ***Sitztoiletten*** *und* ***Toilettenpapier*** *sind in allen piekfeinen Büros und Hotels zu finden. Es gibt sie allerdings noch nicht seit allzulanger Zeit. Sollten Sie Fußabdrücke auf der Toilettenbrille entdecken, dann deshalb, weil noch nicht sämtliche Thai den »Fortschritt« dieser Kulturreform eingesehen haben. Ihnen bereitet die Sitztoilette einen ebensolchen Kulturschock wie die* ***Hocktoilette*** *vielen Europäer. Der Vorgang sollte eigentlich selbstverständlich sein, ist es aber nicht. Daher einige Hinweise für die Erleichterung in einem Thai »Wasserzimmer« (hong nam):*

- ***Hocken*** *Sie sich nieder (bei Gelenkrheuma so weit wie möglich). Der Hintern schwebt über dem Abflußloch. Stehen Sie nicht, setzen Sie sich nicht.*
- *Männer sollten im Auge behalten, daß die* ***Hosen weiter heruntergezogen*** *werden sollten als bei der Sitztoilette. Ansonsten zielen die Gesäßtaschen in den Abfluß (Sie wissen, wie die Schwerkraft wirkt). Das Wiedererlangen von Münzen, Kamm, Brieftasche usw. könnte eine recht unangenehme Beschäftigung bedeuten.*
- *Sollte* ***Toilettenpapier*** *vorhanden sein, wirft man es nach Gebrauch in einen Korb, nicht in den Abfluß. Dieser Brauch dient nicht dem Recycling, wie einige Besucher meinten, sondern soll lediglich die Verstopfung des Abflußsystems verhindern.*
- *Ist kein Papier vorhanden, dienen drei Instrumente der Hygiene: ein* ***Wasserbecken,*** *eine Schöpfkelle und die* ***linke Hand*** *mit kurzgeschnittenen Nägeln. So ist es in großen Kulturen seit Jahrtausenden der Brauch.*

Neben der technischen Grundausstattung – Abflußloch, Wasserkrug (oder Wasserbecken) und ein Nagel zum Aufhängen der Kleider – sind die meisten

Thai Badezimmer sehr spartanisch eingerichtet. Wenn Sie baden wollen, schöpfen Sie das Wasser aus dem Behälter und gießen oder schwappen es über Ihren Körper. Bald werden Sie diese erfrischende Art, ein Bad zu nehmen, zu schätzen wissen. Außerdem ist sie viel zuverlässiger als Bangkoks »moderne« ***Duschen****, die anfangs oft bloß träufeln, um nach gründlichem Einseifen gar keinen Tropfen mehr von sich zu geben.*
Wenn Sie »aufs Land« reisen, werden Sie häufig überhaupt kein »Wasserzimmer« vorfinden, sondern lediglich einen Brunnen, ein Bächlein oder einen Fluß. Unter diesen Gegebenheiten wird meist nur im Morgengrauen oder in der Abenddämmerung gebadet. Das heißt: Sie haben viel Gesellschaft. Und wieder gilt: Machen Sie es gerade so wie die anderen.

Bootsverkehr

Obwohl die khlong *(****Kanäle****) von Bangkok zunehmend verschwinden, besteht noch ein verzweigtes Netz von Wasserwegen, das viele Stadtteile miteinander verbindet. Mit ein wenig Planung können Sie die schlimmsten Verkehrsstaus dadurch umgehen, daß Sie mit dem Boot fahren.*
Linienboote fahren den Chao-Phraya-Fluß (Mänam Chaophraya) *mit erstaunlicher Regelmäßigkeit und Pünktlichkeit hinauf und hinab. Sie laufen etwa zwanzig* ***Hauptanlegestellen*** *an. Einige sollten Sie sich vielleicht einprägen (von stromaufwärts nach stromabwärts aufgezählt):*

- ***Tha Thevet*** *und* ***Tha Wisut Kasat****, von wo aus sich viele Regierungsbehörden und internationale Organisationen erreichen lassen.*
- ***Tha Maharat*** *und* ***Tha Chang****. Von dort erreichen Sie zu Fuß die Universitäten Thammasat und Silpakon, den Sanam Luang* (Phraman), *das Nationaltheater und Nationalmuseum.*
- ***Tha Ratchawong****. Von dort erreichen Sie »China Town«.*

Die ***Linienboote*** *verkehren zu* ***festen*** *und billigen Preisen, die sich nach der Zahl der zurückzulegenden Haltestellen richten. Sie sollten dem »Flußschaffner« also mitteilen können, wo Sie aussteigen möchten.*
Vielerlei andere Linien bedienen die Kanäle im gesamten Stadtgebiet. Besonders hilfreich ist die Strecke entlang der New Phetburi-Seite von Sukhumvit, die an Phratunam vorbeiführt und die City durchquert.

Busse

Das ***Bussystem*** *in Thailand besitzt seine Eigenart, weist sogar eine besondere Kultur auf. Die gegen den Gestank der Auspuffgase anduftenden Blumengirlanden, die über dem Sichtfeld des Fahrers schwingen, das Ritual des Fahrkartenknipsens und das Wettrennen der Busse – all dies ist Teil der besonderen Atmosphäre, ja: Kultur Bangkoks.*

Die hochentwickelte traditionelle Hygienekultur am Fluß wird durch die neuzeitliche Umweltverschmutzung ins Gegenteil verkehrt. (Hier: Am Maenam Chao Phraya in Bangkok Nonthaburi; vorne eine von Maden zerfressene Ratte)

Der Besucher sollte wissen, daß Fahrer und Schaffner weitgehend auf Provisionsbasis arbeiten. Nur so läßt sich erklären, weshalb sie so versessen darauf achten, den Bus berstend voll zu laden, drinnen und draußen kletternd die Fahrgelder zu kassieren und alsdann im Wettlauf mit einem konkurrierenden Bus zum nächsten Halt zu siegen.
Im Bus herrscht das Wort bai *vor. Es bedeutet sowohl »Halt!« als auch »Weiterfahren!« Dies mag den Fremden verwirren, während der Thai aufgrund der Tonhöhen und Selbstlautlängen zwei völlig verschiedene Worte erkennt.*
Die Busse fahren überall hin und halten überall. Mit einer Handbewegung halten Sie einen Bus in voller Fahrt auf – und bremsen ihn, wenn Sie aussteigen möchten. Gewöhnliche Busse (bei denen die Fahrgäste in Trauben am Eingang hängen) verkehren (gegenüber den klimagekühlten Bussen) in Bangkok zu einem wahren Spottpreis. Langstrecken kosten das Doppelte.
Tips: *Halten Sie sich unbedingt fest. Bewachen Sie Ihre Geldbörse oder Handtasche. Und beachten Sie, daß Mönchen die hinterste Sitzbank zusteht.*

Eisenbahn

Bangkok durchwebt ein Eisenbahnnetz, das Fremde jedoch kaum benutzen. Die Bahnhöfe liegen versteckt; die Züge fahren unregelmäßig, aber pünkt-

lich. Mögen sie sich auch im internationalen Vergleich langsam voranbewegen, so kommen sie gegenüber dem City-Straßenverkehr doch weit schneller ans Ziel. Und weil die Namen der Stationen auch in Umschrift angegeben sind, kann der Ausländer mühelos die gewünschte Haltestelle erkennen. Die Züge starten am ***Hauptbahnhof*** *im Stadtinneren. Dort sind auch* ***Fahrpläne*** *vorhanden. Eine Linie verläuft Richtung Don-Muang-Flughafen. Eine weitere durchquert Makkasan, folgt der New Phetburi und führt am König-Mongkut-Institut für Technologie vorbei, bevor sie Aranyapratet anzielt und erst an der kambodschanischen Grenze Halt macht.*

Lange Strecken mit der Eisenbahn *können dann sehr angenehm ausfallen, wenn Sie über Zeit verfügen und erster oder zweiter Klasse reisen. Die Liege- und Schlafplätze, der Service, die Verpflegung (im Zug oder von Stationshändlern angeboten) gestalten Ihre Reise äußerst* ***komfortabel****. Es besteht* ***nur ein Problem****: Die Züge fahren entweder langsam oder sehr langsam oder sogar unglaublich langsam. Oder in der Sprache der Fahrpläne ausgedrückt: als Expreß-, Schnell- oder Normalzüge.*

Elektrizität

Grundsätzlich ***240 Volt****, mit Schwankungen, gelegentlichen »Blackouts«. Für Erdung ist nicht gesorgt, und alle Steckdosen sind nur mit zwei einfachen Stecklöchern versehen.*

Fahren

Wenn Sie in Thailand eigenhändig zu fahren beabsichtigen, sollten Sie wissen, daß die Höflichkeits- und Ehrerbietungsregeln, die wir zuvor beschrieben haben, im Verkehr nicht mehr gelten. Schlimmer noch, die hierarchischen Machtregeln drücken sich hier in Fahrzeugen aus: ***Macht ist Recht****. An der Spitze der Hierarchie stehen dreiachsige Laster, Panzer, Bulldozer, Dampfwalzen und schwere Kipplader. Im Mittelfeld liegen die verschiedenartigen Busse (vom klapprigen Minibus bis zum Neoplan-Cruiser). Und darunter tummelt sich das »gemeine Volk«: PKWs, Motorräder, Fahrräder und andere motor- oder menschenkraftbetriebene Vehikel.*

Nur sehr wenige Fahrer sind ***versichert****, und die* ***Todesrate*** *im Verkehr liegt schwindelerregend hoch.*

Manchmal werden Sie verwundert feststellen, daß Busse, offenbar unter dem Schutz des Gesetzes, gegen die Einbahnrichtung fahren. ***Internationale Verkehrszeichen*** *sind vorhanden (allerdings nicht immer in ihrem Versteck zu erkennen), aber die meisten Zeichen sind ohnehin nur in Thai geschrieben. Unkenntnis des Gesetzes oder die Entschuldigung, Sie könnten kein Thai lesen, werden selbstverständlich nicht anerkannt.*

Der ***Internationale Führerschein*** *besitzt auch in Thailand Gültigkeit. Sollten Sie keinen besitzen, so können Sie die Nachprüfung bestehen, ohne je ein*

Tuk-tuk, ***dreirädrige Mini-Taxis, stehen am unteren Ende der Durchsetzungshierarchie im chaotischen Straßenverkehr. Sie sind billig, aber gefährlich. (Hier streiken*** **Tuk-tuk**-***Fahrer für bessere Erwerbsbedingungen.)***

Auto aus einer Parklücke herauszubewegen. Wenn Sie einen Führerschein aus einem anderen Land vorweisen können, benötigen Sie für den Thai-Führerschein lediglich einige Paßfotos und ausreichend Baht für die polizeiliche Registratur in der Pahonyotin-Straße. Es gilt der **Linksverkehr**. *Meist jedenfalls ...*

Gesundheit

Gewöhnen Sie sich in den ersten Wochen behutsam in Ihre neue Umgebung ein. Das Klima und der Kulturschock werden Kräfte zehren. Ändern Sie Ihre Eß- und Trinkgewohnheiten nicht über Nacht, um Erkrankungen zu vermeiden.

Die meisten Ausländer fürchten sich vor **Hepatitis**, **Malaria** *und* **Cholera**. *Oft übertreiben sie die Gefahren. Wenn Sie eher furchtsam sind oder sich in abgelegenen Gebieten aufhalten wollen, dann sollten Sie sich durch Tabletten oder Injektionen passiv immunisieren und auch gegen Tetanus impfen lassen.*

Wenn Sie von einem Hund gebissen werden, wenden Sie sich unverzüglich an einen zuverlässigen Arzt. **Tollwütige Hunde** *sind nicht immer an schäumenden Lefzen erkennbar.*

Leberzerfressende **Wurmkrankheiten** *werden durch Barfußgehen (vor allem in stehendem Wasser) übertragen. Verlassen Sie deshalb* ***nie ohne***

Schuhe *das Haus.* ***Moskitos*** *können Sie durch glimmende Räucherspiralen, die eine Nacht vorhalten, in Schach halten.*
Es gibt viele ausgezeichnete ***Ärzte und Zahnärzte*** *in Bangkok, viele davon sprechen Englisch oder gar Deutsch.*
Kochen Sie ***Wasser*** *mindestens fünf Minuten ab, oder kaufen Sie es in Flaschen.*

Hinweisschilder

Manche ***Verkehrshinweisschilder****, wie »Beware of Pedestrians« oder das gleichermaßen rätselhafte »Better late than never«, finden Sie in Englisch. Die meisten anderen Verkehrshinweise jedoch, die so unwichtige Informationen wie »Gefahr« oder »Stop« ausdrücken, sind nur in Thai geschrieben. Den schriftunkundigen Besucher werden die an den Ampeln angebrachten Thai Hinweise optisch sehr gleichartig anmuten. »Biegen Sie links ab, wann immer Sie mögen« bedeutet, daß Sie auch bei Rot abbiegen können, wenn Sie sich auf der linken Spur befinden. »Biegen Sie nur links ab, wenn die Ampel wechselt« heißt hingegen etwas völlig anderes. Selbst wenn Sie wie ein ABC-Schütze etwas Thai entziffern können, werden Sie auf die schnelle kaum über die ersten zwei Worte hinauskommen – so daß Sie bei der Entscheidung, welches der beiden Linksabbiegezeichen gemeint ist, vermutlich auf die Hilfe des Hupkonzerts hinter Ihnen angewiesen sind.*
Die ***Straßennamen*** *sind in Thai verzeichnet, wobei in kleinerer Schrift äußerst eigenartige englische Namensübertragungen darunter gesetzt sind. Wer diese kleine Schrift entziffern kann, sollte sich auf einige Überraschungen gefaßt machen. Einmal erfolgt die Übertragung nach dem Gehör, ein anderes Mal werden die Buchstaben des Thai Namens getreu wiedergegeben, was nahezu immer zu schwerwiegenden Aussprachefehlern führt.*
Die Angelegenheit wird für den Besucher auch dann nicht einfacher, wenn die Namen anstelle einer buchstabengetreuen Wiedergabe einfach übersetzt sind. Wenn aus der Thanon Vitayu (wo immerhin etliche Botschaften liegen) die »Wireless Road« wird, dann sind Sie auf einen Taxifahrer mit Oxford-Diplom angewiesen, der über einen geistigen Stabhochsprung erraten kann, was Sie meinen.
In einer unergründlichen Laune der mystischen Namensgebung haben einige ***Plätze in Bangkok englische Bezeichnungen*** *erhalten, die* ***weder*** *buchstabengetreue Wiedergabe* ***noch*** *Übersetzung sind. Die Charöen Krung (wörtlich: »Wohlhabende Stadt«), vermutlich eine der ältesten Straßen, heißt mit englischem Namen »New Road«.*

Kleidung

In Bangkok herrscht das ganze Jahr über heißes und schwüles ***Klima****. Deshalb muß die Kleidung (im Rahmen der Schicklichkeit) dünn und leicht sein.*

Es ist für Europäer häufig schwierig oder gar unmöglich, entsprechend große Konfektionskleidung zu finden. Aber Sie können sich sämtliche Kleidungsstücke, auch Schuhe, zu bescheidenen Preisen ***maßanfertigen*** *lassen.*

Polizei

Die Polizei läßt sich bei ***Notrufen*** *gewöhnlich Zeit. Zwischen acht Uhr morgens und Mitternacht sollten Sie eigentlich englisch sprechende Polizisten unter den Notrufnummern erreichen können. Am »sichersten« ist es jedoch,* ***Ihre zuständige Polizeidienststelle*** *herauszufinden – und Thai zu lernen (schließlich beherrscht kaum ein Polizist Englisch).*

Taxis

Nahezu alle Taxis in Bangkok sind mit ***Taxometern*** *ausgestattet, von denen aber nur wenige funktionieren. (Der Grund: Die Taxiuhren besaßen keinen Geldzähler für stehenden Verkehr, der nun einmal sehr häufig ist, und wurden deshalb absichtlich in einen »defekten« Zustand versetzt; Anm. d. Üb.) Deshalb muß man den* ***Fahrpreis vor dem Zusteigen aushandeln*** *(dies gilt auch für die dreirädrigen* tuk-tuk*).*
Was an Bangkoks Taxis und tuk-tuk *so begeistert: bei Bedarf ist immer eines oder mehrere zur Hand. Dieses* ***Überangebot*** *trägt zwar zur Verkehrsverstopfung und Luftverschmutzung bei, hält indes die Preise niedrig. Wenn Ihnen der geforderte Preis für die Fahrt zu hoch erscheint und Sie innerhalb von vier Sekunden keine Übereinkunft erreichen, dann treten Sie einen Schritt zur Seite und winken das nächste Taxi heran. Für den Besucher besteht das Problem nicht im Preis oder darin, ein Taxi zu finden, sondern in der* ***Nennung des Fahrtzieles*** *und der* ***Kenntnis des ungefähren Fahrpreises****. Weiß er dies, besitzt er einen Vorteil bei der Verhandlungseröffnung. Je länger jedoch die Verhandlung währt, desto vorteilhafter für den Fahrer. Die meisten Taxi- und* Tuk-tuk-*Fahrer verfügen über computerähnliche Kalkulationstalente. Sie nennen Ihr Fahrtziel. Sofort gibt der Fahrer in sein Computergehirn ein: Entfernung, Verkehrsdichte, mögliche Straßenarbeiten, Einschätzung des Fahrgastes. Dann rattert das Hirn zwei Sekunden, während das Gesicht schmerzerfüllt in die vorgesehene Fahrtrichtung weist, um anzudeuten, daß Verkehrsverhältnisse so schlecht und Ziel so weit entfernt sind, daß vor dem Erreichen desselben der Benzinpreis bereits wieder gestiegen sein dürfte. Dann purzelt ein Preisangebot aus dem Computer. Der erste Preis liegt immer zu hoch. Sie können den Denkprozeß des Fahrers durch ein hochnäsiges »Ha!« oder »Ho!« beenden, indem Sie mit entschiedener »Nimm oder laß es!«-Geste den genauen Preis (oder einige Baht weniger) anbieten. Ein Kopfnicken bedeutet Handelseinigung. Eine Auspuffwolke im Gesicht hingegen rät Ihnen, beim nächsten Fahrer etwas höher einzusteigen.*

Idyllisches Wohnen in einem alten Teakhaus am Chao Phraya in Bangkok-Nonthaburi: Von hier aus gelangen Sie mit einem schnellen Sampan ohne Verkehrsstau in viele Bereiche der City.

Wenn Sie einen Thai mit Englischkenntnissen finden, bitten Sie ihn, Ihr ***Fahrtziel in Thai niederzuschreiben*** *und Ihnen den ungefähren Fahrpreis zu nennen.*
Als sehr schlechte Informationsquelle hat sich jedoch der ***»professionelle« Dolmetscher*** *erwiesen, der am Hoteleingang herumlungert und mit Sicherheit ein Freund des wartenden Taxifahrers ist. Einige Taxifahrer kennen die* ***englischen Zahlen****, die meisten aber nur die Zehnerzahlen, und haben Schwierigkeiten, die Zahlen »twenty« und »seventy« bei der Aussprache klar zu trennen. Ansonsten dienen die Finger als Behelf, wobei ein Finger jeweils zehn Baht zählt. Es bestehen aber auch differenziertere* ***Handzeichen.*** *So bedeutet die Geste – zwei Finger zeigen, Hand geschlossen, fünf Finger zeigen – 25 Baht, nicht sieben Baht. Wem dieses Spiel zu kindisch erscheint, der lernt am besten die* ***Thai Zahlen****. Sie unterscheiden sich recht klar voneinander und fallen beim Lernen der Thai Sprache am leichtesten.*
Nach Aushandeln des Fahrpreises ist es eigentlich unlogisch, zudem ***Trinkgeld*** *zu geben. Aber machen Sie sich in Thailand über derartige Logik keine Gedanken.*

Wohnen

Beachten Sie bei der Suche nach einem Haus oder einer Wohnung folgende Punkte:

• ***Geräuschpegel*** *(Werktagsverkehr zu Stoßzeiten, Kinderlärm nach Schulschluß)*
• ***Wie lange fahren Sie zum Arbeitsplatz*** *(getestet zu der Zeit, zu der Sie tatsächlich zur Arbeit müssen)?*
• *Ist die* ***Wasserversorgung*** *rund um die Uhr gewährleistet? Reicht der* ***Wasserdruck*** *aus?*
• *Ist das* ***Dach leck****? Steht die Seitenstraße in der* ***Regenzeit*** *unter Wasser (in der Trockenzeit die Nachbarn fragen)?*
• ***Sicherheit****: Gitter an allen Fenstern, Türschlösser, Wachdienst*
• *Ist* ***Telefon*** *vorhanden? (Neuanschluß mag ein Jahr oder länger dauern.)*
• ***Was ist in der Miete inbegriffen****: Möbel, Telefon, Abfallbeseitigung, Putzdienst, Trinkwasser, Reparaturen, Strom, Gas?*

Die meisten Hausbesitzer erwarten eine ***Mindestmietdauer*** *von sechs Monaten und eine beträchtliche* ***Kaution****. Vermittler erheben saftige* ***Provisionen****. Wenn Sie wertvollen Hausrat besitzen, sollten Sie sich gegen* ***Diebstahl*** *versichern.*

Tun und Lassen
•
Kurz + komprimiert

Beine sollten in Anwesenheit von Mönchen nicht überkreuzt werden (weder beim Sitzen am Boden noch beim Sitzen auf dem Stuhl).

Besuche zu Hause, ohne besondere Einladung, sind durchaus üblich. Kleine Gastgeschenke wie Obst, Kuchen, Blumen usw. erfreuen, sind aber nicht unbedingt notwendig. Schuhe dürfen im Haus nur anbehalten werden, wenn man Sie dazu aufgefordert hat. Gelegenheitsbesucher sollten zu einem Getränk und – zur Essenzeit – auch zu Tisch eingeladen werden.

»Bitte«: Siehe unter »danke«.

Buddha-Ebenbilder sollten an einem erhöhten Platz aufbewahrt und mit Respekt behandelt werden. Es verstößt gegen das Gesetz, sie aus Thailand mitzunehmen oder zu verschicken. (Dies ist nur unter ganz bestimmten, strengen Bedingungen erlaubt.)

»Danke«, wie auch »bitte«, wird in Thailand als Wort weit weniger verwandt als bei uns. Oft genügt ein Lächeln.

Diskretion gilt als Ausdruck innerer Reife. Wenn Sie unbedingt über die Stränge schlagen müssen, so tun Sie es dezent und nicht in der Öffentlichkeit.

Einladungen sind oft weniger auf einen bestimmten Anlaß bezogen als bei uns. Legen Sie Wert auf tatsächliches Erscheinen und Pünktlichkeit der Gäste, so verwenden Sie Einladungskarten. Laden Sie jemanden zu sich nach Hause ein, versteht er dies auch als Einladung zum Essen.

Eßgewohnheiten unterliegen keinen allzu strengen Regeln. Man ißt mit einem Löffel und einer Gabel, um den Löffel zu beladen. Statt Salz findet die Fischsauce *nampla* Verwendung. Essen Sie bei Zeremonien stets nach den Mönchen. Esseneinladungen sind als unverbindlicher Gruß anzusehen. (Standardantwort: »Ich habe bereits gegessen.«)

Fingerzeigen ist zulässig bei ungeheiligten Gegenständen und Tieren, niemals bei Menschen.

Füße müssen unter Kontrolle gehalten werden und gehören unter gar keinen Umständen auf den Tisch. Sie dürfen nie auf jemanden gerichtet sein. Steigen Sie nie über eine Person oder deren Speisen.

Gehen Sie immer etwas hinter Mönchen und alten Menschen.

Großzügigkeit ist das Kennzeichen einer wichtigen Persönlichkeit. Seien Sie daher nicht knauserig.

Kleidung soll Ihrem Status entsprechen. Frauen tragen keine Shorts oder andere freizügige Kleidung.

Königsfamilie: Man erwartet, daß Sie sich erheben, wenn im Kino Bilder des Königs oder der Königsfamilie auf der Leinwand erscheinen.

Kopf und Haar dürfen nicht berührt werden. Wenn Sie dies versehentlich tun, bitten Sie um Entschuldigung.

Kritik sollten Sie vermeiden. Ist sie absolut notwendig, gleichen Sie sie aus mit einem hohen Maß an Lob und gehen Sie dabei behutsam und indirekt vor.

Lächeln Sie so oft wie möglich. Das macht Sie beliebt. Ein Lächeln dient der Entschuldigung bei kleinen Ungeschicklichkeiten, als Dank für bescheidene Gefälligkeiten und als Erwiderung des *wai* von Kindern und Dienstpersonal.

Launen dürfen nicht gezeigt werden.

Meiden Sie Personen/Situationen/Dinge, die Sie nicht mögen, statt darüber zu klagen oder sie zu ändern suchen.

Mönche sind die angesehenste Bevölkerungsgruppe und müssen stets mit Respekt behandelt werden. Frauen dürfen niemals einen Mönch oder seine Robe berühren.

Namen: Verwenden Sie den Vor- und nicht den Familiennamen einer Person. Erwachsene werden mit *khun* angeredet, sofern kein Titel verwandt wird.

Parties und Feste: Kleiden Sie sich Anlaß und Status des Gastgebers entsprechend. Tragen Sie schwarze Kleidung nur bei Trauerfeiern.

Prahlen ist unbeliebt. Vergleichen Sie Ihr Heimatland und seine Menschen nicht mit Thailand und den Thai, wenn letztere dabei schlecht abschneiden.

Reis ist die Lebensquelle Thailands; werfen Sie Reste nicht in Gegenwart von Thai in den Abfall.

Schmeicheln Sie bei jeder möglichen Gelegenheit, die Thai lieben es.

Schuhe werden vor der Schwelle des geheiligten Innenteils eines Tempels sowie vor Betreten eines Hauses oder einer Wohnung ausgezogen.

Setzen Sie sich auf den Platz, den man Ihnen zuweist. Höhergestellte sitzen vorn, Niedrigergestellte hinten.

Spaß: Das Wichtigste bei allem, was man tut. Lassen Sie sich ihn nicht nehmen.

Sprechen Sie sanft, erheben Sie nicht die Stimme.

Titel finden konsequente Anwendung.

Überreichen Sie einer anderen Person etwas nur mit der rechten Hand. Wollen Sie besonderen Respekt zeigen, so berühren Sie dabei mit der linken Hand den rechten Unterarm. Frauen dürfen Mönchen nie etwas unmittelbar übergeben.

Verneigen Sie sich ein wenig, wenn Sie an Leuten vorbei- oder zwischen ihnen hindurchgehen.

Vorgestellt werden ist weniger üblich, sagt aber mehr aus als bei uns. Der sozial Niedrigergestellte wird zuerst angesprochen.

Wäsche: Wird sie von einem Mann gereinigt, seien Sie nicht überrascht, wenn er sich weigert, Damenwäsche zu waschen.

Wai: Er gebührt Mönchen, alten Menschen und sozial höhergestellten Personen. Diener, Arbeiter und Kinder werden von Ihnen nicht mit einem *wai* gegrüßt. Je tiefer man den Kopf neigt, desto größer die Respektsbezeugung. Der sozial Niedrigergestellte grüßt zuerst; lassen Sie Ihren *wai* stets etwas weniger respektvoll ausfallen als den vorgebenen.

Werfen von Gegenständen ist Zeichen schlechter Manieren.

Winken Sie Kellner oder Diener mit der Hand, Innenfläche nach unten, die Finger einwärts winkend. Nicht in die Hände klatschen, mit den Fingern schnippen oder zischen.

Zärtlichkeit zwischen den Geschlechtern sollte nicht öffentlich gezeigt werden. Kein Küssen, nicht einmal Händchenhalten.

Zahlen: Der Einladende begleicht stets die Rechnung. Ist nicht eindeutig, von wem die Einladung ausging, so zahlt die sozial am höchsten gestellte Person. Getrennt zahlen kommt überaus selten vor.

Zeremonielle Festlichkeiten stehen gewöhnlich jedem offen. Bei familiären Zeremonien wird oft dem Gastgeber Geld in einem Umschlag überreicht oder auf ein dafür vorgesehenes Tablett gelegt. Tragen Sie keine hellen Farben bei Trauerfeiern.

Stichwortverzeichnis

Persönliche Notizen

Persönliche Notizen

Persönliche Notizen